Comment faire sa publicité soi-même

Les Éditions Transcontinental
1100, boul. René-Lévesque Ouest, 24e étage
Montréal (Québec) H3B 4X9
Tél. : (514) 392-9000
1 800 361-5479
www.livres.transcontinental.ca

Pour connaître nos autres titres, consultez le **www.livres.transcontinental.ca.** Pour bénéficier de nos tarifs spéciaux s'appliquant aux bibliothèques d'entreprise ou aux achats en gros, informez-vous au **1 866 800-2500.**

Données de catalogage avant publication (Canada)
Cossette, Claude, 1937
Comment faire sa publicité soi-même
3e éd. mise à jour et augm.
ISBN 2-89472-198-6

1. Publicité. I. Massey. Nicolas. II. Titre.
HF5823.C682 2002 659.1 C2002-941344-3

Révision : Lyne Roy
Correction : Pierre-Yves Thiran
Conception de la couverture : Nicolas Massey
Direction artistique : Carl Robichaud
Photographe : Alain Desjean (Studio Rhino)
Mise en pages et coordination : Studio Andrée Robillard

La forme masculine non marquée désigne les femmes et les hommes.

Imprimé au Canada

Dépôt légal — 3e trimestre 2002
2e impression, octobre 2010
Bibliothèque nationale du Québec
Bibliothèque nationale du Canada
ISBN 2-89472-198-6

Nous reconnaissons l'aide financière du gouvernement du Canada par l'entremise du Fonds du livre du Canada pour nos activités d'édition. Nous remercions également la SODEC de son appui financier (programmes Aide à l'édition et Aide à la promotion).

ASSOCIATION NATIONALE DES ÉDITEURS DE LIVRES

Les Éditions Transcontinental sont membres de l'Association nationale des éditeurs de livres.

Claude Cossette
professeur de publicité

Nicolas Massey
publicitaire

Comment faire sa publicité soi-même

3e édition mise à jour et augmentée

Préface d'Oliviero Toscani

Les Éditions
TRANSCONTINENTAL inc.

À mes enfants, à mes petits-enfants
et à la jeunesse du Québec

Claude Cossette

À Céline Crombé,
ma Française adorée !

Nicolas Massey

Préface

Message aux créateurs rêveurs : au diable les comités !

Une lutte à finir existe entre les individus passionnés par leur métier et les comités sans âme des grandes entreprises qui prétendent comprendre les besoins de la masse et qui s'appliquent à effacer les particularités, à aplanir les différences et à créer une culture insipide et insignifiante que personne ne hait mais que personne n'aime.

On a presque réussi à éliminer les idées et la passion dans les médias, l'architecture, le design de produits et le graphisme, qui ne servent plus qu'à appuyer les stratégies des grandes entreprises et à faire monter le cours de leurs actions.

Les créateurs ne travaillent plus que pour les profits. Les rédacteurs en chef des magazines ont perdu toute indépendance et travaillent désormais pour des comités éditoriaux (qui, eux, travaillent pour des comités d'annonceurs). Les scénarios de la télé sont passés au peigne fin par les producteurs, les annonceurs, les avocats, les spécialistes des études de marché et des strates de gestionnaires qui décident si le script est suffisamment simpliste pour amuser ce qu'ils appellent « le plus petit dénominateur commun ». Les grands studios de cinéma présentent leurs films à des groupes de discussion pour savoir si la fin va plaire à l'auditoire visé ; toutes les autos se ressemblent ; les décisions, en architecture, sont prises par des comptables ; les publicités sont débiles ; le théâtre est mort.

Les grandes sociétés, partout dans le monde, imposent leur idée de la culture et du bon goût. Notre culture est devenue une culture d'entreprise.

La culture était jusqu'à récemment aux antipodes du commerce ; elle n'était certainement pas un moyen facile de s'enrichir. Il n'y a pas si longtemps, des magnats de l'industrie (qui n'ont pas fait leur fortune en jouant les anges) ont cru qu'il était de leur responsabilité de soutenir la culture à coup de millions. Carnegie a bâti des bibliothèques, Rockefeller a construit des musées, Ford a mis sur pied sa grande Fondation. Que nous donnent les milliardaires d'aujourd'hui, les Gates (Microsoft), les Eisner (Disney), les Redstone (CBS, MTV) ? Des boniments de vente, de la merde publicitaire. Pendant ce temps, les œuvres des créateurs sont réduites à du « contenu » ou à de la « propriété intellectuelle » : les magazines et les films deviennent des « systèmes de diffusion » pour ces produits-messages.

Mais, pour être franc, j'estime que ce que je viens de dire est vrai à 99 % seulement.

Je propose ma modeste solution : trouver les fissures dans la muraille. Il existe encore quelques entrepreneurs rêveurs qui savent que la culture et le design ne servent pas à grossir le compte en banque mais à créer l'avenir. Ils savent que la fortune est un moyen, pas une fin. Si les circonstances avaient été différentes, ils auraient pu devenir, comme vous, des créateurs rêveurs.

Croyez-moi, de tels entrepreneurs existent. Et lorsque vous les rencontrerez, devenez leur complice — et servez-vous de leur argent pour changer le monde !

Bref, pour réussir n'importe quel projet, écoutez attentivement ce que les responsables du marketing, les gestionnaires et les comités ont à dire de votre travail. Et faites exactement le contraire.

Remerciements

Claude Cossette veut exprimer ses remerciements les plus cordiaux aux personnes suivantes :

- Caroline Cloutier, qui a actualisé le texte pour un tirage précédent ;
- Luc-André Cormier, vice-président et codirecteur de Cossette média, qui a collaboré au chapitre « Les médias » ;
- Pierre Delagrave, président média, recherche et services interactifs du Groupe Cossette Communication, qui lui a toujours généreusement fait part de ses conseils experts ;
- Pierrette Laliberté, qui le relit amicalement de son œil profane mais si logique ;
- Claire Paris et Annie Dufour, qui gèrent ses demandes répétées avec doigté et diligence.

Nicolas Massey veut exprimer sa reconnaissance aux personnes suivantes :

- Céline Crombé, qui l'a inspiré et l'a motivé à écrire ce livre ;
- L'équipe de l'agence Amen, qui a à le supporter tous les jours ;
- Marie-Claude Ducas et *Info Presse*, qui ont généreusement collaboré à l'illustration;
- Carl Robichaud, Alain Desjean, Pierre-Emmanuel Paradis, John Xydous, Marielle Ruelland et Michel Fortin, pour leur générosité et leur temps ;
- Oliviero Toscani, Bill Bernbach et Carl Grenier, ses maîtres à penser.

Table des matières

Introduction

Ce livre rassemble l'essentiel de ce qu'il faut connaître pour faire de la publicité efficace. Au risque de paraître simplistes aux yeux des prétentieux, nous nous sommes exprimés de la manière la plus simple possible : nous voulions être compris.

Ce livre n'est pas tout à fait comme les autres. Il vulgarise l'ensemble de l'art publicitaire tout en proposant nos deux points de vue. Vous constaterez au fur et à mesure de votre lecture que *Le Gourou* (Claude Cossette) et *Le Jeune Loup* (Nicolas Massey) s'affrontent sur certaines questions et se livrent à une joute enrichissante pour le lecteur. L'un est universitaire et a fondé la plus grande agence de publicité au Canada, tandis que l'autre est le fondateur d'une jeune agence. C'est donc la sagesse et la fougue qui se rencontrent pour vous exposer leurs visions à la fois contradictoires et complémentaires.

C'est encore un « livre-outil ». Nous proposons des encadrés-synthèses, nous commentons des publicités à imiter (et – pourquoi pas ? – à surpasser) et nous invitons le lecteur à prendre position sur les questions essentielles. Entre les chapitres, des exemples marquent une pause publicitaire.

Bref, si vous êtes un entrepreneur, un professionnel, un étudiant ou une personne curieuse, cet ouvrage s'adresse à vous : il est rapide à lire et facile à comprendre, de telle sorte que toute personne appelée à commander, à créer ou à évaluer de la publicité pourra le faire de manière éclairée.

Avec un peu de pratique, vous serez peut-être même en mesure de concevoir ce qu'on appelle une publicité intelligente, une publicité réalisée à partir d'une grande idée qui fera briller votre image de marque et qui vous aidera à atteindre vos objectifs.

Par ailleurs, la publicité sert habituellement à faire vendre des produits, mais elle peut aussi servir à répandre des idées nouvelles ou à diffuser des messages sociaux. La publicité n'a pas pour but, comme on l'entend trop souvent, de manipuler les masses : c'est un porte-voix qui permet à chacun de se faire entendre dans la Cité.

Finalement, nous sommes convaincus que ce livre deviendra rapidement une référence pour ceux et celles qui veulent en savoir davantage. Et « Savoir, c'est pouvoir. »

Claude Cossette & Nicolas Massey

ATTENTION

Les chiffres de 2002

Les chiffres mentionnés dans cet ouvrage sont exacts en 2002. Par la suite, ils devront être ajustés en suivant l'indice des prix à la consommation.

Publicité de produit, de service ou d'idée

Tout au long de ce livre, nous parlons de publicité de produit, étant bien entendu chaque fois que l'énoncé s'applique tout aussi bien à la publicité de service ou d'idée. Pour le rappeler, nous avons parfois ajouté « ou service » à la suite de « produit ».

Les noms cités

Nous citons dans le texte un certain nombre de personnes. Celles qui sont de notoriété publique sont identifiées ; toutefois, pour des raisons de confidentialité professionnelle, nous avons donné un nom fictif aux gens dont nous rapportons des propos confiés dans le cadre de notre pratique.

« Le culte de la beauté et de la performance,
développé, sublimé,
notamment dans la publicité,
réunit dans les pays occidentaux
plus de fidèles que toutes les religions. »

Bernard Pivot, *journaliste littéraire*

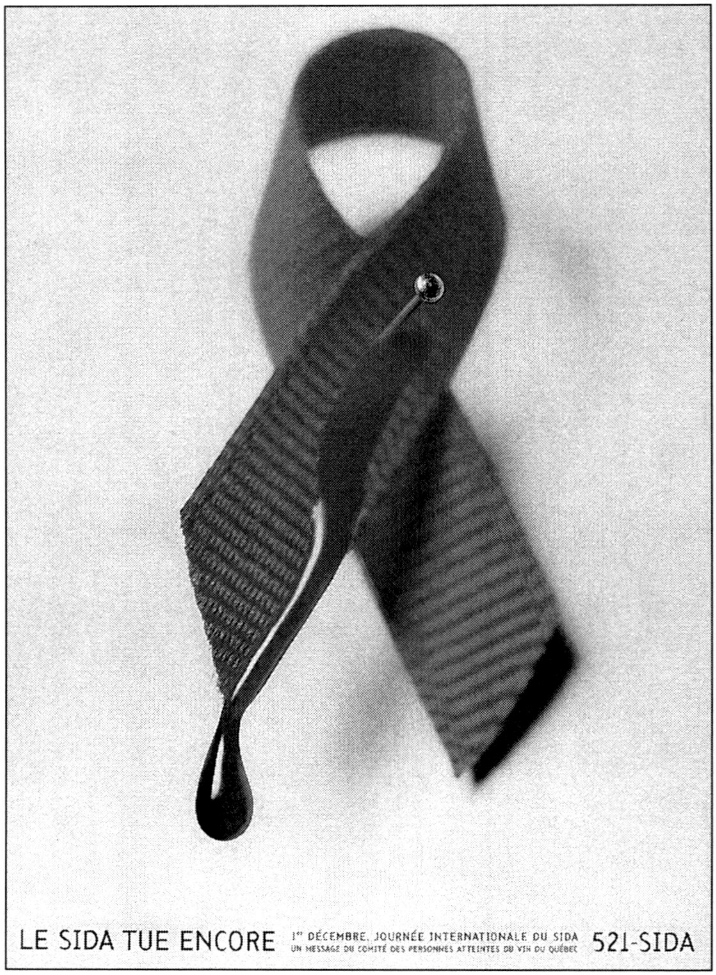

CPAVIH
DIESEL MARKETING

Pause publicitaire

NOUS AVONS BESOIN DE VOTRE SANG.
CROIX-ROUGE
MANDEL MUTH WERBEAGENTUR GMBH

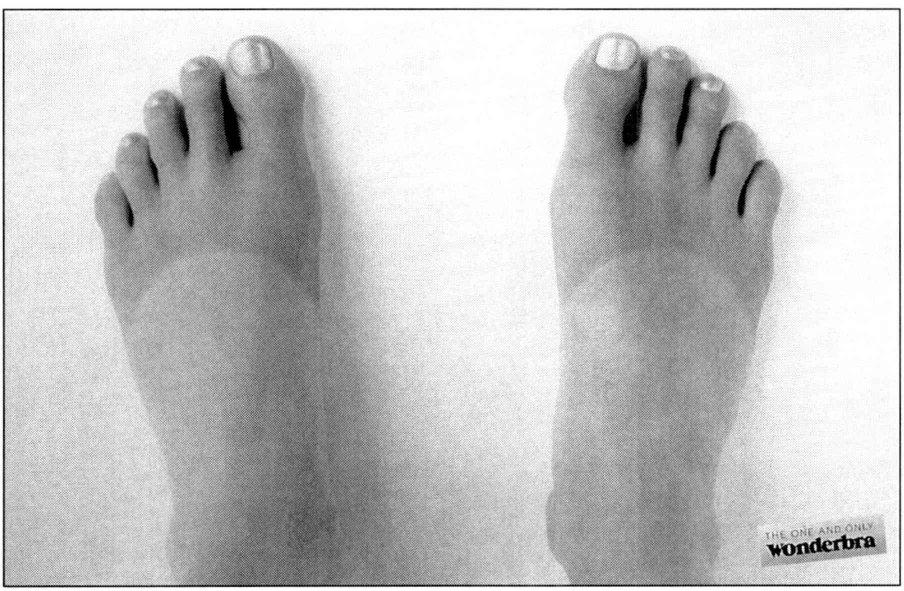

WONDERBRA
TBWA HUNT LASCARIS

Chapitre 1

Publicité, promotion, et autres harponnages

Dans ce chapitre, on explique en quoi la publicité diffère du marketing mais également en quoi elle s'y rattache. Vous comprendrez que le rôle de la publicité est d'abord de bâtir une image de marque.

La publicité, phénomène culturel, est un sujet à la mode, et pas seulement chez les gens d'affaires. Jacques Bouchard, le prince de la publicité québécoise, disait : « Le futur est fondé sur un paradoxe : la publicité doit avoir un contenu culturel particulier, mais elle doit s'exprimer dans une forme internationale. » Autrement dit, on doit s'y retrouver comme Québécois, mais on doit aussi pouvoir y déceler des assaisonnements de New York, de Tokyo et de Paris. Le Québec d'aujourd'hui est composé de populations qui proviennent de partout. Nous sommes tous Québécois si nous habitons le Québec, mais nous ne partageons pas forcément la même culture. Cette diversité constitue une force pour le Québec.

CONFRONTATION

LE JEUNE LOUP

Promenez-vous à Montréal par un après-midi ensoleillé, marchez sur les trottoirs de la Petite Italie, de la rue Saint-Denis, du boulevard Saint-Laurent, du quartier chinois, etc. Vous ferez le tour du monde pour pas cher ! Cette grande diversité explique pourquoi la publicité ne doit pas être conçue pour le Québécois franco-canadien typique des années 1960. Elle doit plutôt s'adapter à une réalité qui va bien au-delà des frontières du Québec. La publicité d'aujourd'hui doit être conçue comme une cuisine internationale… tout en gardant une saveur locale.

LE GOUROU

La cuisine internationale est alléchante, mais la manière de faire saliver doit toujours être adaptée à un public particulier (« Le goût, c'est personnel »). Il est vrai que les produits sont mondialement distribués, que les motivations sont humaines, mais il reste que le milieu culturel façonne des approches, des comportements, des images et des langages qui sont régionaux. La seule façon d'être persuasif, c'est de parler le langage de son interlocuteur.

La publicité doit évidemment tenir compte du type de produit ou de service que vous voulez annoncer. De même, elle doit s'adapter au segment de la population que vous visez. Par exemple, une publicité conçue pour un téléphone cellulaire, s'adressant à de jeunes professionnels urbains et branchés, n'aura pas la même saveur ni ne véhiculera les mêmes arguments de vente qu'une publicité de supermarché s'adressant à des gens provenant d'un milieu rural et moins multiethnique. La publicité doit jouer les caméléons.

Tout le monde est fasciné par la publicité. Les jeunes enfants aiment répéter : « Chez Vidéotron, on a des tonnes de copies pis ça, ça énerve, des tonnes de copies pis ça, ça énerve, des tonnes de copies pis ça, ça énerve… » Les adolescents rêvent d'être la vedette qu'ils ont vue dans la dernière campagne de Pepsi ; les adultes paient pour assister au festival du film publicitaire appelé Les Nuits de la pub, une nuit complète de cinéma en bouts de 30 secondes !

CONFRONTATION

LE JEUNE LOUP

Comme une œuvre d'art, la belle publicité mérite sa place dans un musée. Pendant la guerre civile d'Espagne, Picasso a représenté cette tragédie dans l'un de ses plus célèbres tableaux, *Guernica*, qui a provoqué un scandale. Aujourd'hui, peu de tableaux pourraient attirer autant l'attention, car la population est de moins en moins sensible à « l'art savant ». Cet art est devenu trop abstrait et intellectuel pour toucher le commun des mortels. C'est la pub qui est désormais le grand art populaire.

LE GOUROU

Il est vrai que la publicité professionnelle est souvent produite par les meilleurs artistes : rédacteurs, illustrateurs, photographes, musiciens, infographistes, comédiens, ainsi de suite. Mais la pub est plutôt un artisanat, c'est-à-dire un art appliqué. Si elle prétend avoir sa place au musée, ce sera dans un musée spécialisé, comme le Musée de la publicité à Paris ou l'American Advertising Museum de Portland.

Pratiquement tout le monde aime une bonne publicité, c'est-à-dire un message conçu intelligemment pour présenter une marque mais aussi pour distraire. La bonne publicité peut aussi faire réfléchir, tout comme le cinéma ou d'autres formes d'art visuel.

La publicité peut jouer sur plusieurs registres. Elle peut choquer en bouleversant certaines valeurs, séduire par ses promesses, faire sourire par son absurdité... Les gens aiment la publicité intelligente !

Par exemple, il est démontré que les lectrices s'abonnent à *Châtelaine* autant pour feuilleter la publicité que pour lire les articles. De plus, certains professeurs de français au secondaire utilisent des publicités pour intéresser leurs élèves aux structures grammaticales, des apprentis sociologues rédigent leurs mémoires de maîtrise sur l'image de la femme dans la publicité entre 1935 et 1985, des historiens font l'histoire de l'affiche, etc. L'engouement est général !

Qui n'a pas eu son petit éclair de création « origéniale » pour doter Coke d'un nouveau slogan percutant ou pour donner une suite aux panneaux-réclames de la Fédération des producteurs de lait du Québec ? Pourtant, peu de gens savent comment sont fabriqués les messages publicitaires, comment travaillent les professionnels de la publicité, comment est structurée une agence de publicité, bref, qui fait quoi et comment. On ne sait même pas **ce qu'est la publicité**. L'autre jour, William Paulson, jeune commis de magasin de vêtements pour hommes qui reconnaissait la tête de publicitaire d'un des auteurs, lui confiait, alors qu'il était à la caisse : « Les politiciens, ce sont des maudits bons publicitaires : ils nous font avaler leurs taxes comme ils le veulent. » Les politiciens font-ils de la publicité ?

La publicité, ce n'est pas...

La publicité, ce n'est pas – mais absolument pas ! – une idée farfelue qui fera rire tout le monde au sujet des couches Huggies ou Pampers. La publicité, ce n'est pas la publication d'une « carte de visite » dans le programme de l'unique représentation de la troupe de théâtre amateur dont votre fille est metteure en scène. La publicité, ce n'est pas un repas gastronomique que l'on offre à un client potentiel. La publicité, ce n'est pas...

J'EXERCE MON ESPRIT CRITIQUE

Énumérez diverses actions que monsieur et madame Tout-le-monde associent communément à de la publicité. Faites véritablement un effort de recensement et nommez-en au moins 10 de nature différente.

____

____

____

____

____

____

____

Vous voyez, de nombreuses activités sont, de manière commune, considérées comme publicitaires. Pourtant, plusieurs d'entre elles ne sont pas, à proprement parler, de la publicité. Aussi allons-nous prendre le temps de définir ce qu'est véritablement la communication-marketing, ce qu'est la publicité.

Les différentes formes de publicité

Nous distinguerons ici les divers types de publicité, que le commun des mortels appelle « publicité ». Nous-mêmes utiliserons, tout au long de cet ouvrage de vulgarisation, le mot « publicité » de manière globale. La publicité désignera alors tout aussi bien la *publicité* proprement dite que la *promotion des ventes,* les *relations publiques* ou la *communication interne.* Nous expliquerons tout de même en quoi ces divers types de communication se distinguent.

La publicité est une activité rattachée à la fonction marketing de l'entreprise, qui rassemble quatre grands secteurs d'activité.

On verra plus loin la véritable nature du marketing. Pour le moment, nous rappellerons simplement que le marketing comporte quatre types d'activité.

La publicité est issue du quatrième type d'activité, soit la communication. Mais elle n'est pas la seule activité de communication du marketing. La promotion des ventes, les relations publiques et la communication interne sont aussi des activités de communication-marketing.

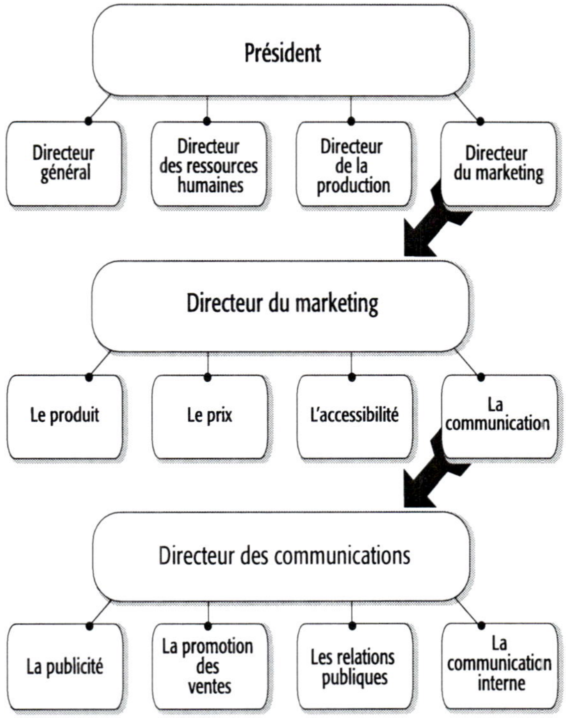

La publicité

La publicité selon le Gourou. La publicité est une activité de communication qui a essentiellement pour but de **façonner l'image de marque** (on verra plus loin ce qu'est une image de marque) d'un produit ou d'un service. On peut espérer en même temps qu'elle servira à étoffer l'image de l'entreprise.

Attention ! Le but de publicité n'est pas de vendre : la vente appartient au vendeur et, surtout, elle combine les quatre activités du marketing, soit le « marketing-mix », comme on le verra plus loin. Tout au plus la publicité pourra-t-elle faire un bon travail de prévente, en augmentant le degré de confiance des consommateurs pour une marque ou une entreprise donnée.

Le rôle de la publicité est d'essayer de **changer l'attitude du consommateur** devant un produit ou service. Cette tâche de longue haleine est difficile, car les attitudes ne changent pas facilement. Il faut du temps, de la répétition, de la persuasion. La publicité n'atteindra donc ses objectifs qu'à long terme. C'est pourquoi un plan de publicité s'étend habituellement sur une année, avec une mise en perspective pour une ou deux années additionnelles.

Par ailleurs, les messages publicitaires (au sens propre) ont habituellement fière allure : ils sont longuement étudiés, tant sur le plan de la communication que sur le plan esthétique. Ils sont distinctifs et distingués.

On utilise pour la publicité tous les moyens de diffusion, mais on privilégie les cinq « grands » : télévision, radio, quotidiens, périodiques et panneaux-réclames.

La publicité selon le Jeune Loup. La publicité est une forme d'art qui, à terme, sert à faire vendre. Nuançons ! La publicité, c'est de l'art dans sa forme mais pas dans sa finalité. Le processus de création du peintre et du concepteur publicitaire est le même ; par contre, le peintre crée pour atteindre un idéal de beauté, tandis que le concepteur crée pour embellir l'image de marque d'un produit. Le peintre signe son œuvre lorsqu'il juge que son travail est fini ; le concepteur, lui, doit satisfaire un client et obtenir plusieurs approbations avant que son œuvre passe la rampe.

Par ailleurs, la publicité sert non seulement à faire vendre mais encore à faire évoluer l'intellect de ceux qui la regardent. La publicité n'est pas le miroir d'une société, c'est plutôt une espèce de représentation idéale à laquelle rêvent les destinataires… sans toutefois y trouver entière satisfaction. Un peu comme on marche vers l'horizon sans jamais pouvoir l'atteindre. Un rêve, du fait que les besoins de l'homme ne sont jamais entièrement satisfaits, d'autant plus que la publicité ne cesse d'en créer de nouveaux !

Les publicitaires ont tout de même une responsabilité sociale. Les gens évoluent au rythme des idées auxquelles ils sont exposés. Et grâce aux puissants moyens de communication, l'homme et la femme des années 2000 sont exposés chaque jour à des messages provenant de partout dans le monde. Ils sont par conséquent beaucoup plus critiques et, pour être séduits, exigent d'être interpellés par une publicité intelligente et fine. Ne faites jamais une publicité pour « un enfant de moins de 12 ans », comme on entend souvent. Pensez plutôt que vous la faites pour des personnes aussi averties que vous-même.

Rappelons que la publicité sert à **vendre le bénéfice relié à l'achat du produit** – et non le produit lui-même. Quand la publicité vante une tondeuse, elle affirme qu'elle transforme votre cour arrière en terrain de golf ! Elle parle peu de la tondeuse ; elle présente plutôt les avantages que procure la tondeuse. Tous les produits d'une classe donnée sont semblables, mais les bénéfices promis varient d'une marque à l'autre, selon le positionnement décidé par les spécialistes en marketing. Les produits eux-mêmes sont sans personnalité ; avec des mots et des images, la publicité peut les distinguer dans l'esprit d'un groupe d'acheteurs potentiels appelé groupe cible.

Tant et aussi longtemps que nous vivrons dans un système capitaliste où le pouvoir d'un individu est lié à son pouvoir d'achat, la publicité sera omniprésente dans nos vies. Il ne nous reste qu'à espérer qu'elle soit conçue par des professionnels passionnés qui présentent les marques de manière artistique et intelligente.

La promotion des ventes

La promotion des ventes est une activité de communication qui a essentiellement pour but de **provoquer une demande immédiate** pour un produit ou un service. On ne peut cependant pas imputer les ventes réalisées à la seule promotion : elles seront toujours le résultat du marketing-mix, dont la communication (ici, la promotion) n'est qu'un des quatre aspects.

Si la publicité veut changer des attitudes, la promotion veut **provoquer des comportements d'achat**. Aussi s'attend-on à ce que les effets d'une activité promotionnelle se fassent sentir à court terme. On ira pour cela jusqu'à concocter un marketing-mix spécial pour une promotion particulière.

Parallèlement, si on peut espérer obtenir des résultats rapides, on ne peut prétendre à des effets durables. Les activités promotionnelles s'usent rapidement et sont toujours à recommencer. Chaque promotion répond à un plan particulier dont les activités s'échelonnent toujours sur une période relativement courte, de quelques jours à quelques semaines (rarement quelques mois). Avec chaque nouvelle promotion, on s'adapte à l'évolution du marché.

On peut diriger les activités promotionnelles vers les vendeurs (stratégie *push*: pour pousser la vente) ou vers les consommateurs (stratégie *pull*: pour provoquer l'achat), mais les techniques utilisées seront sensiblement les mêmes.

CONFRONTATION

LE JEUNE LOUP

Les publicités promotionnelles doivent être orientées vers l'offre et le prix. Elles peuvent conserver une allure minimaliste et esthétique tout en rivalisant d'efficacité. L'adjectif « promotionnel » ne signifie pas pour autant *junk* ou pizza. Cependant, il est vrai que d'essayer de vendre proprement, sans bombarder le consommateur ou user d'artifices, est un grand défi. Malheureusement, beaucoup de concepteurs sombrent dans la grossièreté et la facilité.

LE GOUROU

Surchargée et d'une esthétique populo, la publicité promotionnelle a souvent l'allure des affiches du cirque Ringling Bros/Barnum and Bailey du début du siècle. Il faut savoir que la promo est souvent une publicité faite par les marchands eux-mêmes. Près de 50 % de la pub diffusée n'est d'ailleurs pas créée par des publicitaires professionnels...

Bien que la promotion puisse utiliser les mêmes médias que la publicité, elle recourt plutôt aux affiches sur le lieu de vente, aux envois postaux, aux encarts dans les journaux ou aux dépliants publicitaires format journal (qu'elle affectionne tout particulièrement).

Les relations publiques

Les relations publiques selon le Gourou. Les relations publiques constituent une activité de communication qui a essentiellement pour but de faire valoir **le rôle de l'entreprise** dans la société en diffusant de l'information sur ses activités économiques et ses engagements sociaux. Bien sûr, l'effet espéré pour une entreprise sera d'entretenir de meilleures relations avec le public, d'être perçue comme une société honorable (*good corporate citizen*, comme disent les Américains).

Les relations publiques visent le long terme et s'appliquent à modifier la façon dont est perçue une entreprise. Le relationniste travaille autant à l'interne qu'à l'externe, autant à conseiller la direction qu'à communiquer avec le public.

Le plan de relations publiques est établi pour une année avec une perspective à plus long terme. Les relations publiques sont très sensibles à ce qui se passe à l'extérieur de l'entreprise : tout événement politique ou économique est susceptible d'interférer avec l'image de l'entreprise, donc de nécessiter une intervention du service de relations publiques pour faire de la « gestion de crise », comme on dit.

La communication d'un service de relations publiques est habituellement subtile. Ce service travaillera le plus souvent à entretenir de bonnes relations avec les journalistes de la presse électronique ou imprimée, à leur préparer des dossiers (dits « de presse »), voire à répondre à leurs demandes d'information.

Il arrive cependant que le relationniste ait recours aux annonces « publicitaires » pour faire valoir le point de vue de l'entreprise dans les médias de masse. Le message sera alors beaucoup plus « informatif », moins immédiatement « persuasif » ; on le nomme parfois « publicité institutionnelle ».

Les relations publiques selon le Jeune Loup. La publicité est l'outil idéal pour maintenir une image de marque. Toutefois, pour lancer un nouveau produit, aucun moyen de communication n'est plus efficace que les relations publiques.

Le rôle de la publicité, c'est de persuader le public que le produit ou le service annoncé est le meilleur sur le marché ; l'annonceur lui-même diffuse ce message. Le rôle des relations publiques, c'est de faire dire par d'autres que ce produit ou ce service est le meilleur sur le marché. Si un athlète olympique que vous admirez affirme qu'il utilise un produit parce qu'il le préfère à tous les autres de sa catégorie, vous serez beaucoup plus réceptif à ses propos qu'à la publicité payée par le fabricant lui-même.

Les relations publiques prennent des formes beaucoup plus variées qu'elles ne le faisaient récemment encore. Bien sûr, le traditionnel communiqué de presse envoyé aux médias pour qu'ils diffusent l'information a toujours sa place. Mais, de nos jours, il faut être plus original pour obtenir quelques secondes d'antenne ou un entrefilet dans un périodique ! Il faut étonner. Par exemple, le ketchup vert de marque Heinz fut lancé sur le marché de Toronto d'une façon amusante. Avant même le déclenchement de la campagne de publicité, le cabinet de relations publiques Cohn and Wolfe suggéra à son client de lancer son nouveau produit le jour de la Saint-Patrick en distribuant gratuitement la bouteille verte dans tous les bars de la ville. L'agence a ensuite dit à plusieurs journalistes où ils pouvaient trouver le nouveau produit. Le lendemain de la Saint-Patrick, la nouvelle était dans tous les médias. Un coup de maître pour Heinz qui bénéficia d'une campagne média sans bourse délier !

On pourrait même avancer que la publicité traditionnelle perd de son efficacité parce qu'elle est omniprésente. Trop de marques transmettent le même message : « Achetez-moi ! Je suis le meilleur ! » Les relations publiques agissent plus subtilement ; elles se fondent dans le paysage médiatique. Elles transmettent le même message que la publicité, mais celui-ci est intégré aux mots d'un article, aux propos d'une personnalité crédible ou à la frénésie d'un événement populaire.

La communication interne

La communication interne **a pour but d'impliquer le personnel** de tous les niveaux hiérarchiques et de tous les secteurs d'activité à l'effort de marketing. Ce travail de motivation n'est jamais achevé.

Bien sûr, ce sont des préoccupations relevant du service des ressources humaines (échelle salariale, conditions de travail, avantages sociaux, etc.) qui sont les premières responsables de la motivation du personnel. Mais il ne faut pas négliger les activités de communication.

Pour faire en sorte que toutes les personnes de l'entreprise se sentent dans le coup, tous les moyens sont utiles : la publicité (campagne d'affichage à l'intérieur et même à l'extérieur), la promotion (concours à l'intention de ceux qui ont atteint leurs objectifs), les relations publiques (bulletin d'information). Vous avez remarqué sur les murs de chaque restaurant McDonald's la photo de l'employé du mois ?

La communication interne doit être le plus personnalisée possible : on doit mettre son équipe dans le coup. Pour cela, un plan de communication interne bien coordonné avec le plan de communication global est indispensable. Sinon, la communication interne risque d'être négligée dans le feu de l'action, ce qui est à éviter puisque le personnel influe largement sur trois des quatre P du marketing, c'est-à-dire sur la qualité du *produit* ou service, sur le *prix*, et même sur la communication (*promotion*, disent les anglos). En fait, le personnel est le canal de diffusion de l'information le plus crédible.

Les formes floues

Un certain nombre d'activités de communication sont difficiles à rattacher à l'une ou l'autre des quatre formes de publicité que nous venons de décrire. On peut citer la communication industrielle et ses outils privilégiés : le catalogue, la documentation technique et les diaporamas de démonstration.

C'est le cas aussi de la « publicité sociale » qui vise des comportements individuels ou sociaux. Le sujet de cette publicité touche les cibles de beaucoup plus près ; la publicité joue alors sur les motivations de manière soutenue et en espérant ne persuader qu'à très long terme. La publicité sociale utilise les mêmes stratégies et tactiques que la publicité commerciale. La différence est que l'objectif est social : la persuasion est faite en vue du bien-être de l'ensemble des citoyens et non pas uniquement de ceux qui en paient les frais. « Cessez de fumer et vous multipliez vos chances d'éviter le cancer du poumon » est un exemple de ce type de publicité.

La publicité sociale pose au publicitaire le problème de persuasion le plus difficile. La publicité commerciale promet un plaisir immédiat (même s'il est fugace), tandis que la publicité sociale exige habituellement une privation immédiate pour un plaisir éventuel et incertain : « Cessez de fumer et vous vivrez peut-être plus longtemps. »

Malgré cette difficulté, la publicité sociale joue un rôle de plus en plus important dans nos sociétés. Les sommes investies dans cette forme de publicité restent toutefois dérisoires en regard de celles vouées à la publicité commerciale.

Quand l'État ou d'autres grandes organisations (syndicats, établissements d'enseignement, etc.) font de la publicité pour diffuser leurs idées, il s'agit de « publicité sociale », qu'on appelait naguère de la propagande. La publicité sociale a si bonne presse que de plus en plus d'entreprises commanditent des services ou des activités en affirmant faire de la publicité sociale… Le *cause related marketing* est à la mode.

Les nouveaux usages publicitaires font également partie des formes floues. Par exemple, quand IBM devient « partenaire » de la Faculté des sciences de l'administration de l'Université Laval pour offrir ses portables à prix promotionnel, fait-il de la publicité, de la promotion, des relations publiques ou de la communication interne ? Probablement tout cela à la fois. Et qu'en est-il du fabricant de céréales qui s'associe à un grand événement (Carnaval de Québec Kellogg's) ou d'une société d'État qui donne son nom à un concours de feux d'artifice (Grands Feux Loto-Québec) ? Que dire d'une entreprise qui recourt aux petites annonces pour atteindre un public particulier ou qui s'affiche dans les toilettes des cégeps ? Et quand un patron loue un panneau-réclame pour souhaiter bon anniversaire à son directeur commercial ? Et quand les bananes que vous achetez sont décorées d'un autocollant du réseau de télévision ABC ?

La publicité est désormais multiforme. Jouissant d'une imagination sans limites, les publicitaires inventent chaque jour de nouvelles formes de diffusion, qu'il s'agisse de la porte d'ascenseur, du bandeau publicitaire en haut de l'écran d'un ordinateur offert à titre gracieux ou du téléphone cellulaire dont le temps d'antenne est gratuit mais qui laisse entendre une publicité de 20 secondes toutes les 3 minutes.

Parfois, la publicité aime mieux se déguiser en texte rédactionnel, *a priori* plus objectif donc plus persuasif. C'est le cas de plusieurs formes de publicité, comme :

- l'éditopub, soit une publicité déguisée en matière rédactionnelle, souvent diffusé sous forme de cahiers spéciaux sur un sujet donné ;

- l'infomercial, une émission de télé structurée comme une émission de divertissement mais dont le seul but est de vendre le produit de l'annonceur ;

- le publireportage, soit une information payée qui se dissimule sous les apparences d'un reportage objectif mais qui porte ordinairement la mention « Publireportage ».

Le publireportage est fréquemment le résultat d'une entente entre l'annonceur et le représentant d'un hebdo : « Vous m'achetez une publicité d'un format X, et je vous envoie un journaliste qui écrira un article sur votre entreprise. » Dans ce genre de texte, écrit Gilles Lugrin de ComAnalysis, « l'accent semble donc être mis sur de l'information objective plus que sur une quelconque promotion louangeuse ».

Parmi les nouveaux médias qu'on ne sait trop comment utiliser ni pourquoi, citons en vrac : la vente téléphonique informatisée, le cellulaire visuel, les cédéroms interactifs, l'écran d'ordinateur dans les ascenseurs, et tant d'autres.

Par ailleurs, certaines annonces sont ambiguës quant à leurs fins : des espaces payés de relations publiques sont pratiquement de la publicité (par exemple, le président Bill Gates parlant du succès de son logiciel Windows 2000 à ses actionnaires) ; certaines annonces publicitaires sont si « pures » qu'elles constituent sûrement une simple présence de relations publiques (on dit alors « publicité corporative » ou « publicité institutionnelle ») ;

certaines promotions sont si prestigieuses qu'elles sont bien plus publicitaires qu'autre chose (par exemple, Ciba-Geigy qui expédie à tous les médecins du Canada un papillon exotique à partir de Tahiti). Mais le fin du fin à l'intention du destinataire intelligent, c'est la publicité qui parodie d'autres canaux… ou se parodie elle-même. Les jeunes adorent ça !

La publicité, ce n'est pas *tout* le marketing

Monsieur et madame Tout-le-Monde confondent souvent « publicité » et « marketing ». Tout ce qui est communication, publicité comme promotion des ventes et relations publiques, fait partie de la communication du marketing, mais le contraire n'est pas vrai. Le marketing englobe la publicité (c'est un de ses quatre P), mais **la publicité n'est pas tout le marketing.**

Le marketing considère quatre aspects, les fameux quatre P : la mise au point du **produit** ou service (format, variété, emballage, etc.), la fixation du **prix** (prix de revient plus marge bénéficiaire, mais aussi prix psychologique), l'étude de l'accessibilité – ***places*** en anglais – (vente directe, distributeurs, grossistes, franchise, mais aussi stationnement, accès téléphonique, etc.), et enfin, la communication sous ses diverses formes (***promotion,*** disent les anglos).

Marketing n'égale pas publicité. Le marketing, c'est une conception de la mise en marché, de la commercialisation, qui prend le client (ses désirs, ses craintes, son pouvoir de payer et d'autres aspects importants) comme référence. Les quatre aspects du marketing sont considérés, mesurés en fonction du client et constituent le marketing-mix, un savant mélange des quatre ingrédients qui produit le chiffre d'affaires, les ventes, les revenus. Ce n'est pas la communication qui produit les ventes, encore moins la publicité à elle seule, mais le marketing-mix.

Cossette raconte : « Cela me rappelle Elsa Leclerc, une marchande de meubles que j'avais pour cliente, qui m'avait fait venir à son bureau pour me faire part de sa déception : son chiffre d'affaires n'avait pas bougé. J'ai dû lui avouer que cela ne me décevait pas, puisque le but que nous avions convenu de poursuivre cette année-là était de redorer le blason de son magasin, de travailler son image de marque, non pas de produire directement des ventes… »

Alors que le but du marketing est de produire des ventes, le but de la publicité est de modifier les attitudes et, éventuellement (mais pas toujours, et rarement à court terme !), de pousser le consommateur à l'achat. Donc, pour évaluer l'efficacité de la publicité, on vérifiera si elle a bien accompli sa tâche de communication quant à la perception d'une marque et non quant aux ventes, lesquelles relèvent d'un bon marketing-mix. Nous verrons cela plus loin.

Il est également important de comprendre que chaque média a son rôle à jouer au cours d'une campagne. La télévision et l'affichage permettent de bâtir la notoriété de la marque. Ils lui donnent de la visibilité, mais n'ont pas d'effet direct sur les ventes. Les revues, les quotidiens et la radio donnent également de la visibilité à une marque et permettent aux consommateurs d'en apprendre un peu plus sur elle. Au contraire de la publicité affichée sur un panneau, qui se doit d'être épurée, la publicité magazine, journal et radio permet à l'annonceur d'en dire plus sur la marque, car le consommateur a plus de temps pour emmagasiner l'information. Par contre, il ne faut jamais trop en dire. Une publicité surchargée meurt d'elle-même.

C'est au marketing direct et à la promotion des ventes de générer des ventes. Une campagne publicitaire doit être intégrée. Cela veut dire que tous les médias doivent travailler ensemble pour bâtir la marque. La télé et l'affichage créent la notoriété ; les revues, les journaux et la radio arrivent en soutien pour fournir les caractéristiques de la marque. Finalement, le marketing direct et la promotion des ventes cherchent, en faisant des offres spéciales, à faire bouger le consommateur pour atteindre le but final : la vente !

Le marketing direct

Le marketing direct est une forme hybride de commercialisation, à cheval entre le marketing et la publicité proprement dits. Il vise à vendre directement au consommateur, sans passer par les réseaux de distribution, mais en faisant appel aux diverses formes de communication du marketing (publicité, promotion, etc.).

Cette forme de commerce est apparue grâce au chemin de fer et à la poste. Auparavant, comme le transport était assuré par des chevaux, les produits étaient généralement acheminés à quelques dizaines de kilomètres seulement. Le chemin de fer change tout : la marchandise peut dorénavant être expédiée à quelques centaines de kilomètres et arriver à destination rapidement.

Le marketing direct voit le jour avec la première entreprise de vente par catalogue, Montgomery Ward, en 1872. Cette entreprise d'équipement de ferme compte servir les fermiers isolés du Midwest américain.

Par ailleurs, la poste permet de faire des commandes à distance. C'est grâce à la poste que Sears Roebuck peut, à partir de 1886, monter son génial système de vente par catalogue. Et c'est le chemin de fer qui lui permet de livrer la marchandise à ses clients éloignés (Sears avait été chef de gare). De cette manière, ce sont les grands magasins de la ville que Sears rend accessibles à ses clients de la campagne grâce aux 500 pages de son catalogue et à ses milliers de biens de consommation.

Le télégraphe, puis le téléphone, puis Internet permettent de négocier encore plus rapidement les commandes, et le transport routier ou aérien, de fixer plus précisément les délais de livraison.

Depuis les années 1950, le marketing direct a explosé. Les nouvelles technologies, la segmentation des marchés et la mondialisation ouvrent encore de nouvelles perspectives au marketing direct.

Le marketing direct se définit par le contenu du message et non par le contenant. Ce n'est pas un média, c'est une forme de mise en marché. Sa caractéristique est sa capacité de générer des réponses mesurables et quantifiables à la sollicitation. Le marketing direct est un ensemble d'activités qui permettent l'offre de produits et de services à des segments de marché précis, segments que l'on connaît bien parce qu'ils ont été prédéterminés. Les segments visés peuvent aussi bien être constitués d'entreprises que de consommateurs.

Le marketing direct offre plusieurs avantages. En particulier, il permet de mesurer les résultats d'une campagne (voir l'exemple exposé au chapitre 8). Il permet aussi d'adopter un langage qui convient à chaque cible (voire de s'adresser nommément au consommateur), de bâtir une relation à long terme avec la clientèle et de connaître chaque individu dans ses habitudes de consommation. Contrairement à la publicité devant laquelle le destinataire est passif, le marketing direct sollicite une réponse directe de la part du consommateur.

Pour que les agences de publicité puissent mettre au point des campagnes de marketing direct, l'industrie a bâti des listes de consommateurs. Ces listes, constituées en bases de données, permettent de segmenter la population selon les critères démographiques (sexe, âge,etc.) et la psychographie (appelée aussi *lifestyles*, que Cossette a schématisée en « comportementalité » – voir plus loin – et qui identifie les activités, les intérêts et les opinions des consommateurs). Les codes postaux sont également révélateurs dans la mesure où ils réunissent habituellement des citoyens montrant des caractéristiques communes : même éducation, même revenu, etc.

Le marketing direct peut se faire à l'aide de n'importe quel média. Beaucoup d'offres arrivent par la télévision ; pensez à tous ces appareils et gadgets que proposent les *infomercials*. Mais le plus souvent, l'offre parvient au consommateur par la poste, quoique Internet permette de faire de la vente directe et donc de recourir aux mêmes stratégies que la poste.

En marketing direct, l'offre que le consommateur trouve à l'intérieur d'une enveloppe est la clé de la communication, c'est elle qui incite le client potentiel à passer à l'action. Lorsque vous recevez un envoi de marketing direct, remarquez que l'offre a toujours une échéance (bons de réduction, concours, primes, etc.). Cette limite dans le temps favorise l'achat impulsif.

CONFRONTATION

Le Jeune Loup

Même les petites entreprises peuvent avoir recours au marketing direct. Je pense à la boutique de vêtements Oclan qui m'envoie un courriel personnalisé (« Salut Nick ! Nous avons un concept qui t'ira bien ! ») presque tous les mois pour me présenter sa nouvelle collection. À partir du courriel, je peux accéder au site www.oclan.net et me procurer un t-shirt « *Fuck* la mode » en un clic !

Le Gourou

Les grands du commerce par Internet font du marketing direct raffiné. La librairie Internet Amazon m'appelle « professeur Cossette » quand j'entre dans son site. Puis, elle m'offre des titres qui m'intéressent réellement parce qu'ils correspondent à ceux que j'ai achetés antérieurement. Elle m'envoie de temps à autre un courriel pour m'informer des nouveautés sur les sujets que j'ai préalablement sélectionnés. Je peux même aller voir les titres les plus populaires actuellement auprès des professionnels de la publicité de New York.

Le marketing postal et le marketing par Internet fonctionnent à peu près de la même façon. Lorsque vous faites un achat, l'entreprise ajoute votre nom à une banque de données et accumule des informations sur vous : la fréquence de vos achats, le montant moyen de vos factures, la vitesse à laquelle vous avez répondu à une offre, etc. Elle peut ainsi juger de l'efficacité d'une offre par rapport à une autre, d'un prix par rapport à un autre, etc. Cette banque de données finit par valoir une fortune pour l'entreprise de marketing direct.

Dans les années 2000, ne pensez pas que vous pourrez préserver votre vie privée. Vous êtes observé en silence par les ordinateurs de l'État et des commerçants. Beaucoup d'information sur vous est d'ailleurs accumulée par les voies du marketing direct. Imaginez le jour, pas si lointain, où vous recevrez dans une enveloppe-réponse une « offre que vous ne pouvez refuser ». On vous demandera de retourner l'enveloppe avec votre nom et votre courriel pour être admissible à un concours. Vous la scellerez avec un peu de salive et vous la jetterez dans la boîte aux lettres. Rendue à destination, elle sera analysée en laboratoire, puis votre code d'ADN sera mis en banque !

L'information colligée par une entreprise est louée ou vendue à d'autres organisations. Celles-ci connaissent tout sur vous et ciblent leurs envois de marketing direct en fonction de vos besoins. Leurs offres vous semblent tellement alléchantes !

La publicité dans Internet

La combinaison publicité et Internet pose un problème particulier : Internet est-il un média ? Est-il en train de créer une nouvelle forme de communication ? Il est trop tôt pour répondre à ces questions, mais nous savons qu'Internet suscite chez les spécialistes du marketing un engouement qui croît de manière exponentielle.

On peut d'ores et déjà voir poindre trois tendances : la publicité « traditionnelle » diffusée par le réseau Internet (dont nous parlerons au chapitre 7), le marketing viral et l'intoxication par Internet.

Jetons un coup d'œil sur ce que l'on appelle le « marketing viral ».

Le marketing viral (ou publicité virale)

L'expression « publicité virale » est réservée à un certain type de publicité diffusée dans Internet. Tout individu qui y est exposé peut constater que c'est un message publicitaire qu'il a devant les yeux, mais ce message est structuré de telle sorte que l'internaute est fortement tenté de l'acheminer à d'autres destinataires. Le docteur Ralph F. Wilson, consultant en commerce électronique, définit ainsi la publicité virale : « Toute stratégie qui incite les individus à faire suivre un message à d'autres, permettant ainsi que sa diffusion croisse de manière exponentielle, décuplant de ce fait l'exposition au message et son influence. » On l'appelle « virale » parce qu'elle se communique de manière intime de personne à personne. Le destinataire y sera plus réceptif parce qu'elle lui aura été transmise par une connaissance. Cette tactique permet aussi au publicitaire de se constituer une précieuse banque d'adresses électroniques qui sera ultérieurement utilisée pour des pourriels (*spams* publicitaires). C'est pourquoi les sites Internet commerciaux que vous visitez vous offrent de plus en plus souvent l'occasion de « faire parvenir cette page à vos amis » ; il suffit d'indiquer leur adresse électronique.

Voici la force de cette tactique : un internaute expédie un courriel à deux personnes, qui réexpédient le message à deux autres, et ainsi de suite. Après seulement 10 rediffusions, 2 047 correspondants auront été exposés à ce message. Imaginons maintenant que chacun l'a plutôt expédié à cinq personnes ; c'est près de 10 millions (oui !) de personnes qui auront alors été touchées. Impressionnant, n'est-ce pas ? C'est là la force de la publicité virale.

Mais, pour que le virus se répande, il faut que l'internaute y trouve un intérêt. La clé ? Votre message doit inclure une offre alléchante que vos destinataires auront intérêt à propager. Vous devez aussi faciliter la tâche de l'internaute : un petit clic doit suffire à relancer votre message dans le cyberespace. Enfin, il vous faut être prudent et savoir imaginer le pire (ou le mieux !) : la progression risque d'être exponentielle, et vous pourriez être incapable de gérer les effets de cette explosion.

Les grandes entreprises utilisent de plus en plus la publicité virale. Au Québec, Bell y recourt pour promouvoir son téléphone portable Solo. En 2002, au Royaume-Uni, les responsables de la publicité chez Häagen-Dazs, la crème glacée, auront dépensé près de 15 millions en publicité virale.

C'est une forme de bouche à oreille électronique, de boule de neige virtuelle. Chaque personne « infectée » par le message viral devient sans le savoir un « agent de publicité », puisqu'elle transmet le message qu'elle a reçu à ses relations. Par exemple, Lily reçoit d'une copine un courriel avec un dessin animé marrant d'un gars qui flirte sur la terrasse d'un bar. Rigolo ! Et hop, elle expédie le petit dessin à tous les destinataires inscrits dans sa liste de diffusion, et c'est parti. Quand on examine le dessin, on voit des parasols portant une marque bien visible : Boomerang. Lily, tout comme sa copine avant elle, sont devenues des agentes de diffusion pour Boomerang, qui n'avait qu'un objectif : répandre sa marque sur la Toile. Vive le bouche à oreille électronique !

La campagne virale entourant la sortie du film *Le projet Blair* (*Blairwitch Project*) est devenue un classique. Elle a laissé croire que l'histoire (mystérieuse, abracadabrante) était vraie et que le film était un « documentaire d'horreur ». Super pour harponner les jeunes ! Toute la campagne a été orientée en fonction de cette rumeur.

Dans le même sens, quel jeune internaute québécois n'a pas reçu et expédié une page de Budweiser incluant le retentissant cri d'abruti « Whassup ! » ? Les internautes ont même parodié ces pubs en faisant crier Jean Chrétien, le pape et d'autres sommités. Succès monstre.

CONFRONTATION

Le Jeune Loup
Le marketing viral dispose de deux atouts que le marketing classique ne possède pas. D'abord, il nécessite des investissements minimes : un peu de savoir-faire et un logiciel spécialisé. Sur Internet, même une jeune entreprise peut se présenter sous des dehors « sérieux »... et faire pas mal de chemin de cette manière. Ensuite, c'est le moyen idéal pour atteindre une cible pointue... et jeune (la dissémination se fait selon l'intérêt propre des correspondants).

Le Gourou
Il y a cependant des désavantages. D'abord, il n'est pas facile de s'appuyer sur les variables sociodémographiques des participants (sexe, groupe d'âge, ou provenance géographique...). Ensuite, ça peut mal tourner. Imaginons qu'un individu vous prenne en grippe et se mette à disséminer des messages négatifs selon une même structure virale. C'est fini. La marque vient de frapper son Waterloo. Certains considèrent d'ailleurs le marketing viral comme étant du marketing illégal ou, en tout cas, immoral.

L'intoxication par Internet

On sait combien les jeunes sont friands de fichiers musicaux numériques (genre MP3). Des entreprises leur offrent des logiciels qui permettent de télécharger de tels fichiers. Dans certains de ces logiciels, comme KaZaA Media, que près de quatre millions de fans de musique ont déjà téléchargé, les programmeurs ont secrètement intégré des logiciels espions (*spyware*). *Yahoo! Actualités* du 26 avril 2002 explique: « Le modèle économique [de ces services] repose principalement sur la publicité par les pairs. Tous ont passé des accords avec des sociétés de marketing en ligne pour leur permettre de greffer dans leurs systèmes des programmes espions. Ceux-là suivent les habitudes de surf des internautes dans le but de leur proposer des publicités ciblées, la plupart du temps sous la forme de fenêtres pop-up. » Une manne pour les entreprises qui misent sur le marketing direct!

Le logiciel MSN Messenger de Microsoft est un système d'autopublicité particulièrement efficace. Le logiciel est intégré au système d'exploitation Windows. Pour convier vos amis à ce système de clavardage, vous n'avez qu'à y entrer leur adresse Hotmail (filiale Microsoft!) et ils recevront un message les invitant à se procurer Messenger et à inviter leurs amis à en faire autant, ainsi de suite. Le serveur Messenger est donc en train de se constituer une formidable banque de millions de noms qui seront susceptibles de devenir une cible publicitaire, à moins qu'ils ne le soient déjà. Hotmail a réussi à rassembler avec cette stratégie 110 millions d'adhérents.

On estime que plus de 200 milliards de courriels seront expédiés en 2002, une moyenne de deux par jour et par personne. Ce chiffre grimpera facilement à cinq ou six d'ici cinq ans. Un lundi, pendant la rédaction de ce passage, l'un des auteurs a reçu dans sa boîte une quinzaine de courriels publicitaires dont deux vantaient les mérites du Viagra (ce dont il n'avait absolument pas besoin...), trois proposaient des hypothèques, deux annonçaient qu'il avait gagné une bonne somme d'argent, etc. Malheureusement, tous étaient rédigés en anglais; il semble que les logiciels d'assemblage ne travaillent que dans cette langue! Au printemps 2002, Robert Kahn, un des fondateurs d'Internet, déclarait au *Washington Post*: « La frustration que ressentent les internautes qui voient leur boîte de courriels bourrée de *spams* tire à sa fin, car des solutions se dessinent (...) il deviendra de plus en plus difficile de rassembler les adresses électroniques des gens (...) les personnes occupant des postes de décision vont protéger leur adresse de courriel de la même manière qu'elles défendent leur domicile contre les visiteurs importuns. »

Pour le moment, on peut acquérir pour quelques centaines de dollars des cédéroms contenant des millions de noms. Les envois à l'aveugle faits à partir de cet outil sont l'équivalent des envois postaux en vrac, un média publicitaire non négligeable. Et heureusement pour les annonceurs, il est présentement très difficile de bloquer ces courriels.

On sait aussi que le nombre de forums spécialisés se chiffre par dizaines de milliers ; chaque forum rassemble des centaines de personnes qui s'intéressent à un sujet commun. Par exemple, plusieurs de ces forums réunissent des mordus de 4 X 4. Certains internautes, qui, de manière innocente et au moment opportun, passent des commentaires sur « leur marque préférée », sont payés pour intervenir de la sorte. Ce genre de témoignage jouit d'une crédibilité bien supérieure à celle d'une annonce publicitaire. Et quelle aubaine pour les publicitaires !

La publicité clandestine

Pour se faire remarquer, la publicité a continuellement besoin de se renouveler. Des slogans bien sonnés ou des images aguicheuses dénotent créativité et inventivité. Mais cela ne suffit pas à briser le mur de l'indifférence des consommateurs, qui sont chaque jour sollicités par la une des journaux à grand tirage ou le dernier *hit* télévisé. Le cerveau des citadins est blindé contre les envahissements intempestifs ; aussi faut-il désormais solliciter ces derniers à tout moment, à tout endroit et… de façon répétée.

De nos jours, la publicité nous sollicite du réveil au coucher. Elle joue de ruse pour nous atteindre à tout moment. Pensons seulement aux nouveaux médias qui sont apparus ces dernières années : la télévision dans les ascenseurs des tours de bureaux (dont les portes sont devenues des panneaux-réclames), les affichettes dans les toilettes publiques, dans les autobus ou dans les wagons de métro, eux-mêmes travestis en objet publicitaire, les slogans d'Hydro-Québec ou de Via projetés sur les parois rocheuses des chutes Montmorency ou sur les pentes de ski à l'aide de puissants projecteurs, les cartes postales publicitaires accessibles gratuitement dans les bars, et ainsi de suite.

L'imagination des publicitaires est infinie. Pourquoi pas un panneau publicitaire qui descendrait lorsque le feu de circulation vire au rouge ? Ou une commandite de chaque kilomètre d'autoroute du Québec ? Il y a encore tant d'autres possibilités : des messages gravés sur les pains de savon ; des messages imprimés sur les napperons mais également sur la vaisselle jetable utilisée dans les cafétérias ; des messages, à l'intention des plaisanciers, sous les ponts Laporte et Jacques-Cartier ; des bons de réduction imprimés au verso des relevés de transaction issus du guichet automatique ; des publicités sur les stores dans les avions et les autocars ; d'autres sur le tapis roulant à la caisse du supermarché (5 messages pourraient défiler pendant les 2 minutes où la caissière soumet au lecteur optique les codes barres de vos denrées). Et les sacs de poubelle qui sont encore vierges ?

Des citoyens financeront l'achat de leur voiture en acceptant qu'elle soit placardée de publicités ; dans les salles publiques, on verra une publicité différente sur chaque tuile du plafond suspendu. Finalement, on acceptera de faire commanditer son mariage ou sa pierre tombale, on utilisera le postérieur des serveuses de bar, puis les fesses de son propre bébé seront tatouées du logo de McDo ou de Huggies…

À répétition ? Les produits pour lesquels on investit le plus en publicité sont les autos, les savons, la bière, l'électronique. Les grands magasins et les gouvernements sont aussi parmi les annonceurs importants. Naguère, les campagnes les plus énergiques que les publicitaires concoctaient visaient à atteindre les consommateurs une quinzaine de fois en un mois. Désormais, on cherche à les toucher trois fois plus, quand on ne tente pas de le faire 10 fois en une seule soirée de télé.

Pour atteindre sa cible, le publicitaire augmente le poids de la diffusion ou mise sur le sensationnalisme, l'humour, le sexe ou les effets spéciaux.

Ça, c'est pour la publicité traditionnelle, mais il se dessine une publicité « clandestine ». Qu'est-ce que la publicité clandestine ?

1. C'est une publicité occulte, car le consommateur ne la perçoit pas comme de la publicité.

2. C'est une publicité virale, car elle se diffuse indéfiniment, comme un virus.

Cette publicité étant nouvelle, le vocabulaire pour la nommer est changeant. Plusieurs expressions courent : la pub appât (*roach bait* ou *under the radar marketing*), la pub subreptice (*undercover marketing*), la rumeur (*buzz marketing*), la pub par les pairs (*peer-to-peer marketing*), la pub furtive (*stealth marketing*), le placement de produit dans la vie courante (*real life product placement*), les émissaires (*brand embassadors* ou *lean over*), la dissémination (*word of mouth advertising*), etc. Comme les consommateurs sont de plus en plus résistants à la persuasion, la publicité clandestine est appelée à se répandre. Selon Brian Steiberg, du *Wall Street Journal*, « la publicité clandestine gagne du terrain à mesure que les annonceurs misent sur des tactiques non traditionnelles pour pousser leurs marques et pour qu'elles fassent parler d'elles ». Effectivement, les entreprises cherchent de plus en plus à atteindre les consommateurs au moment où ils s'y attendent le moins.

C'est dire que vous-même devrez vous intéresser à ces nouvelles formes de publicité et vous faire aller les méninges pour trouver de nouvelles failles par où entrer dans la conscience des consommateurs ciblés. Voyons quelques-unes des formes que prend pour le moment la publicité clandestine.

Le placement de produit

Un premier type de publicité clandestine? Le placement de produit. Dans *Mission impossible 2*, film lancé en 2000, Tom Cruise porte ostensiblement des verres fumés Oakley (une entente entre le réalisateur et le fabricant). Les spectateurs ne se rendent pas compte, en se laissant charmer par les prouesses du héros, qu'ils sont en même temps soumis à une persuasion commerciale (1re caractéristique de la publicité clandestine). Une fois sortis du cinéma, les jeunes s'empressent de commenter le film en mentionnant à leurs amis les « géniales lunettes de soleil » que porte la star (2e caractéristique). Résultat : les ventes de Oakley augmentent de 80 % cette année-là. Dans le même sens, les ordinateurs utilisés dans ce film sont tous des Mac ; Tom Cruise s'est d'ailleurs présenté à un point de presse avec Nicole Kidman et le PowerBook qui lui avait été offert « en cadeau ».

Un des premiers placements de produit au cinéma a lieu en 1982, dans le film *E.T.* de Steven Spielberg. Le jeune Elliot utilise des bonbons Reese's Pieces de la chocolaterie Hershey au lieu de petits cailloux blancs pour conduire son ami extraterrestre jusqu'à sa chambre. Innocente sucrerie ? Trois semaines après la sortie du film, les ventes de Reese's, le bonbon préféré de E.T., ont triplé. Et dire que la chocolaterie Mars avait refusé que Spielberg utilise des M&M !

Vingt ans plus tard, le spectateur s'aperçoit vite que c'est la marque Herbal Essence qui permet à une des protagonistes du film *Blonde et légale* d'avoir une si belle chevelure. Elle a continuellement son Herbal Essence à portée de main, au cas où elle aurait besoin d'une retouche. Dans *Golden Eye 007*, James Bond s'affiche dans une magnifique décapotable BMW Z3. Marie-Ève Sanscartier résume les résultats dans un courriel à un des auteurs : « À peine quelques mois (1996) plus tard, on pouvait voir rouler des Z3 sur la Grande-Allée. Résultat d'une contamination : une fois la voiture aperçue dans le film, on en parle. En effet, on a vendu 35 000 unités de ce modèle depuis la sortie du film, un record pour les voitures sport chez BMW. L'apparition de la Z3 dans *Golden Eye* n'est sans doute pas étrangère à ce succès. » Le film *Vous avez un message*, avec Tom Hanks et Meg Ryan, est pour sa part un véhicule publicitaire pour le fournisseur Internet America Online et les cafés Starbuck.

Même dans les séries télévisées, la tactique est de plus en plus répandue. La série *Survivor 2,* diffusée au réseau CBS, fourmillait de « plogues » publicitaires pour Pontiac ou Mountain Dew que les participants devaient visiblement afficher devant les caméras. Les produits Clean&Clear sont associés à l'émission pour adolescents *Watatatow* de la Société Radio-Canada, et les cafés Folgers le sont à l'émission matinale *Salut, bonjour!* animée par Guy Mongrain au réseau TVA. Sylvain Boivin, étudiant en communication, a repéré cet exemple : « Dans l'émission *Ramdam* du réseau Télé-Québec, les protagonistes ne cessent de vanter le service Internet haute vitesse ("C'est cool pour télécharger *full* de tounes et c'est débilement rapide."). Tout ça immédiatement avant qu'une pub incite les téléspectateurs à participer à un concours de… Sympatico, le service Internet haute vitesse de Bell. Quel hasard ! »

Le placement de produit est une façon de plus en plus courante de dépenser ses budgets de publicité. Le consommateur commence à en être conscient. Aussi devrez-vous être encore plus rusé pour « déguiser » votre publicité et lui conserver son caractère clandestin. Après tout, un consommateur qui n'est pas sur ses gardes est davantage susceptible de répondre positivement à la persuasion.

CONFRONTATION

LE JEUNE LOUP

Parfois, les produits « placés » sont si nombreux dans un film que celui-ci en perd toute crédibilité. Je pense au film *Seul au monde* avec Tom Hanks qui ressemblait à une publicité de deux heures pour Federal Express ! Lorsque je vais voir un film, je ne vais pas voir des pubs, et lorsque je regarde des pubs, je ne veux pas voir un film ! Les annonceurs doivent continuer à être créatifs dans leurs placements de produit pour surprendre les consommateurs. Par contre, ils doivent encore laisser la possibilité aux consommateurs d'apercevoir un ciel ou un arbre non marqué par un logo.

LE GOUROU

Effectivement, je trouve difficile de voir de la pub un peu partout, jusque dans ma soupe. L'argument des courtiers en commandites est toujours le même : « Les écoles et les événements sont sous-financés. Les gouvernements n'ont plus de budget pour cela. Les entreprises sont prêtes à les financer en échange d'un peu de visibilité. Où est le mal ? » Je pense que le mal est dans la tête des administrateurs qui, au lieu de réclamer leur dû à leurs bailleurs de fonds normaux, sont prêts à vendre « un auditoire » au premier marchand venu.

La publicité racoleuse

Une façon de se démarquer au milieu du bruit « communicationnel » et éventuellement de persuader est d'utiliser la publicité racoleuse. Des stratégies inattendues, un nom de produit racoleur, des images suggestives, bref, tout pour enfoncer les résistances.

Prenons un produit anodin, la barbotine, cette boisson parfumée au sirop fruité et destinée aux adolescents (le *granite* des italophiles). La marque la plus connue, Slush Puppies, est devenue ringarde avec son chien, une espèce de faux Snoopy. La chaîne de dépanneurs Couche-Tard décide donc de mettre sur le marché une nouvelle marque qu'elle nomme Sloche. Elle donne à ses parfums des noms délinquants qui plaisent aux ados : « Goudron sauvage », « Sang froid » et « Winchirewacheur ». Sur le côté des bus, on présente même en 2002 la nouvelle saveur « Poussin frappé » (frappé… par un bus ? l'image le laisse entendre).

Et des affiches de côté de bus insistent : « Écœure ta soif ! » ou « Hydrate ta rate ! Nouvelle formule hypertonique. » Un succès énorme !

On peut aussi assurer sa présence de manière ostensible dans les grands événements, comme le fait Molson Ex avec ses « zones Molson Ex » à l'occasion d'événements sportifs. Molson attire les spectateurs en leur offrant des billets à prix réduit, puis les regroupe en équipe de partisans d'un joueur, avec chef de claque et bannière au nom du joueur. Quand ce dernier compte un point, ses partisans reçoivent une bière Molson Ex des mains d'une animatrice vêtue d'un t-shirt moulant et... logotypé. La belle distribue aussi des tatouages au nom de la marque.

On peut également miser sur le sexe à outrance, comme le font certaines campagnes promouvant maints produits destinés aux jeunes. Yves Saint Laurent et Calvin Klein ont ouvert les vannes, mais les spécialistes qui s'occupent du marketing des jeans ou des boissons alcoolisées n'ont pas l'intention de céder facilement leur place en cette matière.

On peut aussi solliciter les clients en excitant d'autres sens que la vue. De plus en plus de boutiques misent sur le sens olfactif de manière racoleuse. Pensez à ces boulangeries ou à ces cafés qui dirigent leurs odeurs de cuisine vers les passants...

La publicité par mandataire

Une autre tendance consiste à miser sur un individu qui agit alors comme mandataire payé pour vanter un produit. Le marketing utilise depuis longtemps la « stratégie *push* ». Vous recourez à cette stratégie quand, par exemple, vous « payez » les détaillants ou les revendeurs pour qu'ils moussent votre produit : vous les récompensez en leur donnant 13 unités à la douzaine, en les inscrivant à un concours (voyage sous les tropiques), et ainsi de suite. Bien qu'elle soit occulte, cette publicité n'était pas clandestine au sens où nous l'entendons ici, mais depuis, elle s'est raffinée et l'est devenue. Ainsi des bonimenteurs utilisent des complices qui se présentent comme acheteurs enthousiastes pour susciter l'engouement des témoins. Voici un exemple récent raconté par une étudiante, Sabrina Lapointe : « Un jeune artiste est publié depuis peu au rythme d'une page par mois dans le magazine satirique *Safarir*. Un jour, il est invité avec trois autres humoristes à participer à une séance de dédicaces dans un salon du livre. Évidemment, notre artiste n'a pas une grande notoriété ; aussi offre-t-on 15 $ à 5 jeunes personnes typiques du lectorat (2 filles de 18 ans et 3 garçons de 19 à 22 ans) pour qu'elles se présentent à la séance. Elles participent aux discussions entre fans et interviennent au moment opportun en faveur de notre bédéiste. Ensuite, d'une manière tout à fait innocente, ces personnes se présentent à tour de rôle devant notre héros pour solliciter un autographe, entraînant d'autres adolescents vers la "vedette". Satisfait du succès déclenché, le rédacteur en chef offre au garçon une page de plus dans la revue. »

Autre exemple. Le Musée de la civilisation de Québec présentait en 2002 l'exposition *Cow-boy dans l'âme*. Pour faire connaître l'exposition, on met à contribution les visiteurs grâce à un moyen traditionnel : un fond photographique représentant le méchant cow-boy prêt à engager un duel, dessiné sur un panneau avec un trou où passer la tête. À l'aide d'un appareil numérique, on photographie les visiteurs coquins. Les spécialistes en marketing du musée sont plus coquins encore, car ils ont astucieusement remis la photo déjà imprimée sur un dépliant de style western présentant l'exposition. Que feront les visiteurs qui auront cette photo ? Ils montreront joyeusement le dépliant à leur entourage, voire, ils en feront tirer une copie pour rapidement la poster qui à la grand mère, qui au cousin…

Ou cet autre exemple qui semble être le résultat d'un engouement déclenché de façon circonstancielle. Marc-Antoine Fortin raconte : « Lorsque j'étais au secondaire, j'avais pour ami le fils des propriétaires d'une franchise des restaurants Subway. Comme il avait accès à tout le matériel promotionnel de ses parents, mon ami décide un jour de décorer sa motocyclette avec des autocollants grand format aux couleurs de Subway. Cette idée suscite la curiosité, puis le papotage, si bien que le gars finit par recevoir le sobriquet de « Subway ». Flairant la bonne affaire, ses parents lui donnent accès à tous les autocollants désirés et l'ami se met à faire des cadeaux à tous ceux qui en désirent, de sorte que c'est finalement devenu cool d'avoir un autocollant Subway sur son véhicule. »

Certaines entreprises recourent spontanément à la publicité par mandataire. C'est le cas quand la gérante d'une boutique de parfums demande à ses vendeuses inoccupées d'aller marcher dans le centre commercial les bras chargés de sacs portant le logo de la parfumerie. D'autres entreprises privilégient cette forme de publicité comme stratégie marketing. Aloette, par exemple, semble inciter ses vendeuses à engager la conversation innocemment avec quiconque à l'arrêt de bus ou au centre commercial, à offrir des échantillons, puis à remettre le catalogue de produits. La cible parlera probablement de cette rencontre aux membres de son entourage.

On engage même des « comédiens » pour agir dans la vie comme s'ils étaient des citoyens ordinaires. Par exemple, on demande à trois jeunes de courir les bars (ou les marchands de disques) et d'improviser de manière à susciter l'intérêt des chalands pour un produit donné, disons une marque de bière…

CONFRONTATION

LE JEUNE LOUP

Pourquoi ne pas payer des « acteurs » pour jouer les consommateurs-entraîneurs ? Imaginons un salon de la machinerie lourde au Palais des congrès de Montréal. Des gens d'affaires sont attablés au café après avoir visité le stand de Caterpillar (ou de Hewitt). Pierre, qui ne connaît pas Jean, l'approche nonchalamment : « As-tu vu la nouvelle pelle forestière 330B ? Toute une machine ! Là, ça devient payant de travailler. » « Ouais, dit Jean, mais je trouve qu'elle coûte cher. » « Oui, elle est un peu chère à l'achat, reprend Pierre, mais payante au rendement ! » Etc. Or, Pierre est en réalité un comédien de marketing, formé pour influencer furtivement les acheteurs potentiels.

LE GOUROU

Je trouve cette tactique malhonnête. J'admets que son pouvoir persuasif est plus grand que celui de la publicité explicite, mais c'est de la fausse représentation (c'est le cas de le dire). Si de telles tactiques se répandaient, dans quelle sorte de société devrions-nous vivre ? On ne saurait plus qui sont nos amis ni à qui faire confiance. On ne saurait plus si l'on a droit à un « conseil d'ami » ou à celui d'un acteur…

La rumeur déclenchée

Sciemment déclenchée, la rumeur est une autre forme de publicité clandestine qui joue positivement pour un produit ou négativement si elle vise un produit concurrent. Citons en exemple la rumeur qui a couru il y a quelques années au profit de Hermèse, sous-traitant de AT&T Canada. La rumeur laissait entendre que la compagnie remettait 10 $ à chaque personne qui en persuadait une autre de remplir un formulaire de demande d'information sur les services téléphoniques. Rapidement, le mot s'est répandu, et bien des gens tentaient de convaincre leurs proches que AT&T offrait des tarifs avantageux. En réalité, la tarification n'était en rien changée.

Parfois, la rumeur est planifiée contre les compétiteurs. Depuis quelques années, le bruit court sur Internet que Tommy Hilfiger est raciste. Il aurait déclaré au cours de l'émission d'Oprah Winfrey : « Si j'avais su que des Noirs et des Jaunes auraient porté mes créations, je ne les aurais jamais dessinées. » (Une histoire similaire circulait depuis 1991 au sujet de la designer Liz Claiborne qui aurait elle aussi déclaré qu'elle ne faisait pas de vêtements pour les Noires qui « ont des hanches trop larges ».) Il semble que la rumeur tire son origine d'un article écrit par Cristina Peczon dans *Isyu*, un tabloïd des Philippines. Cette journaliste rapportait, elle, que l'incident s'était produit à l'émission *CNN Style* avec Elsa Klensch qui interviewait ensemble Tommy Hilfiger et Ralph Lauren sur les tendances de la mode. Hilfiger aurait été particulièrement méprisant envers les Philippins. Des milliers d'internautes ont appelé au boycott de Hilfiger. Audrey Pass, représentante d'Oprah, et Kathy Park, de CNN, ont déclaré que Hilfiger n'avait jamais été interviewé à ces émissions. Le lundi 11 janvier 1999, Oprah elle-même lance son émission en démentant la rumeur. Rien n'y fait, le bruit court toujours. Une question se pose : « À qui profite ce boycott ? »

Parfois, les rumeurs visent à désarçonner un compétiteur qui s'apprête à lancer un nouveau produit sur le marché ou à susciter l'intérêt des investisseurs, comme dans le cas suivant, qui prouve qu'Internet permet de répandre une rumeur à la vitesse de l'électron.

Dean Kamen, polytechnicien et patenteux, est connu dans le milieu de la haute technologie médicale. Il a, paraît-il, mis au point Ginger, un produit révolutionnaire destiné au grand public. Des pages Web sont créées par l'inventeur, des rumeurs sont lancées, si bien que les spéculations vont bon train. Un éditeur lui aurait même offert un à-valoir de 250 000 $US pour qu'il écrive sur Ginger. En 2001, près de 200 reportages ont été écrits sur Ginger, entre autres dans *Technophile* et dans *Time Magazine*. Finalement, Ginger est mis en marché : ce n'est qu'une trottinette high-tech. Portant le nom de Segway, l'invention est un *human transporter*, dira Kamen. Segway avait bénéficié d'une vague de prévente qui valait des centaines de milliers de dollars. Rémi Kauffer, dans son livre *L'arme de la désinformation*, affirme que « ces mensonges cybernétiques sont si répandus que certains spécialistes parlent de *menaces assistées par ordinateurs* ».

Il arrive aussi que l'on crée des événements de toutes pièces. Ainsi, une brasserie décide de changer sa bouteille et son étiquette. Pour marquer cette relance, elle fait livrer sa bière dans les bars par l'équipe de promotion et aux heures d'achalandage (période où la livraison est normalement interdite). Les jeudi, vendredi et samedi, entre 22 h et 23 h, l'équipe de promotion déguisée en équipe de livreurs s'amènera donc à la porte principale d'un certain nombre de bars triés sur le volet. Tous les clients discuteront de l'animation provoquée par cette livraison exceptionnelle.

Le placement de produit dans la vie courante

Le placement de produit dans la vie courante est parfois franchement occulte, parfois plus direct. Depuis déjà plusieurs dizaines d'années, les pédiatres remettent aux jeunes mamans des échantillons pour le bébé : un premier de Tempra comme analgésique, un deuxième d'Orajel pour calmer les rages de dents, et un dernier de Zincofax pour éliminer les rougeurs sur les fesses.

Mais on peut encore raffiner cette stratégie. Voici une expérience racontée par Véronique Gagnon : « Le Camp à Jo, bar populaire de Chibougamau, est plein à craquer. Après une journée de plein air et… de bières, les randonneurs viennent y compléter leur beuverie. C'est le 36e Rallye de Chibougamau, et l'événement sert de tremplin à la promotion des cigarettes Export A. De jolies jeunes filles sont rémunérées pour remplir des questionnaires sur les habitudes de consommation des fêtards. Aisément identifiables par leurs élégants habits de neige aux armes d'Export A, ces dames servent aussi de panneaux publicitaires. Elles sont donc interpellées sans arrêt (particulièrement par les hommes) pour discuter, ce qu'elles font tout en remplissant leur feuillet. Puis, elles parlent du rallye, de leur boulot, donc d'Export A. En soirée, une deuxième facette de la pub clandestine Export A est mise en branle : il y a distribution de paquets de cigarettes. Cette distribution n'est évidemment pas aléatoire, les paquets étant offerts à ceux qui ont déjà une cigarette à la main. La manœuvre doit se faire rapidement : une tape sur l'épaule, un paquet qui se tend, et plus personne ! Les fumeurs sont surpris et s'interrogent sur la provenance de ce paquet ; puis, cela se transforme en anecdote cocasse à raconter. La contamination suit son cours. »

Pour lancer son PT Cruiser, Daimler-Chrysler a aussi choisi l'approche « placement de produit dans la vie courante ». Le fabricant a conclu des ententes avec des entreprises de location d'autos de Miami Beach pour intégrer ses PT Cruiser au parc de voitures à louer. Il a suscité un immense intérêt qui a fait beaucoup parler dans les médias. Une opération de publicité réussie !

Une jeune agence de New York, BigFat, s'est spécialisée en placement de produit dans la vie courante. Voici ce que dit son directeur, Jonathan Ressler : « Nous instillons le produit dans la vie des cibles sans interférer avec leurs comportements habituels. Ultimement, les cibles auront compris comment utiliser le produit, pourquoi elles en ont besoin et comment il s'intègre à leur vie. »

Parfois on s'y prend de façon rusée. Par exemple, on laisse une trentaine de caisses portant le logo de Macintosh devant les ascenseurs d'un gratte-ciel de Montréal. Pour la plupart vendus aux PC, les gens d'affaires s'interrogent : Qui s'équipe en Mac ? Pourquoi ? Économie ? Productivité ? La notoriété de Mac grandit ainsi chez les décideurs.

Comment cela finira-t-il ?

Parce qu'elle semble plus efficace que la publicité explicite, la publicité clandestine fera sûrement partie des tactiques d'un nombre croissant d'entreprises. Cela suscite une question : les consommateurs se révolteront-ils quand ils s'apercevront qu'ils ont été les jouets des spécialistes en marketing. Nous pensons que la publicité clandestine continuera longtemps d'être efficace dans les milieux plus populaires et sera de plus en plus haïe des gens instruits.

Une question éthique se posera éventuellement aux publicitaires. « Le problème, c'est que vous ne savez plus si vous vivez dans le monde réel ou sur la planète pub », résume Jane Standley de la BBC. Que se passe-t-il quand on ne sait plus si celui qui s'approche de nous dans un lieu public est un « publicitaire » ou un ange envoyé du ciel pour nous aider ? Même un publicitaire, Mark Stephenson de l'agence Leith à Édimbourg, adopte un point de vue critique : « Le bouche à oreille est un puissant moyen de persuasion, mais la publicité clandestine travestit ce moyen, et ça, c'est dangereux. Il n'y a rien de pire que de s'apercevoir tout à coup que l'on s'est fait flouer, et le bouche à oreille peut répandre rapidement cette mauvaise nouvelle. » Donc, à utiliser seulement après mûre réflexion !

Maintenant, vous savez un peu mieux
à quoi vous pouvez vous attendre en publicité.
Vous verrez, dans le chapitre suivant,
que la planification est nécessaire pour que la
publicité puisse jouer efficacement son rôle
de communication du marketing.

Pause publicitaire

BELL MOBILITÉ
COSSETTE COMMUNICATION MARKETING

RESTAURANT OFFICIEL DE LA NBA.
MCDONALD'S
PALMER JARVIS DDB

VOLKSWAGEN
BMP DDB

Chapitre 2

Un plan, pour quoi faire ?

Ce chapitre fait ressortir l'importance de la planification en publicité. Comme l'analyse de la situation est la base de toute bonne campagne, vous apprendrez comment faire une bonne analyse. Vous découvrirez aussi qui sont les professionnels pouvant collaborer à votre campagne.

Personne ne peut réussir en affaires sans planification. Comme le disait Napoléon 1er, qui s'y connaissait dans l'art de la guerre : « il n'y a que deux espèces de plans de campagne : les bons et les mauvais ». L'essence même de la planification est d'établir le plan qui permettra l'atteinte de l'objectif. La fonction première d'un patron, d'un gérant, d'un gestionnaire, c'est de planifier. Pour assurer le succès de toute activité humaine qui implique un grand nombre de variables (dont des êtres humains), il est nécessaire de planifier. Il en va de même en publicité, qui est en réalité un domaine d'activité complexe où le « sur mesure » prend une importance capitale.

Évidemment, tous les individus n'ont pas les mêmes talents de planificateur. Quand il s'agit de publicité, peu de petits entrepreneurs prennent la peine de rédiger leur plan de communication (ou plan de campagne de publicité). Ils pourraient pourtant s'y référer au moment de prendre des décisions ponctuelles en la matière. Les entrepreneurs à succès disposent quant à eux toujours d'un plan astucieux, écrit ou non, qui leur permet de marcher vers un but.

Qu'est-ce que planifier ?

Selon le grand manitou du management Peter F. Drucker, « planifier, c'est faire coïncider des personnes et des façons de faire de telle sorte que l'on puisse réaliser des projets ». Autrement dit, planifier est une fonction de la gestion qui consiste à **faire exécuter les bonnes choses par les bonnes personnes** pour arriver à bon port.

En publicité, la planification implique que, éventuellement avec son publicitaire, l'annonceur détermine ses objectifs marketing. Ensuite, le responsable de la publicité analyse la situation et propose au décideur une stratégie publicitaire qui devrait lui permettre d'atteindre ses objectifs.

Capitaine, pilote et marins

Pour arriver à bon port, on a besoin d'un capitaine, d'un bon pilote et de bons marins. Le capitaine fixe les objectifs, consulte le pilote et fait exécuter l'action par les marins. Sans capitaine, un plan n'est pas viable. Le gestionnaire, c'est le capitaine. Le publicitaire agit, dans son domaine, comme le prolongement du gestionnaire. Le responsable de la publicité est donc le pilote qui conduit le navire dans les passages difficiles comme le Bosphore ou le Saint-Laurent à Québec. Un navire peut avancer sans pilote... quand le chenal est large – ou qu'on avance sur des parcours bien balisés.

Cela étant dit, on a trop souvent joué de ségrégation en privilégiant ceux qui font la planification stratégique et en sous-estimant les exécutants. Encore une fois, planifier efficacement, c'est savoir associer les efforts du capitaine et des marins. On ne peut séparer la pensée de l'action. Les gens qui ont plein de bonnes idées sont inutiles dans une organisation s'ils sont incapables de mettre au point un plan qui portera ces bonnes idées à leur stade ultime de réalisation, au besoin en faisant appel à des consultants. On a alors affaire à des rêveurs, et non à des idéateurs.

Ça se passe à tous les échelons

On associe trop souvent l'idée de planification à la « planification stratégique », c'est-à-dire à la planification qui se borne à définir les grandes orientations. La planification est pourtant essentielle à tous les échelons d'une entreprise. C'est pourquoi la planification opérationnelle s'ajoute à la planification stratégique.

Le pilotage doit relever de plusieurs niveaux hiérarchiques ; en réalité, certaines décisions de pilotage appartiennent au simple matelot (l'angle de l'aviron, par exemple). Cela est de plus en plus vrai dans les organisations « dégraissées » où beaucoup de décisions, autrefois prises par des cadres intermédiaires, doivent maintenant être arrêtées par le simple matelot. En particulier en publicité, où la créativité a toute son importance, il est primordial que tout l'équipage – chaque membre dans sa sphère d'analyse – sache corriger la trajectoire au moment où le bateau pourrait s'engager dans une direction hasardeuse.

Les 4 fonctions de planification du capitaine et du pilote

Le capitaine (gestionnaire) exerce les fonctions suivantes :

1. Il définit les objectifs marketing, déterminant ainsi les grandes orientations.
2. Il met en place les ressources humaines et matérielles. Il dispose de certaines, mais il devra en acquérir d'autres.
3. Il organise le fonctionnement de ces ressources ; il précise la manière dont chacune doit interagir avec les autres.
4. Il évalue périodiquement les résultats en fonction de ses objectifs et corrige le tir s'il y a lieu.

Le pilote (publicitaire) exerce les fonctions suivantes :

1. Il analyse les objectifs déterminés par le gestionnaire.
2. Il élabore un plan de communication comprenant des stratégies et des tactiques permettant l'atteinte des objectifs.
3. Il met en place les ressources humaines nécessaires à la conception, à la réalisation et à la diffusion de la campagne publicitaire.
4. Il évalue, mesure et interprète les résultats de la campagne.

Cet ensemble d'interventions permet de gérer efficacement, d'exercer un management effectif, bref, de faire concorder toutes les ressources pour atteindre l'objectif visé. Cela est vrai pour l'entreprise de manière générale, et pour la publicité en particulier.

Il faut surtout comprendre que, fondamentalement, **planifier, c'est décider et agir.** Aussi, toute planification doit-elle englober, en plus des tâches dévolues au pilote et au copilote, les aspects opérationnels : mise au point de plans d'action et de programmes d'activité, soit ce qu'on appelle les tactiques qui répondent à la stratégie et permettent d'avancer vers le but. Tout cela n'est possible que si l'on connaît bien la situation.

Analyser une situation

Mais où aller ? Quelle est la meilleure route à prendre ? Quel équipement et quelles expertises sont nécessaires pour suivre cette route avec ce navire ? Avant de définir un objectif, de décider et d'agir, il faut analyser la situation. Pas d'action possible si l'équipage n'a pas clairement en tête – ou mieux, devant les yeux – un état de la situation.

Pour tenir bien en main une situation, il faut en faire le tour en trois pas : poser le problème, collecter l'information, en faire la critique.

Poser le problème

Poser le problème, c'est mettre le doigt sur la situation « insatisfaisante » en gardant présent à l'esprit le but poursuivi, la situation satisfaisante. Un problème auquel on n'a pas réfléchi apparaît souvent comme vague, complexe, multiforme. Peut-être ne le ressent-on même pas comme un problème, mais plutôt comme un rêve vague que l'on poursuit presque inconsciemment.

Il faut circonscrire le problème, lui donner des limites claires. Quelle situation vous donnerait une plus grande satisfaction ? Quel serait donc ce but à poursuivre ? Plus de ventes ? de notoriété ? de richesse ? de clients heureux ? de temps libre ? Un problème bien posé est un problème à moitié résolu.

Collecter l'information

Il faut ensuite collecter le plus d'information possible sur cette « situation problématique ». Il faut donc fouiner, gratter, déterrer tout ce qui peut éclaircir la situation problématique. Comme il est impossible de connaître d'avance l'élément qui pourra jouer le rôle de phare, soyez d'une curiosité insatiable. La donnée qui peut vous paraître insignifiante pourra devenir une clé essentielle quand viendra le temps d'établir une stratégie gagnante.

Il faut surtout s'assurer que l'information amassée est **représentative de l'ensemble** de la situation que l'on est en train d'explorer. Il faut donc faire des prélèvements ici et là, en s'assurant que tous les recoins du champ de recherche sont traités.

Il faut éviter les échéances hâtives. Par exemple, vous pourrez obtenir de l'information par un petit sondage téléphonique en 24 heures, mais, même en une semaine, vous ne pourrez obtenir copie de toutes les publicités que vos concurrents ont fait paraître dans les journaux pendant les cinq dernières années. Les délais irréalistes font en sorte que la recherche est escamotée. Donc, pas d'échéance hâtive... ni de zèle maniaque, qui finit par tout noyer dans la paperasse.

Évidemment, la réalité impose aussi ses limites quant aux coûts, ainsi qu'à l'énergie et au temps investis. On peut cependant faire un premier tour d'horizon à peu de frais en trouvant les réponses à la série de questions suivante.

Questions pour dénicher de l'information

- qui ?
- dit quoi ?
- à qui ?
- par quel canal ?
- avec quels effets ?
- où ?
- quand ?
- comment ?
- pourquoi ?
- combien ?
- avec qui ?
- par qui ?

On peut examiner chacune de ces questions sous divers angles. *Qui...* sont ceux qui subissent ? provoquent ? profitent de ? *Quand...* comme origine ? comme mouvement rythmique ? comme tendance actuelle ? Ainsi de suite.

Bref, il faut poser toutes les questions possibles à de nombreuses personnes, et surtout s'adresser aux « bonnes personnes », à celles ayant un rapport avec l'objet de l'enquête. Évidemment, on peut aussi tirer une masse imposante d'information des documents d'archives, qu'il s'agisse d'un rapport officiel ou d'un dossier fourre-tout (qui peut s'avérer une précieuse mine de renseignements). Tous ces efforts doivent graviter autour de la situation problématique de manière à recueillir le plus d'informations possibles, mais des informations pertinentes qui permettront des conclusions valables.

En faire la critique

Une fois cette masse (?) d'information amassée en vrac, on imposera un ordre, une cohérence à cet ensemble de renseignements qui autrement pourraient apparaître disparates. On va donc trier, déplacer, écarter, classer. Il faut faire des sous-ensembles, rassembler les éléments de même nature, ce qui est déjà un travail préliminaire d'analyse. C'est le moment où il faut ouvrir les yeux, essayer de comprendre, de déceler des tendances, d'étiqueter des actions, de caractériser la nature d'activités répétées, ainsi de suite.

Puis, on analysera en profondeur toutes ces données, on les examinera sous toutes les coutures, bref, on en fera la critique en réfléchissant à l'importance relative de chacune par rapport aux autres et par rapport à l'ensemble du problème. Cette étape est cruciale, bien que l'analyse risque souvent d'être entachée de subjectivité. Il faut être particulièrement attentif à la personnalité de « l'analyste » : le remède a toujours un rapport avec le médecin.

Il est également bon de connaître la psychologie humaine. Telle personne rapporte-t-elle des faits ou ce qu'elle croit que vous aimeriez entendre ? Minimise-t-elle le rôle de ses faiblesses par rapport au problème de façon à se faire valoir ? Quel crédit devez-vous accorder à tel document par rapport à tel autre ? Etc. De même, il est bon de se connaître soi-même. Est-on exagérément soupçonneux ? Exagérément naïf ? Faible en logique ? Pointilleux quant à la langue ? Facilement charmé par une présentation originale ? Tous ces aspects doivent être pris en considération.

Un tour d'horizon

Cela résume la procédure d'analyse pour n'importe quelle situation. Mais celle qui nous préoccupe est l'analyse de la situation relative à la publicité. Avant de bâtir un plan de communication, il faut donc faire le tour de son jardin, connaître en profondeur sa situation actuelle. Pour cela, il convient de faire un inventaire que les publicitaires appellent une « analyse de la situation » et que nous appelons ici un « tour d'horizon ». Ce tour d'horizon comprend six points principaux : l'historique, la concurrence, le marketing-mix, le public cible, l'image de marque et le cycle de vie du produit.

Pour certains des points de cette analyse, il vous suffira de ramasser vos idées ou de consigner des faits, entre autres pour l'historique. Pour d'autres points, il vous faudra prendre des décisions importantes afin d'assurer le succès de la publicité future (c'est le cas pour le marketing-mix, surtout si celui n'a jamais été précisé).

L'historique

Bien sûr, vous connaissez votre entreprise, mais essayez de détailler une assez longue période d'activité, principalement vos activités publicitaires.

Quels ont été les grands moments ou les étapes critiques ? Sur le plan de la publicité, quelles actions ont été entreprises à ces moments-là ? Quels effets ont eus ces actions ? Couchez vos réponses à ces questions sur papier : cela vous obligera à avoir les idées claires, à être concis et précis, à véritablement réfléchir sur les traces que vous avez laissées derrière vous.

Rassemblez des exemplaires des pièces publicitaires que vous avez réalisées au cours de ces années. Vous saisirez ainsi l'image que l'entreprise a projetée aux consommateurs, tout comme regarder l'album de photos d'un ami nous permet de mieux comprendre son comportement, son caractère, ses habitudes, ses goûts, son entourage, etc.

LES GRANDES ÉTAPES DE MON ENTREPRISE

Énumérez ici les grands moments que vous avez vécus depuis que vous êtes en affaires : succès ou échecs, bifurcations, coups d'éclat, coups fourrés, trouvailles, etc.

____

____

____

LES CAMPAGNES DE PUBLICITÉ RÉALISÉES

Énumérez ici les principales activités publicitaires que vous avez réalisées au cours des années passées ou fournissez des échantillons de vos outils publicitaires.

____

____

____

La concurrence

La concurrence aussi doit être examinée attentivement. Bien sûr, les gens d'affaires s'assurent de connaître où se situent leurs concurrents par rapport à chacun des quatre P du marketing ; ils ont une bonne idée de leurs **produits** ou de leurs services, de leur échelle de **prix**, de leur genre de commercialisation (***places***). Mais il faut aussi analyser en profondeur la **publicité** que diffusent ces concurrents.

Analyser la publicité de la concurrence

Vos réponses aux questions suivantes vous aideront à analyser la publicité de la concurrence.

- Quelle attitude tente-t-on d'influencer (objectif publicitaire) ?
- Quel est le positionnement adopté pour le produit ?
- Quel est l'axe de communication utilisé ? Quelle corde sensible tente-t-on de toucher ?
- Quel public cible tente-t-on d'atteindre ?
- Quelles sommes dépense-t-on annuellement ?
- Quelle est la répartition entre les médias utilisés ?
- Quelle est la fréquence et la portée de la campagne ?
- Comment la pression publicitaire varie-t-elle dans le temps ?

Tous les lundis, les grands quotidiens publient un cahier ou une section sur les autos. Chaque concessionnaire doit lutter contre les autres, qui font aussi paraître une annonce. Est-elle plus petite ou plus grande ? En couleur ou non ? Une brève analyse permet d'évaluer les pas que font les concurrents, de critiquer, voire de tester.

Le marketing-mix

L'entreprise doit s'appuyer sur un marketing-mix gagnant pour que sa campagne de publicité connaisse du succès. Il ne suffit pas d'avoir un bon produit ou service, ou des prix compétitifs. Il faut **avoir une stratégie marketing qui ouvre un créneau négligé par la concurrence.**

Le publicitaire sait bien que le prix le plus bas n'est pas toujours l'argument clé. En tout cas, ce n'est pas l'argument principal de Rolls-Royce ! Le consommateur veut simplement être sûr qu'il en a pour son argent, que le prix est honnête. Ce qui rend une entreprise gagnante, c'est son marketing-mix, qui la différencie de ses concurrents, qui lui donne une image particulière.

L'invasion de ce que l'on appelle les « magasins expérience » illustre bien cet état de choses. Ces magasins, en créant une ambiance particulière axée sur le service à la clientèle, visent à plonger le client dans un monde agréable qui le poussera à l'achat. Un bon exemple ? Les Ailes de la mode. On ne lésine pas pour montrer au client qu'il est le roi : mini-salle de cinéma, pianiste, séance beauté gratuite, sans parler de la disposition des vêtements, de la décoration, etc. La campagne publicitaire des Ailes va dans le même sens en mettant de l'avant des slogans tels « Je me fais plaisir » ou « Les Ailes vont vous changer ». En se positionnant ainsi, ce magasin se différencie de ses concurrents (même si ceux-ci tentent maintenant de l'imiter !) et offre quelque chose d'unique que le client adore.

« Publicité – Service – Prix », crie l'entrepreneur qui se bat (en vain, certainement !) sur tous les fronts du marketing. « Le summum du raffiné gastronomique », dit pour sa part le maître cordon-bleu Serge Bruyère. Ses prix sont élevés, mais ce n'est pas là son créneau. « Plus vite que son ombre », pense-t-on des restaurants McDonald's. D'ailleurs, on sait bien qu'on ne peut exiger son hamburger médium-cuit à cet endroit. « Repas complet à 5,95 $ », affiche la « binnerie » du coin. Chaque restaurant propose sa recette (son marketing-mix) particulière, selon que le produit est important ou pas dans sa stratégie marketing.

Pour Serge Bruyère :
- 60 % de produit ;
- 10 % de prix ;
- 23 % d'accessibilité : emplacement, présentation, ambiance (*places*) ;
- 7 % de publicité.

Pour McDonald's :
- 25 % de produit ;
- 25 % de prix ;
- 25 % d'accessibilité : proximité, organisation (*places*) ;
- 25 % de publicité.

Pour la binnerie du coin :
- 30 % de produit ;
- 55 % de prix ;
- 10 % d'accessibilité : ambiance (*places*) ;
- 5 % de publicité.

Il vous faut donc choisir. Si vous optez pour un produit (ou un service) de la plus haute qualité, vous ne pourrez promettre les prix les plus bas ou investir énormément en distribution (*places)* et en publicité. Si vous misez beaucoup sur la publicité, vous pourrez offrir un produit moyen à un prix moyen. Si pour vous le prix doit battre toute concurrence, alors vous devrez sans doute offrir un produit de qualité inférieure à la moyenne… et vous ne croyez sans doute pas à la publicité (arrêtez ici de lire ce livre !).

Présentons le cas d'un marketing-mix bien défini, celui du savon de toilette Dove. Il est lancé par Lever Brothers en 1957 avec un marketing-mix particulier : un nom suggérant l'évasion, la douceur et le sentiment (*dove* veut dire colombe), une forme arrondie, une boîte plutôt qu'un simple papier d'emballage et, surtout, l'axe motivationnel, soit « Dove est plus qu'un savon ». Cette affirmation est accompagnée de l'image d'une crème que l'on verse dans la savonnette. Dove répète la même chose depuis plus de 45 ans maintenant, c'est son marketing-mix.

Bref, à chacun sa recette, mais pour qu'il y ait succès, elle doit avoir une véritable saveur. Évidemment, cette analyse s'applique principalement à de petites entreprises. De nos jours, certaines sociétés sont capables d'offrir un produit de qualité supérieure à un prix raisonnable tout en investissant énormément dans une publicité innovatrice et efficace. Pensons à IKEA pour les accessoires de maison et à Toyota pour l'automobile.

CONFRONTATION

Le Jeune Loup

Les jeunes entreprises doivent compter largement sur la publicité. Un entrepreneur ne peut rien s'il ne lui reste pas d'argent pour annoncer son produit. Il faut avoir l'air solide, miser gros, se battre avec la même qualité publicitaire que les gros concurrents, sinon on aura l'air moribond et il sera impossible de gagner la confiance de la clientèle.

Le Gourou

À la base d'un succès marketing, il y a toujours un bon produit. Les restaurateurs d'expérience le savent : quelle que soit l'ambiance, si bas soient les prix, si créative soit la publicité, si les plats ne sont pas à la hauteur de la promesse, le client ne reviendra pas. Le sage dit que plus un produit mauvais sera annoncé, plus vite sera diffusée la nouvelle que ce produit est mauvais.

MON MARKETING-MIX

Précisez ici quelle est, selon vous, votre recette gagnante. Quel est le rôle particulier joué par chacun des quatre P dans votre marketing-mix ? Décrivez chacun des quatre P. Il ne s'agit pas de faire une description factuelle genre, « un litre pour 18 $ », « disponible chez tous les bons détaillants » et « annoncé à la radio ». Il faut décrire chacun des quatre P en termes « psychologiques » , en termes de valeur pour les cibles visées, et en rapport avec les autres P.

Mon produit ou mon service. Il ne faut pas se concentrer sur une description physique mais bien sur une description dégageant la valeur que peut avoir votre produit pour les consommateurs ciblés : « Un produit qui vous fait économiser du temps », ou « Un produit qui vous démarquera du commun des mortels », ou « Le seul produit qui fait telle chose », etc. Quel rôle jouera ce P par rapport aux trois autres P de votre mix ?

Mon prix. Il s'agit non pas d'une description physique mais d'une description en termes de valeur pour les consommateurs ciblés : « Le meilleur prix », « Haut de gamme » ou « Aux marges réduites », etc. Quel rôle jouera ce P par rapport aux trois autres P de votre mix ?

Mon accessibilité. Quels éléments rendent votre produit « accessible » ? « Livraison rapide », « Directement du fabricant », « Commandez par Internet » ? Quel rôle jouera ce P par rapport aux trois autres P de votre mix ?

Ma publicité. Sur quelle stratégie miserez-vous ? Imposante (pleine page), répétitive ? Quel ton donnerez-vous à votre publicité (dramatique, humoristique, technique) ? Quel rôle jouera ce P par rapport aux trois autres P de votre mix ?

Le public cible

Il n'y a pas de recette gagnante à coup sûr, seulement des recettes particulièrement recherchées par le public visé : ragoût (de pattes) ou Involtini Imbottiti alla Romana (avec pâtes), tout dépend du client !

Pour faire une publicité efficace, vous devez donc avoir déterminé qui sont vos clients, votre segment de marché, la pointe du gâteau que vous convoitez. Bien sûr, vous ne refuserez aucun client, mais vous devrez tracer le portrait du **client type que votre marketing-mix vise et auquel la publicité s'adressera**. Même avec ses millions de dollars américains dépensés en publicité à l'échelle planétaire, Procter & Gamble ne destine pas Camay, Zest, Ivory ou Coast à tout le monde, ni à la même personne. Chaque produit a son marketing-mix, s'adresse à une cible précise et est annoncé à l'aide d'une publicité spécifique.

Deux types de critères servent à définir un public cible : les facteurs traditionnels, dits socioéconomiques, et des indices plus subtils et plus récents, comme la comportementalité.

En publicité, la pire chose que l'on puisse faire est d'essayer de plaire à tout le monde. Il faut connaître son produit, lui donner une image de marque unique qui correspondra à l'image que peut s'en faire le groupe cible. Comprenons que, de nos jours, beaucoup de produits sont similaires ; seule leur image varie. Le consommateur n'achète pas un produit, il achète un style de vie, une image à laquelle il veut s'identifier. On ne commercialise et on n'annonce pas un savon de la même façon qu'une voiture de luxe ou une bière. En fait, on ne commercialise même pas deux marques de savon, de voitures ou de bière de la même façon. Chaque produit doit être défini par un marketing-mix, avoir une personnalité propre et présenter des bénéfices propres au segment de la population auquel il est destiné.

Pour circonscrire la personnalité des cibles, on se base habituellement sur les critères socioéconomiques. Mais un indice de « comportementalité » est plus (ou, en tout cas, tout aussi) important que les facteurs socioéconomiques. Le vocable « comportementalité » réunit les mots *comportement* et *mentalité*. La comportementalité cherche à déterminer la comportementalité type des cibles visées, ce qui permettra d'adapter les messages à leur mentalité, en plus de leur âge ou de leur éducation. En effet, c'est surtout **la mentalité des cibles** – plus ou moins ouvertes à la nouveauté – qui les identifiera comme plus ou moins sensibles à nos messages, à un nouveau produit, à une offre nouvelle.

FACTEURS DE SEGMENTATION DES CIBLES

Les facteurs traditionnels, dits socioéconomiques, qui servent à déterminer les cibles sont :

- le territoire géographique ;
- l'environnement (urbain, rural) ;
- l'âge ;
- le sexe ;
- la langue ;
- la religion ;
- le revenu annuel ;
- le niveau d'instruction ;
- les champs d'intérêt.

Des outils pour y arriver sont connus. La psychographie (ou *lifestyles*) cherche à connaître les activités, les intérêts et les opinions (AIO) d'un large groupe de consommateurs. La comportementalité, elle, cherche à mesurer l'ouverture d'esprit par rapport à la vie en général. Dans tous les cas, cela est fait dans le but de rassembler les consommateurs en cohortes relativement homogènes.

Certaines grandes sociétés peuvent se payer des enquêtes approfondies pour connaître les consommateurs, leurs activités, leurs intérêts et leurs opinions en général, puis plus particulièrement par rapport à leur secteur d'activité. Ils commandent alors des analyses psychographiques pour dégager les *lifestyle* et les tendances psycho-socioéconomiques des consommateurs. Évidemment, les recherches psychographiques réalisées en fonction d'un produit particulier contiennent des données détaillées jusqu'à la subtilité. On pose à des centaines de personnes des dizaines, voire des centaines de questions, ce qui donne des centaines de milliers de renseignements à recouper. Ce travail prend des semaines, des mois, et il coûte facilement plusieurs dizaines de milliers de dollars. Peu d'entreprises peuvent donc s'offrir cette Cadillac de la recherche. C'est ici qu'intervient l'idée de **comportementalité**.

Des recherches faites par Claude Cossette à la grandeur du Québec dans les années 1980 ont permis de repérer chez les Québécois **quatre comportementalités types.**

1. **Les inertes**, soit 45 % des gens. Ils sont traditionalistes enragés, tant dans leurs relations personnelles que dans leurs comportements d'achat. On ne peut espérer les voir s'intéresser à quelque chose de nouveau.
2. **Les amovibles**, soit 30 % des gens. Un peu moins rigides, ils sont prêts à changer… du moins pour ce qui concerne leurs enfants. Ils rêvent, entre autres choses, de les voir accéder à un niveau de vie plus confortable.
3. **Les mobiles**, soit 15 % des gens. Ils sont facilement influencés par les courants sociaux, les modes, mais sans que cela ne change beaucoup leur échelle de valeurs, axée davantage sur le paraître que sur l'être.
4. **Les versatiles**, soit 10 % de la population. Ce sont les leaders d'opinion, ils sont toujours à l'affût des idées nouvelles, sont prêts à modifier leurs attitudes profondes, leur échelle de valeurs.

Il y a évidemment plus de chances que les versatiles soient plus instruits, plus riches, plus jeunes. Mais l'instruction, la richesse ou la jeunesse ne sont pas des critères révélateurs. Le premier ministre Jean Chrétien doit composer avec des groupes de pression quand il étudie la possibilité de légaliser la marijuana à des fins thérapeutiques. Si l'État veut diffuser une campagne de publicité à l'intention de ceux qui résistent à la légalisation de la marijuana, le publicitaire doit savoir qui constitue ce public cible. Est-il composé de gens peu instruits, pauvres ou âgés ? Les critères sociodémographiques ne sont pas ici les plus pertinents. L'indice de comportementalité est plus révélateur : les adeptes de la légalisation sont sans doute des gens versatiles-mobiles, instruits ou pas, riches ou pas.

Et ce sont sans doute ces mêmes personnes qui achètent chez Ameublement Tanguay : riches ou pas, elles sont mobiles-versatiles. Riches, elles achèteront la paire de causeuses en cuir italien de la collection Signature Tanguay à 5 000 $ l'unité ; pauvres, elles se contenteront de la chaise pliante dernier design.

Identifier son public cible, c'est faire ce que l'on appelle de la segmentation de marché, du « positioning ».

Ce qu'il faut comprendre dans tout cela, c'est qu'on n'adopte pas le même ton et qu'on ne recourt pas aux mêmes arguments si l'on s'adresse aux inertes ou aux versatiles. Donc, cerner la comportementalité de sa clientèle, ou décider de viser les consommateurs d'une comportementalité donnée, permet assurément d'adopter un langage plus persuasif. Quand vous segmentez votre marché, ne pensez donc pas seulement « sexe », « âge » et « revenu », mais aussi « comportementalité ».

MON PUBLIC CIBLE

Précisez ici quel est votre public cible en essayant de le définir le plus clairement possible à l'aide des facteurs sociodémographiques, mais surtout des indices de comportementalité.

Les caractéristiques sociodémographiques (principalement : le sexe, l'âge, le revenu annuel, le niveau d'instruction) :

____

____

____

Le type de comportementalité (inertes, amovibles, mobiles, versatiles) :

____

____

____

L'image de marque

De même que la publicité doit viser une personnalité type, on doit **doter son produit ou service d'une personnalité type.** En publicité, les objets que l'on offre ne sont pas des biens matériels mais des façons de vivre, des symboles sociaux, des reflets de la personnalité. La Lamborghini décapotable rouge, c'est la maîtresse flamboyante – et invivable ! – dont on rêve (mais dont on se contente de rêver) ; en bout de ligne, comme on pense aux aspects pratiques, on finira par acheter le Montana cinq portes, avec espace pour l'équipe de soccer des enfants et le chien.

Pour parler du produit ou du service avec passion, celui qui conçoit la publicité a besoin de connaître le positionnement stratégique adopté pour ensuite déterminer l'image de marque du produit ou service. Il ne doit pas parler d'un produit de beauté en général, d'une saucisse en général ou de l'architecture en général, mais vanter les mérites de Lise Watier, de Taillefer ou de Gabriel François. Et il doit **évoquer de manière alléchante leurs qualités propres**, celles qui les différencient de leurs concurrents.

L'image de marque, c'est l'idée que l'on se fait d'un produit ou d'un service, la confiance qu'on lui accorde. « Ce produit ou service qui est offert à moindre prix est peut-être aussi bon que l'original, mais je ne serai jamais sûr qu'il l'est ; en fait, c'est un produit ou service de remplacement. Ma confiance en lui n'est pas aussi grande que dans la marque originale. Je suis même prêt à payer 50 % plus cher mon IBM ThinkPad que cette marque peu connue que l'on dit parfaitement compatible IBM. »

L'image de marque est parfois si forte qu'elle devient l'argument de vente principal pour un produit. C'est le cas des jeans Tommy Hilfiger. Ces jeans sont faits par le même sous-traitant que les jeans de marque Pépé, lesquels sont de même qualité et vendus… la moitié du prix.

Ces dernières années, les consommateurs américains étaient capables, ensemble, de citer près de 700 marques. Coca-Cola est de loin la plus connue. Suivent Campbell, Pepsi, AT&T et McDonald's. IBM vient en 8e place, les jeans Levi's en 9e, Colgate et Crest vers la 35e, Mobil en 82e, ainsi de suite. L'image de marque, c'est pour une grande part la valeur de l'achalandage (le *goodwill*), valeur désormais comptabilisée dans les états financiers.

L'image de marque, la confiance que le consommateur a dans une marque, a été établie grâce au marketing-mix, soit le positionnement particulier de cette marque, et plus largement encore grâce à la publicité qui a traduit ce marketing-mix en mots et en images. Dans le commerce moderne, la force de votre produit ou de votre service, **c'est celle de son image de marque.** On fait davantage confiance au métro construit par Bombardier qu'à l'autobus construit par NovaBus, et ce, même si NovaBus est une filiale de Volvo, qui jouit d'une excellente image de marque.

L'IMAGE DE MARQUE ACTUELLE DE MON PRODUIT OU SERVICE

Précisez ici quelle est, selon vous, l'image de marque de votre produit ou service, c'est-à-dire comment votre public cible le perçoit.

Mon public cible perçoit ainsi mon produit ou service :

Il perçoit ainsi son prix :

Sa distribution (accessibilité) :

Sa publicité :

En posant quelques questions à un échantillon de son public cible, on dégage de façon plus objective l'image de marque de son produit ou service. Quelques remarques s'imposent :

- il faut choisir au hasard les répondants ;
- si l'on veut élargir sa clientèle, il faut interroger un échantillon du public cible qui ne fait pas encore partie de sa clientèle ;
- il faut enquêter auprès d'un nombre suffisant de répondants, idéalement quelques centaines (mais le nombre minimal absolu est de 30).

EXEMPLE DE SONDAGE

Le questionnaire le plus simple ressemblerait à celui-ci.

Question 1. Par rapport à nos concurrents, comment évaluez-vous **la qualité** de notre produit (ou service) ?

Question 2. Par rapport à nos concurrents et sur une échelle de 1 à 5, 5 étant le produit le plus cher, où situez-vous **nos prix** ?

Question 3. Par rapport à nos concurrents et sur une échelle de 1 à 5, 5 étant le meilleur service, comment évaluez-vous la qualité de **notre service** ?

Question 4. Par rapport à nos concurrents et sur une échelle de 1 à 5, 5 étant la meilleure publicité, comment évaluez-vous **notre publicité** ?

Merci de nous aider à vous servir encore mieux à l'avenir.

Le cycle de vie du produit

Un peu comme c'est le cas pour les humains, les produits et services – au moins dans la façon dont ils sont présentés et dans leur image de marque – naissent, grandissent, atteignent leur maturité, puis meurent. C'est leur cycle de vie. On n'annoncera pas un produit en déclin de la même façon qu'une nouveauté.

La naissance, c'est la période de lancement. Vous voulez alors occuper un créneau avec votre marketing-mix bien étudié. Comme votre produit ou service est nouveau sur le marché, votre publicité sera plutôt informative. Il ne s'agira pas de faire de la publicité sur votre nom de marque, mais plutôt d'expliquer ce qu'est votre produit ou service en général. Par ce travail de pionnier, vous pavez la voie à la concurrence. Toutefois, si le travail est bien fait, le premier arrivé se sera construit une image de marque difficile à dépasser. À moins d'une grave erreur de stratégie de la part du premier, le deuxième demeurera deuxième longtemps.

L'adolescence, c'est la période compétitive. Dans sa période la plus active, votre produit ou service se trouve en concurrence avec plusieurs autres, si bien que votre publicité doit être compétitive. Il s'agit alors **de distinguer votre produit ou service** du peloton. Cela se fait ordinairement grâce à l'USP (*Unique Selling Proposition*, comme disent les anglophones). Il s'agit d'avoir un énoncé vendeur (accrocheur, convaincant) et différent de celui des concurrents. C'est à ce moment donc qu'il faut vraiment tirer la couverture de son bord grâce à une publicité abondante et agressive.

CONFRONTATION

Le Jeune Loup

Il faut parfois abandonner un positionnement qui était pourtant correct. Pourquoi ? Parce que les temps changent. La concurrence est féroce. Par exemple, il y a quelques années, la concurrence a amené un repositionnement dans le domaine des quincailleries grande surface. Rona-L'entrepôt a constaté que sa clientèle cible confondait souvent sa bannière avec celle de Réno-Dépôt, mais aussi avec les autres bannières du groupe Rona. On a donc entrepris une vaste campagne de publicité mettant de l'avant la couleur de la bannière : le jaune. Cette campagne, surtout télévisuelle, avait cette signature : « Si c'est pas jaune, c'est pas Rona-L'entrepôt ! » Au début, Rona était « grand » ; plus tard, il a dû être « jaune ».

Le Gourou

Si un USP est bon, pourquoi le changer ? Un seul savon est « pur à 99,44 % » : Ivory. Pourtant, tous les savons sont du savon... plus du parfum. Mais Ivory a su se distinguer par un USP : un énoncé persuasif qui le distingue de la concurrence. Ivory a trouvé cet argument de vente exceptionnel il y a des décennies. Pourquoi l'abandonnerait-il ?

La maturité, c'est la période de dominance. Quand une marque est devenue le leader incontesté, on peut se contenter d'une publicité de présence, de rappel. Un petit nombre d'élus atteignent la maturité. Parmi ceux-là, le savon Oxydol, le ketchup Heinz et la soupe poulet et nouilles Lipton.

Une fois que pratiquement tout le monde connaît votre produit et entretient une attitude favorable envers lui, il s'agit de l'exploiter en profondeur en tentant de générer de plus en plus de ventes par client. Autrement dit : d'abord de plus en plus de clients, mais ensuite, de plus en plus souvent.

Tous les produits n'auront pas la chance d'atteindre la vieillesse (on pense ici à la vieillesse du produit, pas nécessairement à la longévité de l'entreprise). Pour le plus grand nombre, ce sera la mort avant de connaître la griserie des sommets.

L'ANALYSE DE LA SITUATION (TOUR D'HORIZON)

Rappel des principaux points à considérer pour l'analyse de la situation :

- l'historique
- la concurrence
- le marketing-mix
- le public cible
- l'image de marque
- le cycle de vie du produit

Vous savez maintenant que, pour mettre au point une publicité efficace, il est essentiel de bien connaître son environnement et d'exercer une bonne planification.
Vous êtes donc prêt à élaborer concrètement votre propre publicité... en commençant par vous fixer des objectifs.

CEUX EN FAVEUR D'UNE LOI ANTI-ARMEMENT, LEVEZ LA MAIN. CEUX CONTRE, LEVEZ LES DEUX.
COALITION FLORIDIENNE ANTI-ARMEMENT
CRISPIN PORTER + BOGUSKY

PENSEZ PETIT.
VOLKSWAGEN
DOYLE DANE BERNBACH

PÂTISSERIE DE GASCOGNE
BOS

Pause publicitaire

Chapitre 3

Comment se fixer un objectif

Ce chapitre explique en détail la manière de libeller efficacement un objectif de communication. Vous apprendrez comment cerner un but et comment vous fixer un objectif publicitaire.

Comme l'écrivait le maire Jean-Paul L'Allier, « une entreprise privée qui n'a pas d'objectifs et qui ne développe pas les stratégies qui y correspondent en utilisant l'ensemble de ses ressources est condamnée, à plus ou moins brève échéance, à la disparition ». On ne peut mieux exprimer l'importance de se fixer des objectifs, qui sont comme des pas vers le but final dont on rêve en silence.

La première étape dans la mise au point de votre publicité, c'est de vous fixer un objectif clair. On ne peut en effet faire de la publicité efficacement sans savoir où on veut en venir. Il n'y a pas de « bonnes idées » quand on ne sait pas ce qu'on veut dire ni à qui le dire.

Les objectifs avouables

Pour qu'un objectif soit fixé, la motivation fondamentale de l'entrepreneur doit être connue. Il est impossible de faire de la bonne publicité sans que chaque personne concernée mette les cartes sur table.

Olivier Leclerc, jeune leader dynamique d'une firme de comptables à qui l'un des auteurs demandait un jour pourquoi il voulait améliorer ses communications, lui répondit : « Pour vendre ! » Si l'on demande à un chef d'entreprise de préciser la raison pour laquelle il veut faire de la publicité, la première réponse qui lui vient à l'esprit est souvent : « Vendre. » Mais, rappelons-le, « vendre » n'est pas la responsabilité propre de la publicité (sauf dans le cas du marketing direct et de la promotion des ventes).

Bien sûr, le but ultime de l'entrepreneur est de faire des profits directement reliés à ses ventes. C'est pour ça qu'il est en affaires, qu'il a établi un marketing-mix gagnant. Mais le but de la publicité est toujours de **façonner des attitudes.**

La diversité des tâches

La tâche précise de la publicité est d'établir une bonne communication entre l'entreprise (ou la marque) et le public, de réussir à imposer un nom de marque dans l'esprit des clients actuels ou potentiels, bref, de faire connaître son nom. « Faire connaître » peut supposer plusieurs objectifs (parfois contradictoires). On peut vouloir faire connaître: l'existence d'une marque, une caractéristique propre au produit ou au service, un usage particulier ou n'importe quel autre aspect.

Les tâches de la publicité

La publicité peut accomplir un nombre varié de tâches:

- Augmenter la notoriété de la marque
- Changer la perception de la marque
- Ouvrir un nouveau segment de marché pour la marque
- Faire penser à de nouvelles occasions de consommer cette marque
- Augmenter les quantités par achat
- Prolonger la période de consommation
- Provoquer un comportement d'achat immédiat
- Assurer la confiance des intermédiaires

Selon que l'on poursuit l'un ou l'autre de ces objectifs, on élabore une campagne de publicité qui aura un son de cloche particulier. Par exemple, si vous voulez « provoquer un comportement d'achat immédiat », vous dépenserez plus d'argent en promotion qu'en publicité proprement dite. Pour « augmenter la notoriété de la marque », vous investirez massivement dans la diffusion. Pour « ouvrir un nouveau segment de marché », vous devrez être beaucoup plus créatif et sélectionner les médias avec soin. Premier point donc: il faut **définir la tâche que la publicité doit exécuter**.

La profondeur de la tâche

On peut être plus précis encore et confier à la publicité un rôle plus difficile. Par exemple, il est bien plus facile de se faire remarquer ou d'augmenter la notoriété d'une marque que de confirmer une intention d'achat chez les destinataires de nos messages. Il suffit que votre campagne soit originale ou, mieux encore, farfelue, et tout le monde la remarquera. Cependant, pour persuader, changer une attitude ou provoquer un comportement d'achat, le flash créatif ne suffit pas.

La profondeur de la persuasion

Une campagne de publicité peut viser les objectifs suivants, qui vont du plus superficiel au plus profond :

- Éveiller l'attention
- Faire rêver
- Créer une notoriété durable
- Transmettre de l'information
- S'assurer de la compréhension du contenu
- Persuader et convaincre
- Assurer la mémorisation
- Éveiller le besoin
- Titiller le désir (motiver)
- Induire l'intention d'achat
- Déclencher le comportement d'achat

Évidemment, la notoriété à elle seule ne garantit pas, par exemple, « la compréhension », « le comportement d'achat », ainsi de suite. Même si votre message publicitaire a été remarqué, même si votre campagne est connue, même si votre slogan est sur toutes les lèvres, votre publicité n'est pas nécessairement réussie. Il faut être conscient que plus on veut agir profondément, plus il faut mettre de poids publicitaire, ce qui se chiffre souvent en dollars.

La campagne pour la bière Grand Nord de Labatt, mettant Gildor Roy en vedette, a obtenu un grand succès il y a quelques années. Le concept était révolutionnaire de par son caractère interactif, surtout qu'il était conçu pour la télévision et non pour Internet. Cette publicité laissait au téléspectateur la possibilité de choisir la suite de l'histoire en composant un numéro de téléphone. D'une pause publicitaire à l'autre, le téléspectateur (devenu coréalisateur) visionnait un message qui avait pris la tangente imposée par la majorité des votes téléphoniques. Sur le plan de la notoriété, cette campagne a obtenu un succès majeur. Par contre, les auditeurs étaient tellement centrés sur l'aspect dramatique de la publicité qu'ils en oubliaient la marque de bière. Résultats désastreux : les ventes n'ont pratiquement pas augmenté. Le concept a rapidement été abandonné malgré son originalité.

CONFRONTATION

Le Jeune Loup
Peu importe la profondeur de la tâche, il est important d'en mettre plein la vue : une création percutante, des formats imposants et une forte répétition. Avec cette approche, vous êtes assuré que votre publicité sera remarquée.

Le Gourou
Sans doute… En étant excessif, gros et « mouche à m… », on peut attirer l'attention. Pourtant, il ne faut jamais oublier que le but de la publicité est de persuader quelqu'un de quelque chose… et pas seulement de se faire remarquer.

La société Gillette a payé cher une erreur de « compréhension » il y a quelques années quand elle a lancé son désormais célèbre rasoir Trac II avec une campagne de publicité de plusieurs millions de dollars dans les périodiques et à la télévision. Les tests pré-campagne avaient démontré que les cobayes appréciaient le Trac II à cause de sa double lame qui rasait de plus près. On s'est mis à parler dans la publicité de cette « nouveauté ». Surprise ! Personne ne s'est précipité au magasin pour acheter un Trac II.

Monsieur Armand, homme à tout faire d'une agence de publicité, disait : « Un rasoir à deux lames ? Mon grand-père en avait un. Il n'y a rien de nouveau là. » Gillette a fini par modifier sa campagne pour expliquer, avec dessins et flèches à l'appui, que les deux lames étaient du même côté : « La première tire le poil tandis que la seconde le coupe », ajoutait la nouvelle publicité. Ainsi a-t-on fait comprendre ce qu'on voulait dire par « rasoir à double lame ».

La brasserie Sleeman a vécu une situation similaire à celle de Labatt. Le lancement de cette bière était lié à une campagne radio qui mettait en vedette le propriétaire, John Sleeman. Celui-ci, avec son accent anglophone, expliquait l'origine de sa bière. « J'espère que notre bière va vous plaire ! » disait-il à la fin du message. Les Québécois ont été séduits par cette campagne. Dans un deuxième temps, Sleeman a lancé une campagne basée à la fois sur l'anti-publicité, l'absurdité et la comparaison. La campagne utilisait principalement l'affichage et la télévision. Sur le plan de la notoriété, la campagne a connu un succès sans précédent. Elle a même remporté plusieurs prix d'excellence pour son originalité. Quant aux cibles visées, elles furent moins… convaincues.

Il ne faut pas concevoir des campagnes dans le but de remporter des prix ni dans le but de satisfaire son sens créatif. Il faut mettre au point des campagnes qui satisferont les consommateurs auxquels on s'adresse. La notoriété ne suffit donc pas. Même si tout le monde parle de votre publicité, cela ne veut pas dire que vous vous approchez de votre objectif. Bref, selon que vous poursuivez un objectif ou un autre, vos messages publicitaires seront différents. Deuxième point donc : **il faut être conscient de la profondeur de la persuasion que l'on cherche.**

Temps et argent

On comprendra aussi qu'il faut plus de temps, d'astuce et d'argent pour atteindre un objectif plus « profond ». On peut augmenter sa notoriété de quelques points de pourcentage avec un peu d'argent et en une seule campagne. Toutefois, il faudra beaucoup plus de temps, d'argent et d'efforts pour parvenir à une adhésion affective profonde, en un mot, pour persuader véritablement le consommateur.

Aussi faut-il être réaliste et savoir que **le travail de la publicité est de longue haleine.** Il faut savoir être patient. Par exemple, si votre clientèle est locale, dépensez localement un budget donné sur cinq ans plutôt que d'investir massivement ce même budget dans une seule campagne nationale.

En réalité, le travail publicitaire n'est jamais terminé. On peut donc rêver d'un objectif grandiose (comme disent les Américains, *sky is the limit*) si on se donne 5, 10 ou 20 ans pour l'atteindre. Et il est bon de caresser de tels rêves. Le coauteur Nicolas Massey, de l'agence 18 février, lancée en 2000 par trois jeunes associés, répète souvent : « Nous nous installons à Québec et à Montréal et nous révolutionnerons la publicité au Québec. Sur le plan de la création, nous positionnerons le Québec sur la scène internationale. » Stimulante ambition, mais il faut s'accorder quelques années pour atteindre un tel but...

En attendant, il faut établir des sous-objectifs à plus court terme (un, deux ou trois ans) et en fonction de ses ressources, tout particulièrement de ses ressources financières. Ces sous-objectifs constituent chacun des pas qui vous mèneront à votre « grand objectif ».

Les éléments de l'objectif

Un objectif sert à **préciser clairement où on veut arriver** avec ses activités de publicité. Pour élaborer une publicité efficace, on doit donc préciser **en quoi cette publicité doit être efficace** : c'est ce que l'on appelle l'objectif. Un objectif clair doit comprendre quatre éléments : la tâche, la cible, la barre et le délai.

La tâche

La tâche, c'est le travail effectif qu'on vise à accomplir avec la publicité. Il faut donc préciser la tâche et la profondeur qu'elle doit atteindre. Ainsi, on ne fera pas une campagne de notoriété de la même façon qu'une campagne de persuasion. Des annonces pour expliquer le fonctionnement d'un produit ne diront pas la même chose que d'autres qui veulent changer la perception d'une marque (la rajeunir, par exemple).

Lorsque le Mouvement Desjardins a lancé son service Accès D, il a dû faire de la publicité dans les journaux pour expliquer en détail la nature du nouveau service. De plus, il a dû faire connaître différentes ressources permettant au consommateur d'avoir plus d'informations sur le sujet. Bref, on est allé plus en profondeur.

Lorsque Molson a voulu rajeunir sa Molson Export, il a changé le slogan (maintenant « Jeune depuis 1903 »), a adopté une stratégie médias susceptible de rejoindre son public cible (Zoom Média, affichage dans les bars et publicités télévisées) et il a adopté un style visuel plus jeune. La diffusion était massive, mais la persuasion n'avait pas besoin d'aller en profondeur.

Bref, on ne peut tout faire dans une seule campagne, dans une seule année, encore moins dans une seule annonce. D'autant plus que, dans les médias de masse, on ne peut transmettre qu'une seule idée à la fois.

La tentation est grande de vouloir faire beaucoup, mais il faut y résister, au risque (et il est grand !) d'essuyer un échec cuisant, donc de dépenser beaucoup d'argent. Et tout est alors à recommencer. Ainsi, la firme en recherche de marchés ACNielsen estime que le premier arrivé sur un marché ne peut espérer gagner plus de 50 % des parts de marché. Pour obtenir plus, il faudrait dépenser des sommes considérables ou disposer d'un produit de beaucoup supérieur, ce qui est très rarement le cas.

Imaginons un cas. PlomboDor est un entrepreneur en plomberie qui est actif depuis une dizaine d'années. Il vient d'acquérir des instruments high-tech qui permettent de repérer, grâce à des microcaméras et à des logiciels de diagnostic, les faiblesses de la tuyauterie. Pour amortir ses investissements, PlomboDor a besoin d'augmenter son chiffre d'affaires et décide de faire une campagne de publicité.

Qu'espère PlomboDor de cette campagne ? Signer plus de contrats pour de nouvelles résidences ou des commerces ? Avoir plus d'appels de dépannage ? Simplement faire savoir qu'il dispose d'équipement haut de gamme ? Tout cela est fonction de son marketing-mix, qui a été établi comme suit. Produit : dépannage technologique rapide. Prix : bas parce que l'équipement permet des diagnostics rapides. Accessibilité (***places***) : les nouvelles technologies rendent PlomboDor omniprésent (Web, cellulaire, ordinateur dans le camion, etc.). Communication (***promotion***) : le bouche à oreille est la clé, soutenu par une campagne annuelle.

PlomboDor doit maintenant établir son objectif de communication en précisant – en rapport avec son marketing-mix – le premier élément de son objectif, la tâche : « La tâche de ma campagne sera de faire savoir au public que je dispose d'équipement à la fine pointe de la technologie. »

La cible

Il faut bien circonscrire le type de client à qui l'on adressera ses messages. On appelle cela « déterminer le public cible ». On ne peut pas parler **à tout le monde en même temps.** Même GM, avec ses 100 millions de dollars dépensés chaque année au Canada, ne peut espérer persuader tout le monde. Une fois ce budget ventilé par produit (ou par service), par marché, par activité, il ne reste plus que quelques milliers de dollars à consacrer à la promotion de la Pontiac Sunfire dans le contexte de la Journée des secrétaires dans la région de Québec…

Il faut donc se résoudre à parler, chaque année, à un segment – le plus souvent, un tout petit segment – du marché potentiel. Cela est réaliste en tenant compte des budgets. Et plus efficace aussi : connaissant bien les caractéristiques des cibles auxquelles on s'adresse, on sollicitera au cours de chaque campagne une motivation appropriée, on adoptera un langage mieux adapté. On sera donc plus persuasif.

PlomboDor doit définir le deuxième élément, le **public cible**. Bien sûr, le président Pierre Leplomb aimerait bien que tout le monde sache qu'il est progressiste, qu'il se tient à jour, que son équipe est performante. Mais il doit choisir. Qui sont ses clients jusqu'à présent (ce que l'on appelle la clientèle **naturelle, celle qui coûte le moins cher** à rameuter). Son produit (techno) et son prix (plutôt bas) sont déjà de bons indicateurs. Sa clientèle naturelle est probablement composée de gens qui ont vieilli avec lui, disons les 30-50 ans.

Par ailleurs, qui décide des appels de dépannage ? L'homme ou la femme ? Et quelle peut bien être la comportementalité de ses clients ? Il ne s'agit sans doute pas de gens inertes. Des « mobiles » à tout le moins. Enfin, PlomboDor identifie le deuxième élément de son objectif, la cible : les hommes de 30 à 50 ans de comportementalité mobile. Euh…

Tous les hommes du Québec ? Non ! Disons : les hommes qui habitent dans un rayon de 10 km de l'entreprise.

La barre

La barre à franchir, c'est la tâche précisée de manière objective, chiffrable. Elle prend habituellement la forme d'un pourcentage. Par exemple, vous voulez faire connaître votre marque à 20 % plus de gens ou, en d'autres termes, que votre notoriété grimpe de 7 points si vous êtes connu présentement de 35 % de vos clients potentiels. Cela veut donc dire que, si 35 % du segment de marché visé connaît votre marque, 42 % (35 + 7) devra la connaître à la fin de votre campagne.

Il faut se rappeler que, compte tenu de la loi du rendement décroissant, il sera plus facile de passer de 10 % à 12 % (+ 20 %) que de 90 % à 98 % (+ 20 %). D'autant plus que les premiers clients seront sans doute des « clients naturels », coûtant moins cher à persuader que les derniers. Sans oublier qu'en chiffres absolus, disons pour un marché de 100 000 personnes, il faudra dans le premier cas convertir 2 000 personnes (+ 20 %) et dans le deuxième, 18 000 personnes (+ 20 %). Cela demande plus d'efforts et d'argent.

PlomboDor doit maintenant se fixer une « barre » : comme aux Olympiques, où il faut sauter un peu plus haut après l'entraînement qu'avant, PlomboDor doit être plus proche de son objectif après la campagne qu'avant. Quelle peut bien être la hauteur de cette barre ? Il faut **mesurer**.

Comme il a été précisé dans le deuxième élément, PlomboDor veut « faire savoir au public qu'il dispose d'équipement à la fine pointe de la technologie ». Faisons donc une enquête pré-campagne : quel pourcentage du deuxième élément, c'est-à-dire la cible, « les hommes de 30-50 ans de comportementalité mobile vivant dans un rayon de 10 km », savent que PlomboDor « dispose d'équipement à la fine pointe de la technologie » ?

MON OBJECTIF PUBLICITAIRE

Précisez ici les quatre éléments qui délimiteront de façon claire votre objectif publicitaire pour l'année qui vient. Rappelons les quatre éléments de l'objectif défini par Pierre Leplomb pour son entreprise :

1. La tâche : « Faire savoir que je dispose d'équipement à la fine pointe de la technologie. »
2. La barre : « À 30 % de plus. »
3. La cible : « Des hommes de 30 à 50 ans de comportementalité mobile dans un rayon de 10 km. »
4. Le délai : « À l'intérieur de cinq ans. »

Faites la même chose pour vous-même :

1. La tâche à accomplir, sous l'angle des changements d'attitude ou de comportement :

____

____

2. La barre à franchir, soit l'objectif chiffré :

____

____

3. La cible visée, également définie en fonction de la comportementalité :

____

____

4. Le délai (le réalisme s'impose ici) :

____

____

Imaginons que nous trouvons 20 % de répondants qui connaissent PlumboDor de cette façon – ce qui serait déjà extraordinaire (tout le monde a le droit de rêver). On pourrait alors fixer la barre à une augmentation de 30 %, ce qui placera l'entreprise à 26 % (20 % + 30 % de 20 %). Après, je ferai une enquête postcampagne ; je disposerai d'un instrument de mesure objectif.

Le délai

Enfin, il faut compter avec des délais raisonnables. Vous ne pouvez espérer persuader 100 % de votre cible de prendre une décision d'achat en votre faveur en une seule campagne d'une seule année. Ce serait utopique. Il faut donc estimer de façon réaliste le délai nécessaire à l'atteinte de l'objectif. En publicité, un an est le délai de travail habituel. **L'objectif doit donc être adapté à ce délai** ou, si l'objectif est vraiment démesuré, il doit être divisé en sous-objectifs atteignables dans l'année.

Prenons l'exemple d'une bière. An 1 : + 5 % des hommes de 18 à 34 ans ; An 2 : une autre tranche de 5 % de la même cible, etc. Plus tard, après avoir convaincu l'ensemble (est-ce possible ?) de ses cibles naturelles (premières), on s'attaquera aux cibles secondaires. Donc, en l'An 3 : + 5 % des cibles de 35 à 49 ans. Et ainsi de suite en élargissant, en cercles concentriques, les segments visés.

Comme tous les jeunes entrepreneurs, Pierre Leplomb de PlomboDor est ambitieux : il se fixe une barre de « +30 % » en un an. Est-ce réaliste ? Difficile à dire. C'est sans doute possible s'il peut investir un budget équivalant à ce que totalisent plusieurs de ses concurrents. Sinon, il devra modérer ses transports et espérer que son message rejoigne un 4 à 7 % additionnel la première année… et conséquemment, se fixer plutôt « 5 ans » comme délai réaliste.

Voilà ! Maintenant, vous savez vous fixer un objectif. Voyons comment établir une stratégie qui permet d'atteindre cet objectif.

MERCEDES-BENZ
LEO BURNETT

VÊTEMENTS KADU
ANDROMEDA

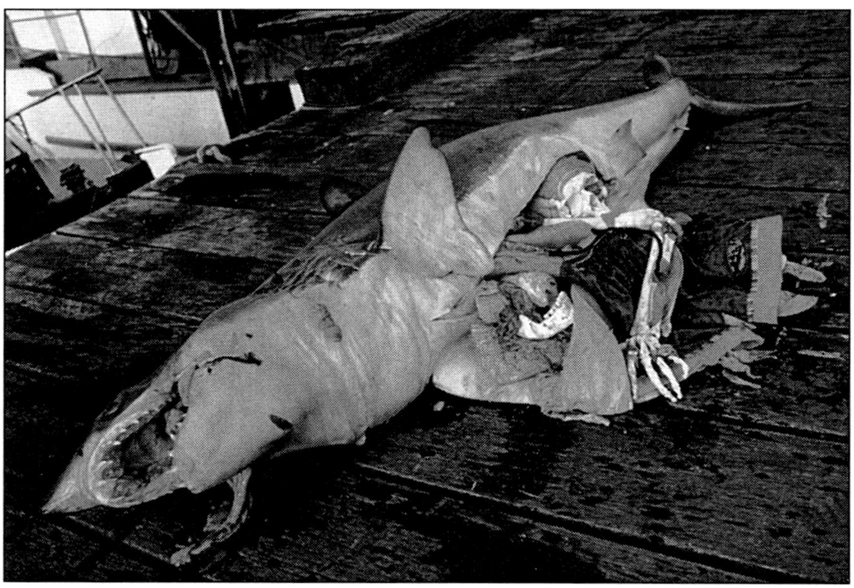

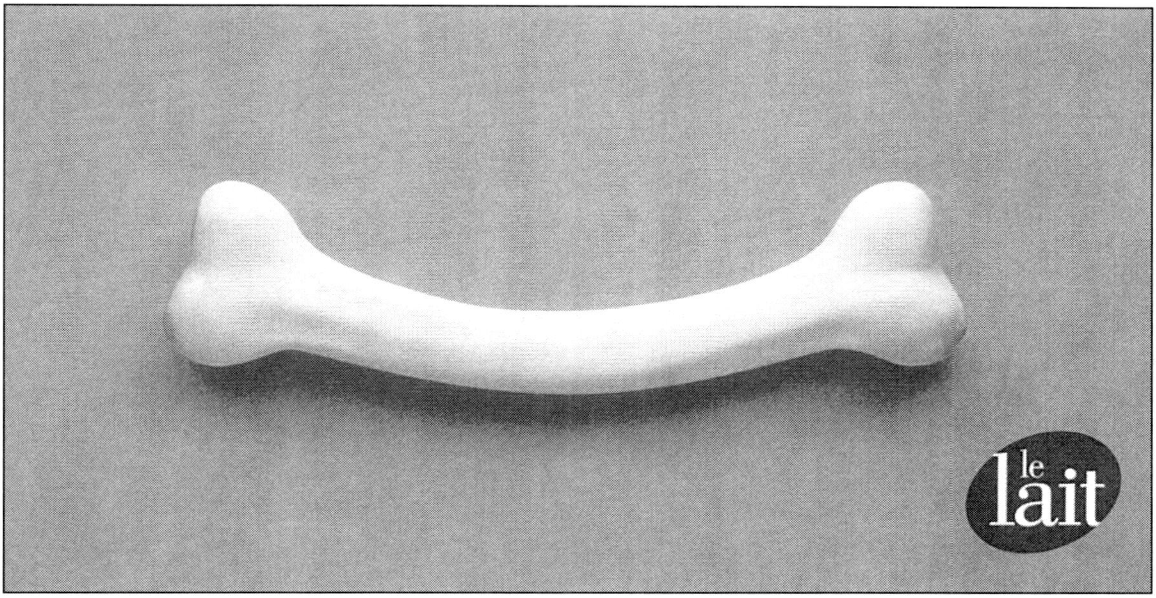

LA FÉDÉRATION DES PRODUCTEURS DE LAIT DU QUÉBEC
BBDO MONTRÉAL

Pause publicitaire

Chapitre 4

Comment établir une stratégie gagnante

Ce chapitre a pour but d'expliquer comment est établie une stratégie gagnante. On y précise comment faire un mix de communication réaliste. On y discute de la stratégie médias et de celle relative à la cible.

Dans son livre sur la guerre d'Afghanistan, Patrice Franceschi fait remarquer : « Pour tendre des embuscades, il faut d'abord être sûr du terrain et des populations environnantes sous peine de voir le piège se retourner contre soi. » La stratégie, c'est ça : tendre une embuscade aux compétiteurs (ou aux consommateurs ?).

Vous connaissez l'environnement et les cibles que vous visez. Vous avez bien cerné l'objectif que vous tenterez d'atteindre avec votre campagne de publicité. Comme à la guerre, il vous faut maintenant établir une stratégie, et éventuellement des tactiques, dans le but de gagner.

L'art de la guerre

Un objectif ne pourra être atteint que si l'on établit la stratégie et les tactiques appropriées. On prépare sa campagne comme si on allait au front ; Napoléon, Eisenhower et les patriotes afghans ont aussi préparé leurs campagnes.

La stratégie, c'est **l'art d'employer rationnellement ses forces pour atteindre un objectif,** pour produire un résultat escompté. De la stratégie découlent naturellement les tactiques. **Une tactique, c'est la conduite des opérations,** le détail des activités dans un champ restreint. Ce sont les tactiques que vous élaborerez plus loin en précisant le contenu de vos messages et le programme de diffusion dans les médias.

La stratégie

La stratégie consiste en un effort global de coordination en vue du but. Attention : sans stratégie gagnante, pas de campagne gagnée. Von Neumann, le grand mathématicien conseiller du président des États-Unis pendant la Deuxième Guerre mondiale, explique ce qu'est une stratégie : « Un plan qui détermine le choix qu'on fera dans chaque situation possible, en tenant compte de l'information dont on dispose à ce moment-là et de ce que les règles du jeu prévoient pour chaque joueur dans chaque cas, nous appelons un tel plan une stratégie. »

Une stratégie prévoit donc ce qu'on fera à tel moment, dans telles circonstances prévisibles et en prenant en considération les règles du jeu. Il s'agit donc d'agir avec perspicacité et astuce. Aussi usera-t-on : de menace, par exemple en vendant les produits vedettes en bas du prix coûtant ; de coalition, en utilisant par exemple une publicité coopérative ; de bluff, par exemple en donnant l'impression de disposer d'un gros budget publicitaire ; ou de marchandage, sous une forme ou une autre.

Les éléments de la stratégie

En publicité, une bonne stratégie est établie en fonction de cinq éléments :

- l'environnement ;
- le mix de communication ;
- l'ampleur du budget ;
- la stratégie des médias ;
- les cibles.

La stratégie, c'est aussi l'art d'associer l'effort des humains (si individualistes qu'ils soient) et les ressources matérielles pour atteindre un objectif concret. C'est donc l'art de produire, avec les ressources dont on dispose, des actions efficaces dans la perspective du but visé.

Les tactiques

La gestion tactique, c'est la gestion des opérations de terrain qui font avancer la campagne en accord avec la stratégie fixée. Les tactiques sont **les décisions** prises en fonction du terrain changeant et dans le respect du **plan stratégique**.

On ne peut sous-estimer l'importance de l'apport technologique dans l'élaboration des tactiques. Une caméra numérique, une photocopieuse laser ultrarapide ou un ordinateur performant sont des ressources qui peuvent grandement élargir le champ des tactiques. Mais revenons aux cinq éléments de la stratégie : l'environnement, le mix de communication, le budget, les médias et les cibles.

L'environnement

Le premier point qui influera sur la stratégie est l'environnement. Par environnement, on fait référence à cet ensemble de facteurs sur lesquels on n'a pas d'influence directe et avec lesquels il faut obligatoirement compter. Ainsi, il ne sert à rien de se désespérer que son compétiteur ait un plus gros budget ou qu'il ait lancé cette promotion originale à laquelle on avait justement pensé. Dans le même sens, il est vain de maudire une période de récession ou le gouvernement qui vient d'imposer une nouvelle taxe. Ce sont là des faits, et « il faut faire avec ».

La situation économique

La situation économique fait partie des facteurs environnementaux. Si elle est bonne, tant mieux ; si elle est mauvaise, il faut quand même miser sur elle pour atteindre son objectif. Après tout, certaines entreprises progressent encore de 10, 20, voire de 35 % en pleine période de décroissance. Pour ce faire, elle démontre une créativité accrue.

Frank Bettger, l'as américain de la vente, rapporte dans son best-seller une conversation qu'il a eue avec Al Gould, un des meilleurs vendeurs dans les années précédentes mais qui se trouvait alors sur le déclin.

« Comment ça va, Frank, lance Gould.

— Assez bien, monsieur Gould. Et vous ? répond Frank.

— Ah ! j'ai l'impression que nous allons affronter une mauvaise période. Cette récession, je ne sais pas combien de temps elle durera, mais elle semble installée pour l'année.

— Que voulez-vous dire par « récession » ? demande Frank qui, jusque-là, faisait de très bonnes affaires.

— Comment, vous ne lisez pas les journaux ? Nous sommes en pleine période de récession !

— Je l'ignorais, admet Frank. »

Et monsieur Gould lui explique ce qu'est une récession, lui démontre que le pays est en récession et lui laisse entrevoir les effets néfastes d'une récession, soit la diminution du pouvoir d'achat, le ralentissement des ventes, etc. Frank réalise alors que les gens sont désormais prudents. Conséquemment, il diminue ses efforts de démarchage, si bien que ses ventes ralentissent, comme c'était à prévoir.

Mais Frank, un enragé de la réussite, passe à l'attaque. Cette année-là, et malgré la « récession », il est devenu le meilleur vendeur de la Fidelity Mutual des États-Unis.

Vous devez donc décider si, compte tenu des conditions économiques, vous mettrez plus d'argent, ou moins, en publicité. En fait, cela a un rapport direct avec votre foi en la publicité. Pour vous, s'agit-il d'une dépense ou d'un investissement ? Par exemple, en voyant ses marchés décliner, Coke a annoncé au printemps 2001 qu'il augmentait ses budgets publicitaires de près de 50 %.

La situation économique n'est qu'un facteur parmi tant d'autres que l'entrepreneur habile prend en considération quand il arrête une stratégie.

L'activité des concurrents

L'activité des concurrents est un autre facteur qui risque d'influer sur la stratégie. Il est évident que le « bruit publicitaire », c'est-à-dire la quantité de messages diffusés dans un marché donné, oblige à réagir : ou bien on augmente le poids de sa campagne pour réussir à se faire entendre, ou bien, au contraire, on joue en sourdine (*low profile,* comme disent les anglophones) pour se faufiler par des chemins sinueux… L'important est de concocter une stratégie qui enfonce l'adversaire.

On connaît la guerre à finir que se livrent les titans du rafraîchissement, Coke et Pepsi. Coke arrive premier avec environ 25 % du marché américain. Pepsi est bon deuxième avec quelque 20 % du marché. Les challengers Dr Pepper et 7-Up suivent avec chacun 5 % des ventes. La moyenne des dépenses publicitaires de Pepsi et de Coke est d'environ 4 % de leurs revenus, mais Pepsi a investi jusqu'à 35 % certaines années.

Au Québec, Pepsi a pris la tête avec l'aide de ce dingue de Meunier. Tout est question de stratégie, ici une stratégie de longue durée, car le couple Pepsi-Meunier dure depuis 1985 ! Cela en fait un des plus grands *success story* de la stratégie. L'agence qui, à l'époque, détenait le compte a vite compris qu'un porte-parole québécois était la seule façon de toucher la corde sensible des consommateurs d'ici et de détrôner Coca-Cola. Le Québec est d'ailleurs un des rares endroits sur la planète (sinon le seul) où Pepsi dépasse Coke.

L'argent disponible

Évidemment, la stratégie dépend des liquidités d'une entreprise. Il est en effet assez difficile de convaincre les bailleurs de fonds (surtout le gérant de banque traditionnellement prudent) que les dépenses publicitaires constituent un investissement au même titre que la machinerie et le personnel. D'autant plus que l'argent voué à la publicité s'évapore trop vite pour permettre au banquier de se ruer sur quelque chose à saisir en cas de pépin.

Donc, mieux vaut compter sur ses propres ressources. Aussi faut-il faire, dans les états financiers *pro forma* (états prévisionnels des finances), des prévisions budgétaires pour la publicité comme pour les autres activités de l'entreprise. Il est rarement rentable de prendre des décisions impulsives, et c'est encore plus vrai pour les décisions relatives à la publicité.

Il faut avoir une idée de l'argent nécessaire pour mener une campagne visible. Par exemple, il sera difficile de se faire remarquer sur un grand marché métropolitain, comme ceux de Montréal et de Québec, en investissant moins de 100 000 $ en placement médias. Il faut probablement près d'un demi-million de dollars à Montréal. Les géants de la bière et de la téléphonie sans fil engouffrent quelque chose comme 10 ou 20 millions par année pour parler aux Québécois. La compétition entre aussi en ligne de compte. Si le secteur automobile a investi en publicité 4 % de moins en 2001 qu'en 2000, AT&T a dépensé 37 % de plus en 2001 qu'en 2000.

Avec seulement quelques milliers de dollars à sa disposition, l'annonceur doit être maladivement réaliste, génialement adroit et saintement patient. Il doit au surplus bien viser sa cible : un message crié du haut des toits pour qu'un maximum de gens l'entendent se perd dans le vent et, en bout de ligne, personne ne l'entend. S'il avait ciblé un petit groupe de personnes à qui il avait parlé directement, son message aurait trouvé un écho. Il ne suffit donc pas seulement de cibler son public, il faut aussi trouver les bons mots pour lui parler (nous en reparlerons au chapitre 6).

Lorsque vous disposez d'un budget publicitaire restreint, il est préférable d'investir vos fonds dans un seul média et de le dominer plutôt que de les disperser dans plusieurs médias.

CONFRONTATION

Le Jeune Loup

Parfois, la portée de votre message est plus importante que la fréquence à laquelle il est véhiculé. Vaut mieux avoir une pleine page couleur publiée une seule fois et que tout le monde remarquera que d'avoir plusieurs quarts de page en noir et blanc qui reviennent à maintes reprises mais qui passeront inaperçus. Avec peu d'argent, il vaut mieux risquer le coup d'éclat, et c'est là que la créativité s'avère importante.

Le Gourou

Je pense qu'il y a une fréquence de diffusion minimale à atteindre. En ne frappant qu'un seul coup à la porte d'une maison, vous ne réussirez même pas à attirer l'attention des occupants. Il est utopique de vouloir percer le mur de l'indifférence avec moins de trois diffusions. Jusqu'à 15 diffusions, l'argent est bien investi.

Le mix de communication

On a vu qu'il existe principalement quatre sortes de communication du marketing, soit la publicité, la promotion des ventes, les relations publiques et la communication interne. Stratégiquement, chaque sorte de communication devrait accomplir une partie de la « tâche » de l'objectif. Décider du rôle relatif de chacune, c'est ce que l'on appelle établir le **mix de communication**. La répartition des rôles s'appuie sur plusieurs éléments, mais, essentiellement, c'est le marketing-mix et le produit qui imposent leurs conditions.

Le marketing-mix

En effet, on sait bien que le rôle que jouera la publicité dépend du marketing-mix. Ainsi, la société Avon ne dépense que 2 ou 3 % de ses revenus en publicité parce qu'elle investit beaucoup dans son réseau de distribution (le porte-à-porte, personne à personne) ; pourtant, les grands fabricants de produits de beauté dépensent en moyenne 7 % de leurs revenus (donc du prix de vente) en publicité, et certains investissent autant que 55 % du prix de vente de leurs produits.

Il importe donc de connaître le rôle que l'on veut faire jouer à la publicité dans son propre marketing-mix. Si l'on veut lui faire jouer un grand rôle, il faudra lui accorder d'importantes ressources, humaines et financières. Sans compter l'énergie et le temps.

Insistons sur les ressources humaines. Il n'est pas rare que, dans les petites entreprises, le patron soit à la fois directeur du personnel et du marketing, quand il ne l'est pas aussi de la production et des finances. Ce cumul de responsabilités risque de lui faire négliger la publicité.

Si vous croyez à la publicité, si c'est pour vous un outil important de réussite, prenez les grands moyens : nommez une personne responsable de la publicité ou, ce qui serait la moindre des choses, prévoyez une plage horaire, disons trois heures chaque lundi matin, pour faire le point sur cette question avec vos collaborateurs et sous-traitants. Est-ce trop exiger ? C'est à peine 5 % de votre temps si vous consacrez 60 heures par semaine à vos affaires. Aujourd'hui, le monde des affaires est très compétitif et, pour grandir ou simplement pour survivre, toute entreprise doit prospecter de nouveaux marchés ou consolider son marché actuel. Si vous négligez vos activités de communication, vos concurrents se feront un plaisir de séduire votre clientèle pour ensuite la faire tomber dans leur camp. Nous vivons à l'ère de la communication, surtout depuis l'avènement des nouvelles technologies et le phénomène grandissant de la mondialisation.

Le produit

Certains produits imposeront des décisions publicitaires, soit à cause de leur nature intrinsèque, soit à cause de leur fréquence d'achat, soit à cause de leur position dans le cycle de vie. Par exemple on n'utilisera pas la même stratégie pour vendre une automobile et un produit de consommation courante, comme des aliments.

Parlons d'abord de **la nature intrinsèque** du produit ou service. Si vous voulez vendre des imprimantes laser couleur, vous serez presque obligé de recourir à la pleine couleur pour chaque annonce. Si vous voulez montrer un nouvel appareil révolutionnaire, la télévision ira de soi, en dépit de son manque de souplesse.

Par ailleurs, si l'on investit en publicité 15 % du prix de vente des alcools, on ne dépense que 0,5 % du prix de vente de la machinerie lourde. La publicité que l'on voit le plus souvent est celle des magasins de détail (900 millions), celle des autos (700 millions), du matériel de bureau, de l'alimentation, de la finance/assurances et du spectacle.

Quant à **la fréquence d'achat**, plus l'achat d'un produit ou service donné revient souvent, plus il faut dépenser en publicité pour tenter d'influencer chaque acheteur. C'est le cas pour les biens de grande consommation, comme les aliments et les savons. De même, plus l'achat d'un produit ou service est impulsif (parce que, par exemple, la dépense est insignifiante), plus il faut investir en publicité pour rendre l'achat répétitif. C'est le cas pour les loisirs, les friandises, le tabac, les babioles. La vente de billets de loterie à 2 $ est directement proportionnelle à la quantité d'argent qu'investit Loto-Québec dans la publicité. Si la société d'État fait beaucoup de publicité pour annoncer un gros lot, les ventes atteignent des sommets dans les jours qui suivent.

Et le contraire est vrai. Le poids de la publicité dans le marketing-mix ne compte pas pour beaucoup lorsqu'il s'agit d'un bien d'immobilisation, comme de la machinerie lourde. Un consommateur ne paie que 0,6 % du prix de vente d'une auto GM pour la publicité. Mais 11 % du prix de son paquet de gomme Excel va à la publicité et peut-être 40 % du prix de sa crème Ø Soleil de Lise Watier.

Finalement, la **position dans le cycle de vie** doit aussi être prise en considération. Un nouveau produit ou service lancé sur le marché exige une présence publicitaire importante. Lorsque les appels interurbains ont été déréglementés, le marché a été envahi par les publicités de Sprint Canada, tant à la télévision et à la radio que dans les journaux et les envois postaux. Sans compter les hordes de guérilleros du marketing qui cognaient aux portes à l'heure du souper afin de nous faire changer de compagnie de téléphone. Une fois Sprint Canada bien implanté dans le marché, le poids publicitaire s'est graduellement réduit. Comme il s'agit d'une lutte sans fin pour augmenter les parts de marché, les publicitaires continueront à profiter de la guerre de l'interurbain. Bell détient environ 60 % du marché de l'interurbain au Québec et en Ontario, alors que Sprint Canada détient environ 18 % du marché canadien.

Un mix réaliste

Poussés par l'appât du gain, les entrepreneurs à courte vue misent pratiquement tout sur la promotion des ventes. C'est une erreur. On sait que la promotion provoque effectivement des comportements d'achat (voir « Les différentes formes de publicité » dans le chapitre 1). Hélas ! Elle n'assure pas vraiment « la fidélité » des clients, lesquels seront invariablement attirés dans le giron du concurrent par une promotion plus astucieuse ou adaptée au goût du jour.

Pour s'assurer de la fidélité de ses clients, il faut travailler continuellement son image de marque. L'image de marque fortifie la confiance que les consommateurs et consommatrices accordent à une marque. C'est elle, la fidélité, qui amoindrit l'effet des aspects prix, accessibilité ou même du marketing-mix des concurrents. Et cela est possible seulement avec la publicité proprement dite, dont la fonction n'est précisément pas de provoquer des comportements d'achat à court terme, mais de fortifier l'image de marque, donc de garantir la fidélité.

Pour cette raison, il faut doser harmonieusement les quatre formes de communication du marketing. En général, on réserve un petit pourcentage du budget aux relations publiques et à la communication interne ; le gros du budget va à la publicité et à la promotion des ventes.

Il faut donc pondérer, l'une par rapport à l'autre, publicité et promotion. Malheureusement, aucune recette ne garantit le succès d'une stratégie. À titre indicatif cependant, une pondération raisonnable serait de 40/60, soit 40 % du budget pour la promotion et 60 % pour la publicité. Dans les années de ralentissement économique, cette proportion s'inverse souvent en faveur de la promotion, qui accapare alors 60 % du budget, parfois plus. C'est un effet de la pression financière, mais est-ce vraiment une sage décision ?

MON MIX DE COMMUNICATION

Précisez ici le pourcentage de votre budget que vous accorderez à chacune des quatre formes principales de communication.

Forme	%
Publicité	________
Promotion des ventes	________
Relations publiques	________
Communication interne	________

L'ampleur du budget

Le budget dont on dispose influe aussi sur la stratégie. Un budget minuscule oblige l'annonceur à se rabattre sur les relations publiques, en tout cas à éviter un média lourd comme la télévision. Un budget généreux permet des actions plus nombreuses et plus diversifiées (voir le chapitre 5).

La stratégie médias

Un bon marketing-mix est la matière essentielle d'une bonne publicité. Les médias jouent le rôle de véhicules pour cette matière de base.

La stratégie médias est l'outil qui permet de décupler l'efficacité des sommes investies. Il faut savoir qu'un budget de publicité de 100 000 $ se répartit ainsi : 75 000 $ servent à la diffusion et le reste, à la production. Si vous n'avez que 1 000 $, aussi bien dépenser intelligemment ces 750 $.

Remarquez qu'il existe un principe cardinal : un média qui ne coûte pas cher n'est jamais une aubaine **s'il ne sert pas l'objectif.** Sur ce principe cardinal se greffent trois autres principes qui, pour l'essentiel, fondent les décisions en matière de médias : la concentration/dispersion, la question de la pénétration, de la fréquence et du format, et la courbe de diffusion.

Le média approprié

On utilise certains médias dans certains buts précis. Ainsi, la télévision est toujours prestigieuse et contribue à créer la notoriété. Elle peut servir efficacement à construire une image de marque.

Par contre, la télévision est dispendieuse. Il en coûte 22 000 $ pour diffuser un message de 30 secondes une seule fois pendant le Gala de l'ADISQ. Si votre marché cible est provincial, ce n'est pas cher ; si votre clientèle se situe dans votre quartier, c'est 10 fois trop cher !

Vous feriez mieux d'utiliser le journal du quartier, de faire du marketing direct plus ciblé ou encore même de glisser une simple feuille volante sous les essuie-glaces des autos stationnées devant le supermarché local. Encore que peu de gens lisent vraiment. Par exemple, une publicité d'une page dans un périodique d'actualité est « vue » par 50 % des lecteurs masculins si c'est une annonce d'automobile, mais par seulement 22 % des lectrices ; une annonce d'une page de vêtements pour dames sera « vue » par 60 % des lectrices, mais par seulement 10 % des lecteurs. Bref, il est difficile de « vendre des frigidaires aux Esquimaux ».

Premier principe donc : **choisir un média en accord avec la nature de son entreprise.** Même à prix d'aubaine, un spot radio atteignant 50 000 auditeurs n'est pas économique si seulement 2 500 de ces auditeurs sont des clients potentiels.

Aussi est-il avantageux de magasiner les médias. On appelle deux ou trois représentants à qui l'on demande des soumissions avec **preuves d'atteinte de cible à l'appui** (attention : certains affirmeront n'importe quoi, prétendant être le premier, le meilleur, le plus approprié, le moins cher, bref...). Les preuves à l'appui, ce sont les rapports BBM ou Nielsen de la dernière saison, entre autres choses (voir le chapitre 7). Puis, on se sert de ces mêmes soumissions pour négocier.

Concentration ou dispersion ?

Vaut-il mieux dépenser tout son budget dans un seul média ou le répartir entre plusieurs médias, disons les journaux, la radio et le panneau-réclame ? Si l'on a opté pour la radio, vaut-il mieux tout dépenser dans la même station ou répartir son budget entre les trois postes les plus importants ?

Deuxième principe : il faut **concentrer ses efforts dans le moins de directions possible.** En raison de la loi du poids minimal, il faut s'assurer que les efforts faits à un endroit seront **suffisants pour produire un effet.** La stratégie habituelle consiste donc à choisir un média principal, celui qui est le mieux adapté pour atteindre les cibles, et dans lequel on investira le plus. On sélectionnera un ou deux autres médias qui compléteront le travail de force réalisé par le média principal.

Le même principe s'applique pour chacun des médias. Si le média principal est la radio, il vaut mieux à Montréal concentrer ses efforts sur CKOI (ou sur CHOI à Québec) plutôt que de se disperser, et ce, **à condition que la station choisie rejoignent les cibles** et non parce que c'est la station qui a le plus grand nombre d'auditeurs en chiffres absolus. Ensuite, s'il y a lieu, et pour des investissements beaucoup moindres, CJMF et CITÉ RockDétente seront choisis comme stations d'appoint.

Cela nous amène au choix difficile : pénétration (portée) ou fréquence ?

Pénétration, fréquence et format

La pénétration, ou portée, c'est la largeur de la cible, la quantité de personnes rejointes, le pourcentage de la population atteint. La fréquence, c'est le nombre de fois où chaque personne a été atteinte par notre message.

Pour un budget donné, la pénétration est inversement proportionnelle à la fréquence. Plus on rejoint de personnes, plus cela coûte cher, et moins il reste d'argent pour atteindre ces personnes une deuxième ou une troisième fois.

Le même raisonnement s'applique au format : plus le format est grand, moins il reste d'argent pour la pénétration ou la fréquence. Et inversement.

Le troisième principe intervient ici : il faut atteindre chaque destinataire à une fréquence minimale **avant de vouloir augmenter la pénétration.** Mais qu'est-ce que la fréquence minimale ? Pour un message donné, la fréquence minimale est de **trois fois par destinataire** ; en deçà, l'effet est pratiquement nul. L'investissement est encore largement profitable jusqu'à une fréquence de sept fois. Il demeure valable jusqu'à une quinzaine de fois. Au-delà, on approche du matraquage. Cela, peu importe le laps de temps : une journée, une semaine ou un semestre.

Les auditeurs de l'émission *4 et demi...*, diffusée à Radio-Canada, ont eu droit durant l'hiver 1999 à un matraquage publicitaire de la part de la Fédération des producteurs de lait du Québec. Durant les 13 semaines de la saison, les téléspectateurs ont pu voir une pub de lait par bloc, soit quatre messages en une heure, sans compter l'ouverture ainsi que la fermeture de l'émission (la Fédération commanditait aussi l'émission) ni le logo du lait en image fixe avant la diffusion de chaque bloc publicitaire.

Par ailleurs, il n'existe pas de formats minimaux, sauf ceux imposés par la réglementation de chaque média. La télévision impose ses standards de 15 secondes, 30 secondes et 60 secondes. On commence même à voir de plus en plus de 10 secondes, comme nous l'a montré la campagne de lancement de la bière Boomerang de Labatt. Un message de 10 secondes ouvrait le bloc publicitaire pour être suivi, un peu plus loin dans le même bloc, d'un message de 30 secondes. La radio fait désormais de même. Quant aux journaux et aux périodiques, ils acceptent un format à partir de quelques lignes par colonne.

CONFRONTATION

LE JEUNE LOUP
Si vous avez du budget, optez pour des grands formats : la pleine page pour les imprimés et des 30 secondes pour la télé... à moins d'avoir accouché d'un concept publicitaire original qui impose lui-même le petit format. Souvent d'ailleurs, le format s'impose de lui-même.

LE GOUROU
Pour les médias électroniques, le format optimal est le plus court, soit 15 secondes, si c'est suffisant pour accomplir la tâche. Pour l'imprimé, le quart de page est efficace (le huitième de page pour les journaux de grand format).

La courbe de diffusion

À quel rythme seront diffusées ces 7 ou 15 annonces publicitaires ? Les 15 dans la même journée ou une seule par semaine ? Nous ne pouvons répondre à cette question de manière définitive, tout au plus pouvons-nous fournir un point de repère.

Ford Focus peut répéter son message trois fois (ou même davantage) dans un seul épisode de *La vie, la vie*. C'est très insistant, c'est vraiment la limite. Une fréquence de trois fois par semaine sur tous les réseaux est déjà une campagne de poids, que seuls les très gros annonceurs peuvent se permettre.

Une fréquence d'une fois la semaine (ou d'une fois tous les deux mois dans les périodiques) demeure un bon choix stratégique.

Par ailleurs, il y a meilleure stratégie que celle de diffuser à un rythme régulier. En effet, il est beaucoup plus percutant de commencer en lion pour finir en mouton : l'impact de départ fera en sorte que les messages diffusés ultérieurement de manière plus sporadique seront plus remarqués. Une courbe de diffusion dynamique pour 15 messages serait celle-ci : 7 ou 8 messages la première semaine, puis 3 messages par semaine pendant 3 semaines.

La stratégie médias

Rappel des trois principes de base qui s'imposent pour arrêter sa stratégie médias.

Premier principe : choisir un média en accord avec son rayon d'action.

Deuxième principe : concentrer ses efforts dans le moins de directions possible.

Troisième principe : atteindre chaque destinataire à une fréquence minimale.

La stratégie des cibles

On a vu l'importance de bien cerner ses cibles. Là aussi, les choix s'avèrent parfois difficiles. La tentation est grande de vouloir gagner de nouveaux clients plutôt que de dépenser de l'argent à conserver les clients actuels, de viser plus de gens faciles à atteindre que de faire l'effort de trouver des clients plus éparpillés… ou mieux retranchés.

Les cibles naturelles

Le jeune entrepreneur regarde constamment par-dessus la clôture, alléché qu'il est par cette manne immense, cette masse de consommateurs. L'entrepreneur expérimenté, lui, sait que sa clientèle actuelle, c'est la poule aux œufs d'or. Aussi investit-il beaucoup pour conserver cette clientèle plutôt que de courir continuellement après de nouveaux clients en risquant de perdre à mesure les clients actuels.

Les clients que vous comptez déjà constituent la cible à privilégier. S'y apparentent d'autres consommateurs qui, parce qu'ils ont des caractéristiques similaires, constituent une « cible naturelle ». Cible naturelle aussi parce que, le cas échéant, leur comportementalité correspond à votre image de marque, ces consommateurs-là étant situés dans votre environnement naturel ou se retrouvant facilement sous le parapluie de votre diffusion médias.

Les cibles naturelles doivent toujours constituer **votre cible primaire**. C'est là que vos efforts publicitaires produiront le meilleur rendement. Au-delà, les mêmes efforts auront un rendement décroissant.

Si l'on veut développer son marché potentiel, il faut procéder avec prudence. Agrandir petit à petit le marché cible visé, par cercles concentriques, de parfaitement naturel, à naturel apparenté, ainsi de suite.

Par exemple, si l'on vend des BMW, il ne sert à rien de chercher à convaincre les amateurs de la Ford Focus. Il en coûterait trop cher de travailler sur leur attitude jusqu'à ce qu'ils apprécient les voitures importées de luxe. Mieux vaut entretenir l'attitude positive des consommateurs actuels ou passés de BMW, puis de ceux qui conduisent déjà des voitures européennes de luxe, comme la Mercedes, la Volvo, l'Audi. Puis peut-être, mais après seulement, cibler les amateurs d'autos japonaises de luxe, ainsi de suite, petit à petit.

Donc, visez les clients cibles naturels, sans quoi vous risquez de tourner en rond : à mesure que vous intéresserez de nouveaux clients, vous vous laisserez oublier des anciens. Peut-être réussirez-vous à avoir plus de clients, mais ils seront moins convaincus de la valeur de votre marque ; on dit alors qu'ils sont moins fidèles. Et l'infidélité (commerciale !) coûte cher parce qu'elle provoque un roulement plus rapide de la clientèle. Ce sont finalement des sommes importantes en ventes perdues qui vous glisseront entre les doigts au profit de la concurrence.

La fidélité de la clientèle est évidemment une qualité recherchée des spécialistes en marketing. L'argent consacré à la publicité produit un rendement meilleur s'il travaille à rendre fidèle la clientèle actuelle, la plus naturelle des cibles. En effet, il est futile d'attirer de nouveaux clients si on est incapable de conserver ceux que l'on a déjà.

CONFRONTATION

LE JEUNE LOUP

Dans le monde d'aujourd'hui, la fidélité est une qualité rare, pour ne pas dire inexistante. Le consommateur moyen est peu fidèle à la marque; ce qui l'attire avant tout, ce sont les bas prix. Les entreprises ont vite compris ce phénomène et elles ont lancé leur marque maison à bas prix, comme Personnelle, Sélection Mérite, Le Choix du Président et d'autres.

LE GOUROU

Que préfère, pensez-vous, le directeur du marketing d'un restaurant McDonald's? Disons, 2 000 clients qui viennent de temps à autre manger un petit hamburger? ou 1 000 clients qui viennent deux ou trois fois par semaine manger un BigMac avec grosse frite, boisson et dessert? McDo attire de nouveaux clients avec ses nombreuses promotions, mais il investit beaucoup pour soigner son image de marque, notamment avec les collections d'objets, ce qui fidélise sa clientèle actuelle.

Les cibles retranchées

Certaines cibles sont difficiles à atteindre parce qu'elles ne sont pas sensibles aux médias de masse. On peut penser aux intellectuels qui regardent peu la télévision et qui ne sont pas particulièrement attirés par les revues québécoises d'intérêt général. Comment leur vendre *L'encyclopédie du Canada*?

2 AUTRES DÉCISIONS STRATÉGIQUES

Précisez ici ces décisions stratégiques.

1. La stratégie médias (note : sur la question des médias, vous ne pourrez prendre une décision définitive avant d'avoir pris connaissance du chapitre 7).
   - **Importance relative de la pénétration, de la fréquence, du format.** Vais-je privilégier le format au détriment de la pénétration et de la fréquence ? On encore, vais-je opter pour la fréquence au détriment de la pénétration et du format ? Ou pour la pénétration au détriment de la fréquence et du format ?

Variable	*Priorité no*
Pénétration	_____
Fréquence	_____
Format	_____

   - **Durée de la campagne de diffusion.** Pendant combien de temps mon message pourra-t-il être diffusé, compte tenu de mon budget et des variables pénétration, fréquence, format ?

     Nombre de semaines _____

   - **Courbe de diffusion.** À quel moment au cours de la campagne consentira-t-on les efforts les plus importants ? À quel moment mettra-t-on le moins d'efforts ?

     Intensité ↑

     Semaine → 1 2 3 4 5 6 7 8 9 10 11 12 13

2. La stratégie des cibles
   - **Pondération cible actuelle/cible élargie.** Quelle importance vais-je accorder à la cible actuelle par rapport à la cible élargie ?

     Cible actuelle ____ %

     Cible élargie ____ %

Certaines cibles sont hors de portée parce qu'elles sont dispersées. C'est le cas des moins de 20 ans. Ils ne lisent pas ou peu, ne sont pas aussi friands de la télévision qu'on le prétend. Ils sont plutôt branchés sur leurs jeux vidéo PlayStation ou sur Internet, à faire du clavardage (*chat*)... Ils aiment la musique, donc ils écoutent la radio, mais uniquement les stations qui diffusent leur musique ; comme ils sont amateurs de disques compacts et de MP3, ils finissent par délaisser la radio. Voyez-vous le problème ? Pour atteindre les moins de 20 ans, faut-il annoncer dans Internet ? Faut-il faire du marketing direct en leur postant un disque compact d'un groupe techno branché ? Les promotions sur Internet ou ZoomMédia (ces affichettes des toilettes) ont du succès parce qu'elles permettent justement de toucher les jeunes où ils sont présents.

Enfin, certaines cibles sont difficiles à atteindre parce qu'elles sont toutes petites. Comment rejoindre les amateurs de Rolls-Royce ? Les végétariens purs et durs ? Les Québécois qui parlent le chinois ? Ceux dont les valeurs ont été bouleversées par le message de Jésus ?

Dans ces cas marginaux de cibles pointues, il ne reste souvent que le démarchage, rendu possible grâce aux références obtenues par personne interposée. Depuis quelques années, on assiste cependant à l'apparition de plusieurs publications spécialisées permettant de cibler une clientèle en particulier. Citons en exemple *Cool,* un magazine qui s'adresse aux adolescentes. Plusieurs entreprises, dont Benetton, créent aussi leur propre magazine pour s'adresser à leur clientèle (et elles y vendent de la publicité !).

Voilà. Vous connaissez maintenant les principaux points qui vous permettent d'établir une stratégie gagnante. Dans le prochain chapitre, vous verrez combien d'argent il faut investir dans une campagne stratégique de publicité.

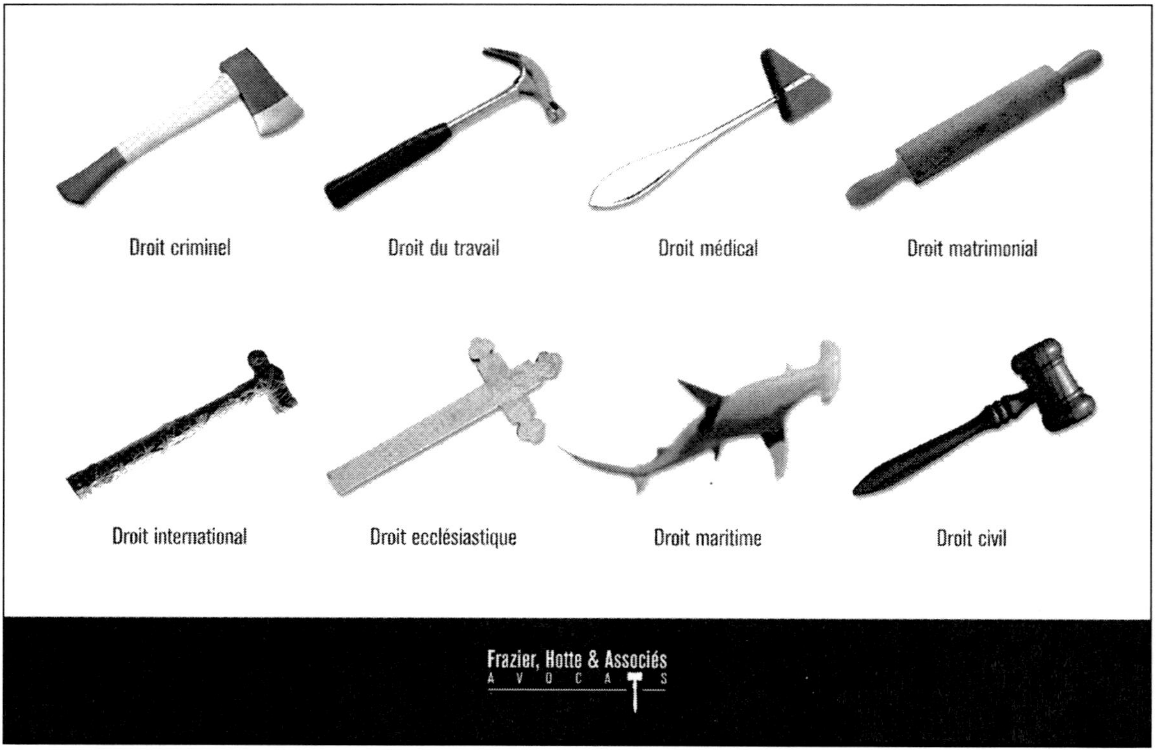

FRAZIER, HOTTE & ASSOCIÉS, AVOCATS
AMEN

Pause publicitaire

LIT / CUISINE
MIAMI RESCUE MISSION
CRISPIN PORTER + BOGUSKY

Chapitre 5

Le budget et les coûts

Dans ce chapitre, il est question du budget de publicité. Vous verrez qu'il faut calculer non seulement les coûts de diffusion dans les médias, mais aussi les frais de création et de production. Les critères qui permettent d'établir un budget raisonnable seront précisés.

Comme l'écrivait Shakespeare dans *Les joyeuses commères de Windsor*, « quand l'argent précède, toutes les portes s'ouvrent ». Qu'il précède ou qu'il suive, en tout cas, il en faut pour ouvrir la porte des médias !

Un objectif clair et une stratégie astucieuse ont plus de chances de mener à une campagne de publicité efficace. Mais des annonces publicitaires, ça coûte cher. Combien doit-on dépenser pour atteindre son objectif, le succès ? Voilà une question que vous vous posez probablement.

Dépense ou investissement ?

D'abord, cette remarque préliminaire : le montant dépensé peut être estimé objectivement, mais le jugement que vous porterez sur votre budget de publicité sera toujours subjectif. Certains annonceurs dépensent relativement peu et trouvent encore que c'est de l'argent jeté par les fenêtres. D'autres dépensent relativement beaucoup et considèrent qu'il s'agit d'une bonne décision d'affaires. Où se trouve la vérité ?

La vérité se situe dans le contexte global de l'entreprise. Rappelons que, comme nous l'avons vu au chapitre 1, l'entreprise comprend quatre secteurs d'activité : la finance, le personnel, la production et le marketing. Or, il est rare que le chef d'entreprise soit issu du secteur du personnel ; le plus souvent, il vient de la production ou de la finance. S'il est issu du secteur de la production, il est convaincu que c'est surtout la qualité du produit ou du service qui attire les clients et garantit le succès de l'entreprise. S'il est issu du secteur de la finance, il est convaincu que c'est la manière de tenir (voire de serrer !) les cordons de la bourse qui garantit le succès d'une entreprise.

Depuis 25 ans, il arrive de plus en plus souvent que le chef d'entreprise soit une personne du marketing. C'est heureux, car il a été amplement démontré que **la stratégie marketing donne vie aux entreprises à succès.** Et qu'est-ce que l'esprit marketing ?

Avoir l'esprit marketing, c'est tenter de satisfaire le client en s'appuyant sur les quatre P :

- 1er P, la bonne gamme de **p**roduits (ou de services, toujours) ;
- 2e P, la bonne fourchette de **p**rix ;
- 3e P, la bonne manière de rendre la gamme accessible (***p**laces*) ;
- 4e P, une bonne communication (***p**romotion*).

Les trois premiers P correspondent à peu près aux trois premiers secteurs d'activité : production, finance et personnel. Le petit nouveau dans le concept marketing, c'est la **communication**.

Pour la personne des finances (toujours extrêmement prudente), le budget de publicité est toujours une dépense qui diminue d'autant les profits à la fin de l'année. Pour elle, plus le budget de publicité est maigre, plus sa gestion est efficace.

Un des auteurs avait un client dans le domaine du mazout, Georges Robert, qui devait obtenir l'avis du contrôleur, un nommé Tremblay, chaque fois qu'une décision touchant la publicité impliquait une sortie de fonds. M. Tremblay faisait invariablement le commentaire suivant : « Si tu penses que c'est nécessaire, Robert, fais-le. Mais n'oublie pas que le rendement de ton secteur s'en ressentira à la fin de l'année. » Pour lui, l'argent dépensé en publicité réduisait infailliblement les profits. Il ne lui venait pas à l'esprit que cet argent pouvait – en coordination avec les autres P du marketing – les augmenter.

Heureusement qu'en personne de marketing dynamique, Georges Robert était convaincu que les trois premiers P ne pouvaient à eux seuls assurer le succès de l'entreprise. Il savait que la publicité est un ingrédient indispensable d'un marketing-mix à succès. Pour un spécialiste clairvoyant, l'argent de la publicité est un investissement important, au même titre que le renouvellement de la machinerie ou la formation du personnel.

Bref, pour le gestionnaire à large vue – et si serré soit-il dans ses finances – **le budget de publicité n'est pas une dépense mais un investissement**. Alors, combien une entreprise peut-elle (ou doit-elle) se permettre d'investir en publicité ?

Montant brut ou net ?

Faisons une deuxième remarque : un budget dit de publicité, par exemple un budget de 100 000 $, diffère selon qu'il inclut tout et n'importe quoi ou qu'il est voué exclusivement à la diffusion. Dans le premier cas, la campagne de publicité vaudra peut-être 10 000 $, alors que dans le second, elle vaudra peut-être 90 000 $.

Dans certaines entreprises, jusqu'à 50 % du budget de publicité est voué à des activités non publicitaires, comme les partys de bureau, les dons à des œuvres caritatives, etc. Voyons comment on distingue le budget brut du budget net.

Les coûts de consultation

D'abord, si l'entrepreneur fait affaire avec un professionnel (ou une professionnelle !), environ 15 % de son budget servira à l'administration. Cela comprend les conversations d'usage entre le consultant et l'entrepreneur, le plan stratégique pour un an, la création du message de base (le message-thème de la campagne principale) et le placement médias. Rien de plus (ou si peu).

Conséquemment, la création et la production de toute publicité, ou les services non compris dans les us et coutumes, coûteront de l'argent. Par exemple, si vous voulez organiser une promotion pour le retour à l'école, faire paraître une offre d'emploi dans la section « Carrières et professions », faire réaliser un sondage pour connaître l'état de votre image de marque, vous devrez faire appel à votre consultant ou à un sous-traitant qu'il vous faudra payer en sus.

Si vous voulez que votre conseiller publicitaire *coache* votre personnel, surveille la production de vos calendriers ou crée une annonce spéciale pour la brochure du 50e anniversaire de votre ville, il y aura des frais – clairement exprimés sous la forme d'une facture d'honoraires ou cachés quelque part. Sachez qu'aucun consultant ne peut tout faire avec 15 % de votre budget, à moins que vous jouissiez d'un budget de diffusion astronomique. Et encore !

Les coûts de création-production

Pour ce qui est du message de base, seule sa création est comprise dans les frais d'administration (les 15 %). Les coûts de production sont **en sus**. Prendre des photos professionnelles, tourner la publicité télé, rédiger les textes des diverses promotions, faire le montage et imprimer le dépliant, tout ça, c'est de la production. Même le temps que votre consultant mettra à coordonner ces travaux pourra être facturé en sus, puisque tout ça relève de la production. Certains professionnels facturent aussi le temps qu'ils passent au téléphone au tarif d'une demi-heure minimum par appel…

Les publicitaires professionnels doivent aussi être rémunérés pour assurer le suivi de tout ça. À taux horaire ? Plusieurs publicitaires procèdent autrement : ils ajoutent 17,65 % à la prévision de production. C'est l'équivalent du 15 % que leur accorderait un média qui verse une commission. En effet, 85 $ + 17,65 % = 100 $, soit exactement le même résultat que 100 $ - 15 % = 85 $.

CONFRONTATION

LE JEUNE LOUP
Selon le nombre de pièces à produire, selon l'originalité de la création exigée, selon la perfection de la production demandée, selon le suivi exigé, les coûts de création-production peuvent s'élever à 25 % ou 50 % d'un petit budget. Par petit budget, j'entends un budget inférieur à 100 000 $.

LE GOUROU
Quand on est petit, tout se négocie. Et c'est de bon commerce. Le publicitaire qui sent que les cordons de la bourse sont serrés fera toujours plus attention au prix demandé… ou saura se restreindre dans ses envolées créatives. Mais j'admets que chacun doit y trouver son profit.

Et les taxes s'ajoutent ! Taxe de vente provinciale, taxe de fabrication fédérale (pour les imprimés par exemple), taxe forfaitaire provinciale sur les cassettes vidéo, et autres. Les taxes seulement peuvent faire grimper de **20 % la prévision budgétaire** brute de production que l'on vous a faite… Plusieurs publicitaires inscrivent un surplus de 10 ou 20 % « pour imprévus » sur le document même de prévision budgétaire.

Tout cela vient entamer d'autant le budget global, ce qui en laisse moins pour la diffusion dans les médias.

Il est donc clair désormais que le budget voué à la diffusion de publicité est de beaucoup inférieur aux sommes qui apparaissent sur le papier. Une bonne partie doit être consacrée au suivi, à la création-production, à la recherche.

Au mieux, 85 % de l'argent du budget de publicité initial, au pire aussi peu que 50 %, se rendra sous forme de message publicitaire jusqu'au consommateur cible. Dans ces conditions, comment déterminer le budget publicitaire annuel ?

À partir de quels critères établir le budget ?

Bien des budgets sont fixés au pif. Bien d'autres ne sont jamais établis ; on consent impulsivement une petite somme pour une activité publicitaire que l'on considère sur le moment intéressante. Un petit montant par-ci, un petit montant par-là, on finit par dépenser une certaine somme en publicité. Porté par les événements, on avance… Est-ce là une façon de mener ses affaires ?

Pour obtenir des résultats intéressants, en publicité comme dans d'autres secteurs, il faut prendre ses décisions à partir d'un minimum de critères logiques. Décider du budget de publicité se fait le plus souvent de l'une des quatre façons suivantes.

Le budget moyen

Le critère le plus répandu pour décider d'un budget de publicité, c'est la moyenne. Qu'est-ce que cette moyenne ? Un voisin, Ménard Bruneau, répète souvent d'un air entendu : « Chez les Bruneau, les mâles sont de jeunes poulains fringants : la moyenne d'âge des hommes dans ma famille est de 25 ans. » Avez-vous là une bonne idée de l'âge des Bruneau mâles ? Son frère Michel a eu son petit dernier sur le tard. Michel a 50 ans et son bébé, quelques mois. La moyenne est certes de 25 ans, mais **l'âge réel des hommes** est de 50 ans et de 1 an. C'est pas pareil !

C'est la même chose pour le budget de publicité moyen. Lorsqu'un des auteurs donne une conférence devant les membres d'une chambre de commerce, il y a toujours un participant qui fait un commentaire du genre : « Je dépense 4 % de mes revenus en pub. Un bon budget, car je me base sur les statistiques qui disent qu'au Canada les entreprises investissent 3 % en publicité. »

D'ou vient donc ce fameux 3 % ? De la moyenne nationale, tous secteurs d'activité confondus. Une référence peu utile dans le cas d'un budget. Peut-être que sur 20 entrepreneurs, 19 consacrent 1 % de leurs revenus en publicité et le gagnant en met 41 %. Moyenne : 3 %.

Ainsi, selon le rapport d'une année passée, la société General Foods consacrait 5 % de ses revenus à la publicité, alors que Kraft y réservait moins de 1,5 % ; dans les produits de beauté, Noxell dépensait 22 % et Gillette, 4 % ; parmi les 100 plus grands annonceurs de produits pharmaceutiques, certains dépensaient moins de 2 % et d'autres, plus de 14 %.

Cette moyenne de 3 % n'est donc qu'une *très vague* indication de ce qui devrait être dépensé en publicité.

Le budget du concurrent

Un bon moyen d'établir son budget de publicité est de le faire en considérant celui de ses concurrents. Pour y parvenir, il faut arriver à estimer combien ils dépensent en publicité ou connaître assez précisément la part de marché de chacun par rapport au marché global (qui est de 100 %, évidemment !).

Dans cette optique, il a été démontré que **le budget publicitaire de chacun est fonction de sa part de marché**. Si Export A détient 25 % du marché au Québec (25 % des fumeurs québécois consomment cette marque), Export A doit prendre en charge 25 % des dépenses publicitaires faites sur ce marché-là pour les cigarettes (c'est-à-dire dépenser des sommes équivalant à 25 % de toutes les sommes dépensées en publicité par les fabricants de cigarettes).

Cela est vrai, avec des bémols. Les leaders dans une classe de produits ou de services (disons Heinz pour le ketchup) ont besoin de dépenser moins que leur part de marché pour deux raisons :

1. Ils vivent sur leur capital de réputation.

2. Comme ils sont de gros annonceurs, les médias leur accordent une remise.

Une loi basée sur la recherche et l'expérience veut que, pour s'attaquer sérieusement à un leader, on doive, pendant 24 mois, dépenser 50 % de plus que la part de marché visée l'exigerait. Ainsi, si on veut gagner 25 % d'un marché, on devra investir en publicité autant que 37,5 % des dépenses publicitaires faites par l'ensemble des concurrents dans ce marché (25 + 50 % =37,5 %).

Dépenser selon ses moyens

Certes, le concurrent principal peut donner le ton aux investissements publicitaires nécessaires. Son capital liquide n'en constitue pas moins une donnée contraignante. Et l'on en revient à l'ensemble de la structure de l'entreprise, à l'importance du marketing dans cette structure et au marketing-mix que l'on a établi.

Il faut comprendre que, avec de petits moyens, on doit se fixer de petits objectifs et miser sur des effets à plus long terme. Le plus important d'ailleurs est de progresser peu à peu vers son but. C'est pour cette raison qu'il vaut mieux agir avec prudence, ce qui est d'ailleurs la meilleure stratégie dans les activités de guerre comme dans toute activité humaine. Il est préférable de faire chaque année un petit pas dans la bonne direction que de faire un grand pas cette année… et d'être obligé d'en faire deux en arrière l'an prochain.

Même les grandes entreprises gagnantes, comme Procter & Gamble, General Foods ou General Motors, jouent de prudence : elles essaient chaque année de gagner quelques points seulement dans le marché. Elles renverraient l'agence qui leur ferait subitement gagner 10 points, ce qui entraînerait des problèmes insolubles de production, de liquidité, de service, d'image de marque.

Un budget selon l'objectif

Le critère le plus valable pour établir votre budget reste l'objectif que vous vous êtes fixé après une analyse de la situation. Cet objectif ne nécessite peut-être pas un budget de communication élevé.

Il suffit de trancher cet objectif en petites rondelles, comme s'il s'agissait d'un saucisson, et d'évaluer ce qu'il peut en coûter d'avaler chaque tranche. N'oubliez pas de considérer la profondeur visée. Il n'en coûte pas le même prix d'éveiller l'attention que de créer une notoriété durable ; d'emporter la conviction rationnelle que de titiller le désir et de déclencher le comportement d'achat. Il en coûte évidemment davantage de gagner un consommateur et de le rendre fidèle.

L'important, c'est d'être cohérent : un objectif ambitieux exigera un budget approprié ; un budget minuscule permettra d'atteindre un petit objectif.

Pour celui qui croit que la publicité est un investissement, pour celui qui a jaugé l'importance de l'image de marque, en tout cas, pour toute très petite entreprise, 15 % des revenus (c'est-à-dire des ventes, ou du chiffre d'affaires) est un budget moyen ou, à tout le moins, un chiffre de référence. Mais ce n'est là encore qu'une moyenne, qui vaut ce que vaut une moyenne…

Petits budgets et publicité coopérative

La loi du rendement minimal veut que, en-deçà d'un certain seuil, le budget publicitaire ne produise que très peu d'effets. Quant à la loi du rendement décroissant, elle veut que, passées un seuil optimal, les sommes investies produisent un effet beaucoup moindre que l'argent dépensé à un seuil antécédent – mais il est rare qu'une petite entreprise en arrive là.

Une façon de contourner les restrictions qu'impose un microbudget de publicité, c'est de faire de la publicité coopérative avec ses fournisseurs. Par exemple, le commerçant dira à son fournisseur : « Vous payez 50 % du coût de mon annonce promotionnelle de la fête des Pères et je consacrerai la moitié de l'espace à votre marque. » Il est relativement facile de négocier de telles ententes avec les fabricants et les distributeurs. On voit souvent ce genre de publicité dans le domaine de l'automobile ou des véhicules récréatifs. Ainsi, une publicité télévisée présentera les nouveaux modèles du fabricant et, à la toute fin, on dira que ces modèles sont vendus chez tel ou tel concessionnaire local.

Une autre forme de coopération consiste à coupler deux marques. Votre restaurant, RestoFlip, fait tirer un lecteur de disques compacts de marque SonoPop. Et SonoPop lance une promotion permettant aux consommateurs de gagner 25 repas familiaux chez RestoFlip. Les très grands annonceurs, même avec leurs millions, font aussi appel à la coopération.

Par exemple, Vachon s'est acoquiné avec le SuperClub Vidéotron pour lancer son gâteau Relax. Vachon a inséré dans ses boîtes des coupons de location « 2 films pour 1 » tandis que lorsque les gens louaient un film au SuperClub Vidéotron, ils recevaient un gâteau Relax ainsi qu'un bon de réduction de 50 ¢ applicable à l'achat d'une boîte de gâteaux Relax. La boucle était donc bouclée. Cette promotion a suscité un retour appréciable de bons de réduction, tout en s'inscrivant parfaitement dans la stratégie de positionnement du gâteau Relax. En effet, on souhaitait associer ce gâteau au plaisir de la détente, et l'un des moyens de détente préférés des Québécois consiste en location de vidéocassettes.

CONFRONTATION

LE JEUNE LOUP
Les budgets de diffusion sont importants, c'est vrai. On peut toutefois faire quelque chose avec un microbudget ! Une idée originale, percutante et bien adaptée au problème, de même qu'une stratégie médias originale peuvent décupler le rendement d'un petit budget de diffusion. Et plusieurs jeunes publicitaires sont prêts à miser sur un client qui disposera vraisemblablement d'un budget plus substantiel dans l'avenir.

LE GOUROU
Je pense qu'un microbudget ne peut pas être microscopique. Un publicitaire ne peut pas faire grand-chose avec 5 000 $. Un pro qui facture 100 $ l'heure ne pourra travailler que 10 ou 20 heures à la planification stratégique de la création ; si on retranche les coûts de production, il ne reste que quelques milliers de dollars pour la diffusion. Je le répète : une fréquence minimale doit être respectée, sans quoi l'effet est nul et l'argent dépensé en diffusion l'est en vain.

Finalement, il faut se rappeler que le budget n'est pas le seul facteur de succès d'une campagne. La qualité (une créativité bien adaptée) est un facteur, la stratégie médias (particulièrement bien ciblée) en est un autre.

MON BUDGET

Précisez ici votre budget publicitaire.

a) En pourcentage de vos revenus, de votre chiffre d'affaires ou du prix de vente du produit : ____________ %

b) En dollars : ____________ $

La fabrication des messages

Comme l'a bien dit l'écrivain Malcolm de Chazal, « créer est le seul domaine où il faut se déposséder pour s'enrichir ». En effet, il ne suffit pas d'avoir de bonnes idées, encore faut-il qu'elles soient réalisables et réalisées. Une idée mal rendue perd tout son impact. Pour bien la rendre, il faut y mettre le prix. Une idée a donc la valeur de sa réalisation.

La production d'un message publicitaire est une entreprise qui doit être menée minutieusement. La production coûte temps et argent, et toute conduite brouillonne en ce domaine occasionne frais supplémentaires et délais additionnels qui peuvent compromettre le déroulement d'une campagne de publicité.

Les publicitaires conviennent qu'il faut réserver de 20 % à 25 % de son budget pour les frais de production. Plus le budget est petit, plus ce pourcentage sera élevé. Pour un budget annuel de 50 000 $ et pour une production de qualité professionnelle – surtout si le nombre d'actions publicitaires est grand –, il faut prévoir autant que 50 % pour les frais de production.

Dans le domaine de la production, le nombre de charlatans, de personnes sans formation et inexpérimentées, est élevé. Aussi faut-il user de prudence dans le choix de ses collaborateurs et opter pour des gens qui occupent un local commercial et qui sont au moins listés dans l'annuaire téléphonique. C'est là une garantie minimale de sérieux.

La production électronique

La production électronique demande la collaboration d'une boîte de production expérimentée qui compte dans son équipe des producteurs et des réalisateurs de talent. Ceux-ci auront à leur disponibilité des outils technologiques perfectionnés pour réaliser avec soin et minutie des messages publicitaires.

Souvent, les stations de radio et de télévision offrent au client de produire « gratuitement » les messages. Méfiez-vous de cette offre, surtout si votre marketing-mix inclut qualité et exclusivité. Ici, la gratuité veut simplement dire qu'on ne consacrera que quelques heures à une production qui demanderait normalement 5 ou 10 fois plus de temps. Impossible dans ces conditions d'obtenir une qualité professionnelle. Vous n'avez qu'à regarder d'un œil critique la publicité des Lunetteries Fahrat ou de Brault & Martineau pour constater ce qu'est une production médiocre. Alors, si vous n'avez pas les moyens de confier votre production télé à une boîte de production, consacrez votre budget publicitaire à d'autres médias, ceux qui vous permettront une production professionnelle.

Un des auteurs se rappelle Emmanuelle, de la boutique de prêt-à-porter haut de gamme Paris Mode, qui racontait : « J'avais décidé d'investir 30 000 $ dans une petite campagne télévision. Le représentant du poste m'avait offert de produire mon message pour presque rien, soit 2 000 $. Quand j'ai vu le message, j'ai compris que si je le faisais diffuser tel quel, l'image de marque de ma boutique serait entachée. J'ai dû refaire produire le message par une boîte de jeunes professionnels qui m'ont demandé 8 000 $ pour le travail. Total : 10 000 $ au lieu des 8 000 $ que ça aurait pu me coûter si j'avais fait appel dès le départ à des professionnels. » Comme on dit, on en a toujours pour son argent.

Une liste de prix pour les pièces les plus communément produites est fournie à titre indicatif un peu plus loin dans ce chapitre. Ce sont les prix couramment appliqués pour des projets similaires par les professionnels du Québec. Bien sûr, ils peuvent varier à la baisse selon la région, surtout si c'est une petite région en périphérie d'un grand centre, ou varier à la hausse selon la réputation du professionnel ou les exigences particulières du client.

La télévision

La télévision est le média le plus prestigieux, celui qui a la plus grande pénétration dans le public, celui qui est le plus coûteux aussi. De plus, les délais que nécessite la production télé sont longs, soit de cinq à sept semaines. Il est possible de faire plus vite, mais les coûts augmentent comme les risques d'erreur. Voici les étapes de production de ce média lourd :

- L'idéation et la scénarisation : deux semaines.
- La préproduction, qui comprend le dépôt des soumissions des maisons de tournage, la distribution des rôles, la fabrication des décors, etc. : deux semaines.
- Le tournage et les épreuves : une semaine.
- La postproduction, soit le montage, le mixage, la duplication et l'expédition : deux semaines.

CONFRONTATION

LE JEUNE LOUP
Tout comme le Conseil des normes censure les publicités trop provocantes, un organisme devrait censurer les publicités médiocres qui inondent les ondes ! Même si l'annonceur est prêt à payer des sommes faramineuses pour diffuser ses publicités polluantes, on devrait lui refuser son placement sous prétexte que la médiocrité n'a pas sa place dans notre société. Je suis un idéaliste, je sais...

LE GOUROU
C'est vrai que nos ondes sont remplies d'horreurs, dont les plus horrifiantes viennent de l'actualité. Mais qui censurerait ? Ce que faisait Van Gogh était considéré comme horrible en 1888. Les critiques célébraient Bouguereau en 1900 puis, pendant 100 ans, ils l'ont relégué aux enfers comme peintre « pompier ». Qui pourrait donc décider que ceci est « de la bonne publicité » et que cela n'en est pas ?

Plusieurs professionnels et techniciens interviennent à chacune de ces étapes. Prenons le tournage. On fera appel au réalisateur, qui sera assisté (souvent) de plusieurs dizaines de personnes : le script, l'ingénieur du son et ses techniciens, le cameraman, l'éclairagiste et ses techniciens, le maquilleur, l'habilleur, le coiffeur, l'accessoiriste, le décorateur et ses techniciens, les comédiens et les figurants. Sans compter, selon les besoins, les cascadeurs, les artificiers, les grues et les hélicoptères, la microcaméra ou la caméra hydropneumatique, les chameaux ou les nains, le Stade olympique ou le désert d'Arabie, etc.

Les coûts de production télé deviennent donc rapidement astronomiques. Il est pratiquement impossible de réaliser un message de 30 secondes pour moins de 10 000 $; c'est plutôt de 15 000 $ à 25 000 $ qu'il en coûte pour une production locale simple. Cela inclut la rémunération des scénaristes, des comédiens et des techniciens, de même que les décors, la musique, la machinerie, les transports et les communications, les studios, les ordinateurs pour la manipulation électronique et les effets spéciaux.

Évidemment, les messages des grands de la boisson (Coke ou Labatt), des grands des télécommunications (Bell et AT&T) et des géants du secteur alimentaire (Provigo et

Kraft) investissent plutôt de 200 000 $ à 500 000 $ dans un seul message national prestigieux. Plusieurs messages coûtent même plus de un million. Si l'on dispose d'un très petit budget, il faut donc s'assurer qu'il reste assez d'argent pour la diffusion une fois le message produit.

La radio

Par opposition à la télévision, la radio est un média électronique souple et bon marché. La production est souvent faite avec une petite équipe de professionnels, mais les messages doivent être réalisés dans un studio d'enregistrement. Évidemment, l'utilisation d'un studio suppose des frais : vous devez payer les techniciens, ceux et celles qui ont fait la recherche de sons et de musiques pour votre spot, ceux qui ont coordonné la production, dont le réalisateur, et ainsi de suite.

Pour les effets sonores, les professionnels recourent la plupart du temps à des audiothèques qui contiennent musiques et bruits déjà prêts. Ils disposent également de démos de membres de l'UDA (Union des artistes) qui prêtent leur voix pour enregistrer des messages (ou faire de la postsynchronisation dans le cas de messages télévisuels). Chaque artiste touche un cachet prédéterminé d'après une grille : simple, double, triple. Pour un message simple, un membre de l'UDA vous coûtera environ 700 $. Un artiste connu sera rémunéré selon d'autres critères, toujours négociables.

On ne peut se rabattre sur le premier venu qui prêtera sa voix pour quelques dizaines de dollars, car l'UDA a réglementé l'industrie afin que les artistes aient priorité. De toute manière, si on veut réaliser des messages de première qualité, il faut faire appel à des artistes professionnels.

La plupart des stations de radio vous proposeront de concevoir votre publicité et même de la produire en recourant aux services d'un de leurs animateurs. Cette option peut être tentante, mais, pour vous assurer d'une qualité professionnelle, faites plutôt concevoir et produire votre message par des professionnels extérieurs. Vous avez ainsi plus de chances que votre publicité s'écarte du modèle maison de la station auquel les auditeurs sont quotidiennement exposés.

Pour ce qui est de la voix à utiliser, notez qu'il existe deux écoles de pensée. La voix d'un animateur de la station attirera l'attention de ceux qui apprécient cet animateur ; ils l'aiment, lui font confiance, si bien que votre message gagnera en crédibilité. Par contre, il est bon de choisir un narrateur pour sa voix. Le message se démarque alors des autres diffusés à cette station et il peut être plus facilement utilisable ailleurs.

Il faut procéder de la même manière pour les ritournelles. Par exemple, des artistes connus comme François Dompierre ou Michel Rivard demanderont quelques semaines et plusieurs dizaines de milliers de dollars pour composer une ritournelle.

Évidemment, le coût du message radio est nettement inférieur à celui de la pub télé. Le message le plus simple peut coûter de 1 000 $ à 5 000 $. Avec 5 000 $, vous pourrez faire produire un excellent message local enrichi d'un arrangement musical.

La grande qualité de la radio demeure sa souplesse. En quelques heures, on peut retoucher un message et réaménager l'horaire de diffusion. Ce travail demanderait au moins quelques jours, voire quelques semaines à la télévision. Et le grand défaut de la radio ? Il n'y a pas d'image ! Il faut donc être joliment original pour capter l'attention d'un auditeur, surtout lorsqu'il est sur l'autoroute, bombardé par les panneaux publicitaires de la concurrence…

La production imprimée

Le premier et le plus accessible des médias pour les petites entreprises, c'est l'imprimé. Un imprimé est facile à produire, mais, comme toujours, la chose la plus simple est la plus difficile à réaliser parfaitement. Quoi de plus simple qu'un œuf !

Un imprimé tout simple prend quatre semaines à réaliser. Bien sûr, les employés au comptoir de FastCopie vous diront qu'ils peuvent vous livrer votre feuille volante le lendemain. Prenez garde : ce que l'on peut livrer dans ces conditions n'est pas à proprement parler un outil publicitaire, puisqu'il y manque la structure de fond. Mieux vaut investir un peu plus pour faire planifier le contenu par des professionnels.

Ces professionnels de l'imprimé, ce sont les courtiers en impression et les représentants des imprimeries. Toutefois, rien au monde ne vaut l'expertise d'un graphiste expérimenté. Il y a deux sortes de graphistes : les graphistes-artistes et les graphistes publicitaires. Ces derniers travaillent habituellement en collaboration avec des concepteurs-rédacteurs pour mettre au point de véritables imprimés publicitaires, des imprimés efficaces. Et cela demande du temps (encore).

Il est difficile (et coûteux !) de livrer même un petit feuillet 8,5 sur 11 en 48 heures. Plusieurs étapes sont nécessaires pour produire un bon feuillet publicitaire. Tenir les rencontres préliminaires, faire les recherches documentaires et produire des esquisses prend une semaine. Rédiger les textes, faire les photos, la mise en page et tirer les épreuves prend deux semaines. Apporter les corrections, faire imprimer et façonner : deux autres semaines. Il est donc rare qu'on s'en tire en moins de cinq semaines. Encore une fois, escamoter ce processus est risqué.

On peut évaluer ce qu'il en coûte de concevoir une pièce imprimée, mais il est pratiquement impossible d'établir ce qu'il en coûte de la produire. Les prix de production peuvent varier de 1 à 10 ou de 1 à 100 selon la complexité de la pièce et le tirage. Les prix fournis dans la liste suivante sont ceux de la seule étape création-idéation. Cette étape comprend deux rencontres avec le client, l'analyse du problème, les recherches visuelles, la présentation de deux ou trois esquisses et la réalisation d'une maquette poussée. Le montage final est en sus, de même que toutes les dépenses inhérentes : photographie, illustration, numérisation, corrections, approbations, messageries (le courriel et les PDF permettent de réduire les coûts et les délais). Enfin, c'est bien beau de produire un dépliant mais encore faut-il en assurer la distribution : si vos 10 000 dépliants squattent votre bureau, vous n'avez pas réalisé un dépliant… **publicitaire** !

Par ailleurs, les prix que l'on vous soumettra n'inclut que le **droit d'usage**. Pour réutiliser les photographies ou les illustrations à d'autres fins, vous devrez payer des **droits d'auteur**. Par exemple, si vous commandez un petit dessin pour un envoi postal et que vous l'utilisez ultérieurement comme affiche ou encore que vous en faites le symbole de votre campagne annuelle, l'illustrateur peut revenir vous réclamer ses droits en argent sonnant. Si d'emblée vous voulez obtenir tous les droits, négociez-les avec le professionnel.

COMBIEN ÇA COÛTE ?

Travaux d'envergure			
Signature d'entreprise, 3 pièces (entête de lettre, enveloppe, carte d'affaires)	2 500 $	à	5 000 $
Avec manuel de normes	10 000 $	à	50 000 $ et plus
Papeterie de base, 3 pièces	1 000 $	à	2 500 $
Rapport annuel	250 $	à	1 000 $ la page
Bulletin, 12 pages (maquette de base)	1 500 $	à	3 500 $
Pochette de presse (reliure et feuille)	1 000 $	à	3 000 $
Pièces commerciales			
Brochure, selon format et complexité	2 500 $	à	5 000 $
Envoi postal, 3 pièces	3 000 $	à	6 000 $
Sac, 2 couleurs	750 $	à	1 500 $
Ligne d'emballage, selon le nombre	2 500 $	à	5 000 $ et plus
Publicité sur le lieu de vente (PLV)	1 000 $	à	3 500 $
Logotype (caractère personnalisé)	2 500 $	à	5 000 $ et plus
Publicité			
Thème de campagne	5 000 $	à	15 000 $
Panneau-réclame	1 500 $	à	3 000 $
Affiche extérieure	1 500 $	à	3 000 $
Annonce journal, 1 page	1 000 $	à	2 000 $
Annonce de périodique couleur, 1 page	1 000 $	à	5 000 $

La photographie

Le prix des photos varie énormément en fonction de la complexité de l'image à réaliser. D'autant plus si la photo nécessite les services d'un mannequin, voire d'une vedette ! Parfois, on facturera un montant forfaitaire qui correspond à une séance.

LES VEDETTES EN 2002

Voici les 20 personnages publics que la publicité met en scène au tournant de 2002. Ils sont listés selon l'ordre de préférence du public, un public jeune sans doute, car les humoristes occupent une bonne place. À noter que la popularité varie d'une saison à l'autre.

1. Élyse Marquis et Patrick Labbé pour Tim Hortons
2. Diane Lavallée, Rémy Girard et Marcel Leboeuf pour Le Choix du Président
3. Guy A. Lepage et Sylvie Léonard pour Ford
4. Normand Brathwaite pour Réno-Dépôt
5. Roc Lafortune pour Kia
6. Sophie Lorain pour Danone
7. Geneviève Brouillette pour Winners
8. José Théodore pour Gatorade
9. Julie Deslauriers pour Aéro
10. Isabelle Brossard pour Lu
11. Martin Matte pour Honda
12. Lise Dion pour Gadoua
13. Véronique Cloutier pour Suzuki
14. Peter MacLeod pour Labatt
15. Benoît Brière pour Bell
16. Sonia Vachon pour Tide
17. Pascale Montpetit pour AOL
18. Chantal Fontaine pour NeoStrata
19. Claude Meunier pour Pepsi
20. Michel Barrette pour Ultramar

Un photographe professionnel fera votre portrait pour 100 $. Une photo-concept relativement simple peut coûter de 1 000 $ à 2 000 $. Il n'est pas rare qu'une photo « composée » coûte 10 000 $ ou même 25 000 $... peut-être plus !

Une photo spéciale dans un cadre très spécial exigera au surplus des accessoires, des maquilleurs, des déplacements, etc. Tout cela se chiffre, comme c'était le cas pour le message télé. Imaginez alors combien coûtent les photos de mode prises sur un affluent de l'Amazone, et à quel prix revient la photo techno trafiquée de manière complexe...

Par ailleurs, il existe des banques de photos qui offrent des images à un prix abordable. Les trois principales sont : Getty Images (http ://gettyimages.com/), la plus grosse banque, rassemble 70 millions d'images colligées par des professionnels depuis le début du siècle, dont celles de The Image Bank ; Corbis (http ://corbis.com/), propriété personnelle de Bill Gates, gère un fonds de 68 millions d'images, dont celles de la fameuse agence Sygma, des Archives Bettman et de Stock Market ; Hafimage (http ://www.hfnm.com/), seule banque française, est la troisième en importance et comprend 40 millions d'images, notamment les photos des agences de presse Gamma, Keystone et Rapho. Mais seul un petit pourcentage des images de ces banques est numérisé et accessible par le Net.

Il en coûte de 100 $ à 500 $ pour un usage éditorial (une revue, par exemple) ; mais le prix est fonction de l'utilisation. Pour un usage publicitaire, il en coûtera peut-être 2 000 $ ou plus, selon le nombre de médias utilisés et l'envergure de la campagne. Ces images sont déjà numérisées, ce qui évite du travail à votre graphiste et vous épargne quelques dollars.

Mais rien n'est plus agréable que de travailler avec un photographe en qui vous croyez. Le fameux photographe Henri Cartier-Bresson disait : « La compilation d'une banque d'images, aussi fournie qu'elle soit, n'égalera jamais un travail d'auteur. » En effet, contrairement aux banques d'images existantes, avec le photographe-collaborateur, vous obtiendrez la photo convenant parfaitement à votre concept. Au surplus, le photographe expérimenté pourra **améliorer votre idée de départ**.

Prenons la couverture du présent livre. Un hameçon sur un fond rouge. Nous avons passé trois heures en studio avec le photographe Alain Desjean pour réussir une photo parfaite ! Plus le concept est simple, plus il faut y mettre du temps afin d'obtenir une image parfaite, qui rend toutes les nuances, qui donnera du punch à l'idée de départ. Un photographe professionnel ne fait pas qu'appuyer sur un bouton ; c'est plutôt un magicien qui utilise la réalité pour l'interpréter **selon sa vision**. Le véritable travail du photographe s'effectue *avant* qu'il appuie sur le bouton. Un bon photographe vous fait voir sur papier photo ce que vous voyiez dans votre tête – et davantage encore.

Il est important de connaître plusieurs photographes, car chacun a son style et sa façon de travailler. Selon le type de publicité que vous voudrez produire, vous pourrez choisir celui qui convient le mieux à votre projet.

Vous avez désormais une meilleure idée des coûts de création-production. Grâce à la description des médias faite dans le prochain chapitre, vous serez en mesure de bien choisir le média qui servira le mieux votre objectif.

Vous savez maintenant ce que ça coûte et vous avez décidé du montant que vous dépenserez en publicité. Examinons maintenant comment structurer le contenu de vos messages.

UNIVERSITÉ DE MONTRÉAL
COSSETTE COMMUNICATION MARKETING

Pause publicitaire

PLAYSTATION
TBWA GGT SIMONS PALMER

LES CRAYONS BIC
TBWA HUNT LASCARIS

Chapitre 6

Quoi dire et comment le dire ?

Dans ce chapitre, on vous explique comment sont créés les messages publicitaires. Vous apprendrez comment toucher la corde sensible des consommateurs ciblés. Vous apprendrez également à reconnaître les principales caractéristiques d'un bon message.

Le génial Michel-Ange, qui a peint le *Jugement dernier* dans la chapelle Sixtine au Vatican, priait ainsi : « Seigneur, faites que j'aie toujours plus de désirs que je puisse en réaliser. » Tous les publicitaires aimeraient que les consommateurs aient le même souhait : ils voudraient connaître les désirs cachés des consommateurs et réveiller ces désirs en jouant sur ce qu'ils appellent les motivations.

Quand on a précisé son objectif, il reste à trouver quoi dire pour que cet objectif soit atteint, et aussi comment le dire. La communication de masse, pour être persuasive, doit s'appuyer sur la psychologie, qui a répertorié les motivations humaines, et sur la pratique publicitaire, qui a mis au jour la plus efficace structure de base des messages.

L'axe motivationnel

Le contenu du message doit être « motivationnel ». Cela signifie que chaque message doit toucher une corde sensible de l'âme humaine. Ayez l'humilité de l'avouer : votre produit ou service intéresse peu le consommateur, même votre consommateur cible naturel. Comme le faisait remarquer le philosophe Gaston Bachelard, « l'homme est une création du désir, non pas une création du besoin ». Ce qui le motivera (effectivement !), ce sont les avantages que peut lui donner votre produit ou service, présenté de manière à **réveiller le désir**.

Ces façons d'éveiller le désir, les publicitaires les appellent les motivations. Puisque les humains sont toujours les mêmes, les motivations sont elles aussi toujours les mêmes. On peut les répartir en quatre groupes :

- celles qui répondent aux besoins physiologiques ;
- celles qui répondent aux besoins de sécurité ;
- celles qui répondent aux besoins relationnels ;
- celles qui répondent aux besoins d'autoréalisation.

Les motivations qui peuvent constituer un axe

Besoins	**Motivations**
Besoins physiologiques	
• Combler la faim, la soif	• Le plaisir des sens
• Éviter les excès de chaleur et de froid	• La paresse
• Éviter la fatigue	• Le plaisir sexuel
• Fuir la maladie	• Le jeu, l'exercice
• Le confort physique	• La beauté
Besoins de sécurité	
• Assurer son minimum vital : logement, etc.	• Posséder des biens
• Résoudre des problèmes	• Comprendre le milieu
• Fuir les objets effrayants	• Construire et inventer
• Maintenir un environnement connu	• Améliorer son décor
Besoins relationnels	
• Éviter les conflits	• L'amitié et l'amour
• S'intégrer à un groupe social	• L'ambition, le pouvoir
• Se conformer aux valeurs du groupe	• L'imitation, le snobisme
• Relation dominant/dominé	• L'indépendance
	• L'ordre
	• Le dévouement
	• La liberté
Besoins d'autoréalisation	
• Éviter les complexes	• La connaissance
• Respecter son identité, son idéal	• S'exprimer
• Éviter la peur, la culpabilité	• Relever des défis
	• L'intelligence
	• Établir son échelle de valeurs
	• Intégrer son ego dans l'univers...

Une bonne campagne de publicité s'appuie toujours sur l'une ou l'autre de ces motivations. La difficulté est d'en **choisir une seule, la bonne.** C'est ce que l'on appelle « l'axe motivationnel », l'axe sur lequel s'appuient toute la démonstration, l'argumentation. Si vous pouvez trouver la bonne motivation, vous pourrez persuader.

Il est possible que deux ou trois motivations s'appliquent à votre produit ou service. Mais sachez reconnaître **la motivation la plus motivante**, si on peut dire ; les autres ne seront invoquées qu'accessoirement. Une compagnie d'assurances montre dans sa publicité de jeunes enfants qui jouent. Le titre de cette publicité : « Les laisseriez-vous sans toit ? » On joue alors sur les motivations d'amour et de dévouement de la cible pour l'intéresser au produit, mentionnant au passage le « coût minime » de cette assurance. C'est machiavélique !

La motivation principale, on la retrouve donc dans le titre-accroche. On n'aura recours aux autres que dans l'argumentation, et peut-être même seulement sous une forme allusive. C'est la motivation principale qui constitue le thème d'une campagne.

Le thème de la campagne

Le thème de la campagne est la forme concrète et succincte de l'argument principal, de la motivation clé. C'est aussi le thème qui sollicite l'attention des cibles, des consommateurs naturels. **Le thème constitue la première et la plus importante attaque persuasive.**

CONFRONTATION

Le Jeune Loup
Il faut garder vif l'intérêt de ses cibles, et ce n'est pas en usant un thème jusqu'à la corde qu'on maintient leur intérêt. Il faut donc, à l'intérieur d'une même stratégie, constamment renouveler le thème. Par exemple, on peut conserver la même structure d'annonce mais décliner l'idée en une variété de messages, comme le fait Bell avec Monsieur B. Je crois cependant que le moment est venu pour Bell de concevoir un dernier message télé de 30 secondes dans lequel Monsieur B. nous lancerait un dernier « Bye ! ».

Le Gourou
Un thème doit être utilisé tant qu'il n'est pas usé, surtout s'il s'est montré efficace. Pourquoi abandonner un cheval gagnant ? Il est rare que les cibles se lassent d'un bon thème de campagne, car peu d'entreprises disposent d'un budget de diffusion suffisant pour l'user auprès des cibles. La majorité des cibles n'auront été exposées au message que quelques fois.

Un thème est conservé pour au moins un an, et plus longtemps s'il produit encore les effets escomptés. Après quoi on songera à le changer, mais ce n'est pas une obligation. Et même là, si l'on a mis le doigt sur la bonne motivation, le nouveau thème constituera tout au plus une nouvelle formulation de la même motivation.

Prenons l'exemple de la Fédération des producteurs de lait du Québec. Son budget de diffusion atteint les cinq millions par année. Normand Brathwaite a répété pendant cinq ans : « Le lait, franchement meilleur ! » Et 99 % des Québécois savaient que c'était le thème de la Fédération. Pourquoi l'abandonner ?

Plusieurs grandes marques utilisent le même thème de campagne depuis longtemps avec un succès non négligeable. La vodka Absolut met en scène la forme distinctive de sa bouteille depuis plus de 20 ans, tandis que Benetton mise sur son concept de United Colors depuis 1984.

Il arrive même qu'un thème devienne un slogan, la plupart du temps intégré à la signature même de l'entreprise. C'est ainsi que chez Zellers « Le prix le plus bas fait loi, tous les jours ! », que chez Jean Coutu « On trouve de tout même un ami », que la 6/49 « Ça change pas le monde… sauf que », que Canadian Tire « C'est toujours le bon magasin », que « Avec Alcan, les idées prennent forme », que « Air France fait de l'air le plus bel endroit de la terre » et que General Motors a « Des idées qui font du chemin ». Ces affirmations ne sont pas des thèmes de campagne mais des slogans permanents auxquels se greffe le thème.

Une chose est sûre : si l'axe motivationnel est bon, on y colle indéfiniment. Le cow-boy Marlboro demeure le thème de cette cigarette **depuis 1954**. Et la marque Marlboro est devenue la première aux États-Unis avec près de 20 % du marché, son plus proche concurrent étant Winston avec 12 %. Voilà une persévérance qui paie.

La structure de base (AIDA)

Pour créer un message efficace, il faut s'appuyer sur des balises claires, soit la stratégie de création, et lui donner une structure éprouvée, la plus connue étant AIDA.

Une bonne stratégie de création doit définir clairement cinq points, ce que l'on appelle le « tremplin créatif ».

1. **L'objectif.** Qu'est-ce que ce message doit dire ? De quoi doit-on persuader les gens ?
2. **La cible.** Qui est le consommateur ou la consommatrice à qui l'on s'adresse ?
3. **L'axe motivationnel.** Quel bénéfice (la motivation) la cible retire-t-elle à acheter ce produit ?
4. **L'argumentation.** Quelles preuves convaincront la cible qu'elle obtiendra effectivement le bénéfice promis ?
5. **Le ton et la manière.** Quel ton (léger, dramatique, etc.) va-t-on adopter pour donner au produit une personnalité ? Quel ton est en conformité avec la comportementalité de la cible ?

Vos réponses à ces questions serviront à créer un bon message publicitaire, qui sera construit selon la structure éprouvée AIDA :

- A pour **A**ttention ;
- I pour **I**ntérêt ;
- D pour **D**ésir ;
- A pour **A**chat.

Cette façon un peu simpliste de résumer la complexité de la communication publicitaire est fort utile. Les éléments de base qui garantissent l'efficacité y sont.

Un bon message doit donc attirer **l'attention**, précisément celle de la cible visée (les autres, on s'en balance !). Pour cette raison, les messages publicitaires sont souvent remarqués pour leur originalité : image surprenante, couleur criarde, format gigantesque, espace dénudé, etc.

Mais ne nous fourvoyons pas : l'originalité, qui attire l'attention, crée la surprise, est la première qualité d'un message publicitaire, mais **première dans le temps seulement, et non en importance**. Un message trop original par son contenu ou par sa forme embrouille la communication. Quand l'originalité s'affirme au détriment de la communication, cela produit le « vampirisme de la création ». En publicité, l'important est bien sûr d'arriver à persuader.

Un bon message doit de plus éveiller **l'intérêt**, c'est-à-dire solliciter la curiosité, l'envie d'en savoir davantage. Cet intérêt est le plus souvent éveillé par le titre-accroche. On doit retrouver dans ce titre l'ingrédient essentiel de l'axe motivationnel, cette saveur qui saura ébranler le raisonnement, toucher le cœur.

Un bon message doit encore exacerber **le désir** en permettant d'imaginer le plaisir qu'on tirera du produit ou du service. L'argumentation visuelle ou textuelle, logique ou affective, fera en sorte que l'objet sera convoité.

Un bon message doit enfin inciter à **l'achat**, c'est-à-dire provoquer l'action. La conclusion du message fait habituellement ce travail en présentant l'ultime argument, en offrant une prime, en mentionnant une date limite ou en adoptant un ton impératif.

La boucle est bouclée. La mouche est bien choisie, elle est mouillée, la proie mord, le poisson est ferré. Si vous savez maîtriser cette structure élémentaire, elle vous servira d'outil pour faire de la bonne publicité. Le surplus, c'est de la virtuosité réservée aux initiés.

« Vivre » la création publicitaire

Le domaine de la création publicitaire est un univers fascinant vu de l'extérieur, un univers qui comporte aussi son lot de frustrations pour celui ou celle qui exécute ce travail. Présentement, vous lisez une page remplie d'idées. Au départ, l'auteur se trouvait devant une page blanche. Il a dû réfléchir, circonscrire son propos, taper des mots pour ensuite les effacer, en retaper d'autres qui finalement semblaient avoir plus de sens. Satisfait de sa prose, il est allé au lit. À son réveil, il s'est aperçu qu'il était devant une page qui ne communiquait absolument pas ses vues sur le sujet. Il est vrai qu'il avait consommé quelques verres de rouge qui ont sans doute instillé au texte une valeur précieuse à ses yeux endormis de la veille. « Ce texte va révolutionner le monde de la pub ! » s'était-il dit. Mais, une fois sa lucidité revenue, le découragement l'a envahi. Il a tout effacé et recommencé ! Pour se réconforter, il s'est dit qu'il y avait des choses bien pires que ça qui se passaient dans le monde…

Voilà en quelque sorte ce que le concepteur publicitaire vit quotidiennement quand il se consacre à la création publicitaire. Ses remises en question sont continuelles. Au surplus, il encaisse les critiques de ses collèges et par-dessus tout, les critiques sans merci de ses clients. Sans compter que le concepteur publicitaire n'a pas le privilège de signer son œuvre en bas à droite. Ce privilège appartient uniquement à la marque. Et cette marque appartient au client. C'est donc ce dernier qui décide si le concept vit ou meurt.

Alors, si vous êtes ce client, soyez réceptif, ouvert d'esprit devant le travail du concepteur. Comprenez que le professionnel qui se tient devant vous, maquette à la main, ne cherche qu'à apporter une touche d'originalité à votre image de marque, une touche qui permettra à votre produit de se distinguer.

Le domaine de la création publicitaire regroupe plusieurs formes d'art : le cinéma, la musique, la littérature, la photographie, l'illustration, le design, etc. Si vous voulez faire de la bonne création, il est essentiel que vous vous intéressiez à tous ces domaines. Soyez curieux et intéressez-vous à l'avant-garde artistique. Ne vous contentez pas des tendances qui inondent les médias. Allez plutôt chercher votre inspiration au musée, au théâtre, à un concert, dans un bouquin, dans des revues internationales. Ainsi, en vous exposant à des réalités nouvelles, vous serez en mesure de pousser votre réflexion plus loin et de trouver un positionnement créatif unique pour votre marque.

C'est vrai, il faut être au courant de ce que la concurrence produit comme matériel publicitaire, mais il ne faut surtout pas s'en inspirer. Le consommateur d'aujourd'hui est très critique et il est devenu beaucoup plus individualiste dans son processus d'achat ; il recherche une originalité et une authenticité dans les produits et services qu'il utilise. Il s'identifie donc à des marques qui reflètent sa volonté de sortir de l'ordinaire, du déjà vu. Voilà pourquoi vous devez être à la hauteur de ses rêves en concevant des campagnes publicitaires percutantes, qui ont du mordant et qui détonnent. Ne soyez pas gentil et aseptisé dans votre création. Autrement dit, n'utilisez pas le rose et le gris comme couleurs, mais plutôt le noir et le rouge ! Pensez-y bien, chacune des publicités qui ont contribué à bâtir les grandes marques avaient toutes un point en commun : la provocation au sens large du terme.

Par ailleurs, la création ne doit pas simplement être présente dans vos publicités mais dans tous les secteurs de votre entreprise ; de la réceptionniste qui gère les appels jusqu'à la forme de votre carte professionnelle, en passant par les outils de vente que distribuent vos représentants ! Si toutes les réceptionnistes sont des femmes, engagez un homme. Si tous les représentants insèrent leur documentation dans un cahier à anneaux, outillez les vôtres de cédéroms interactifs. Si toutes les cartes professionnelles qu'on vous remet sont rectangulaires, commandez-en des carrées ou même des rondes ! Vous devez faire intervenir la création partout, sans jamais avoir peur du ridicule. Si vous ne le faites pas, la concurrence le fera à votre place. L'avenir appartient aux gens d'idées qui sauront faire les choses autrement.

Parler simplement et directement

Tout bon message doit être concocté dans un langage (visuel autant que verbal) simple et direct. La communication de masse ne peut fonctionner dans les subtilités : ça va trop vite, c'est trop court et ça s'adresse à trop de gens trop distraits !

Donc, évitez les jeux de mots simplistes, de même que les images ambiguës ; dites ce que vous avez à dire. Fuyez les clichés. Soyez percutant. Pour ce faire, vous pouvez recourir à un visuel qui dit tout et y ajouter quelques mots. Misez sur le visuel ; après tout, une image vaut mille mots.

Les publicités basées sur la typographie peuvent également être percutantes. La ligne de texte doit être courte et choc ! Bill Bernbach, ce célèbre concepteur-rédacteur des années 1960, disait : « L'écrivain se préoccupe seulement de ce qu'il écrit. Par contre, le concepteur-rédacteur doit se préoccuper de ce qu'il écrit mais par-dessus tout, de ce que le consommateur comprend et retient de ce qu'il écrit. »

Comme l'a démontré le linguiste George Zipf, les mots les plus courts, les plus simples et les plus polyvalents sont les plus utilisés. **Et les plus efficaces.** Dans cet esprit, un texte doit comprendre 75 % de mots de une ou deux syllabes.

C'est la même chose pour les images. Les mots-images (appelés iconèmes) les plus simples (photos), les plus dépouillés (schématiques) et les plus polyvalents (stéréotypes) constituent encore les meilleures images en communication.

Malheureusement, il n'est pas si simple d'être simple… Il faut souvent travailler fort pour arriver à un message qui se signale par sa simplicité. C'est difficile d'épurer suffisamment son travail pour faire ressortir l'essence du message. La bonne publicité se fait avec un X-acto. Donc, coupez tout ce qui n'est pas nécessaire à la compréhension de votre message. Plus votre concept sera simple, dépouillé, pur, plus les consommateurs s'attarderont à votre publicité.

CONFRONTATION

LE JEUNE LOUP

Actuellement, la mode est aux publicités constituées seulement d'un visuel et d'un logo. Nous sommes dans une ère puriste, une ère où les consommateurs aiment se faire stimuler les méninges. Votre titre ne doit jamais expliquer le visuel ; faites plutôt réfléchir votre public sans jamais prétendre qu'il est moins intelligent que vous. Plus le consommateur s'attarde à votre concept, plus la marque de votre produit est assimilée dans son esprit. L'être humain veut comprendre ce qui l'entoure ; alors, n'hésitez pas, soyez subtil, prévoyez plusieurs niveaux de lecture dans vos messages publicitaires.

LE GOUROU

On doit parler « gros et direct » pour être facilement compris de tous. Ce qui est « communicativement » bon pour le populo l'est aussi pour l'intelligentsia. À preuve, cette recherche réalisée par le docteur Turk auprès de 1 580 scientifiques. On leur a présenté deux textes d'une page sur « l'effet de l'adrénaline sur l'agressivité ». Un des rapports était écrit par un prétendu docteur Brown et l'autre, par un supposé docteur Smith. Les deux textes énuméraient les mêmes arguments, comportaient le même nombre de mots techniques et présentaient les mêmes conclusions. Par contre, le texte du docteur Smith était écrit dans un style universitaire, alors que celui du docteur Brown appliquait les règles de la communication efficace : mots simples, phrases courtes, etc. Résultat : les deux tiers de ces 1 580 scientifiques, pourtant savants, trouvaient le texte simple plus lisible et les trois quarts estimaient davantage l'auteur du texte simple.

Les messages recherchés, délicats, raffinés, n'ont pas leur place en publicité. L'esprit qui s'en dégage peut donner cette allure raffinée (si votre produit est sophistiqué), mais la structure de base doit être simple.

Le titre

Le titre peut interpeller la cible directement : « À vous qui êtes friand de spaghetti, voici enfin une sauce pur bœuf plus légère. » Le titre doit surtout transmettre le contenu de l'axe motivationnel de manière parfaitement compréhensible. Et le faire en sept mots, dans une typographie facilement lisible. C'est beaucoup demander à un titre, mais c'est ça un titre publicitaire.

Il est vrai que l'on peut recourir à autant de mots qu'il faut pour dire l'essentiel à nos cibles. Si l'axe est intéressant et si la structure syntaxique est appropriée, le titre retiendra les cibles jusqu'à la fin, qu'il contienne 10 ou même 20 mots. Il faut quand même savoir que la mémoire immédiate ne peut retenir que sept ou huit unités d'information, lesquelles représentent tout au plus une douzaine de mots.

L'argumentation

À l'aide de toutes les ressources de la rhétorique persuasive, l'argumentation doit emporter l'adhésion (des lecteurs, ou de ceux qui regardent s'il s'agit d'une image). Cette rhétorique fait appel à la démonstration rationnelle aussi bien qu'au charme. Elle fait appel aux figures de style aussi : la répétition, l'exagération, la comparaison, l'ellipse, l'accumulation, la rime, etc.

Il faut décrire le produit de manière générale et en présenter les particularités. Il faut prouver. Pour ce faire, il faut amener des témoins, faire parler des chiffres, offrir une garantie... Au surplus, il faut trouver le mot juste et utiliser des verbes plutôt que des adjectifs.

Textes rendus plus persuasifs

Vocabulaire approximatif	**Vocabulaire juste**
Faire de la publicité	Rédiger ou diffuser de la publicité
Boucher un trou	Obturer un tuyau, colmater une brèche
Beaucoup de clients satisfaits	352 clients satisfaits
Lavez vos dents souvent	Brossez vos dents quatre fois par jour
Une odeur qui dure longtemps	Une odeur qui dure 48 heures
Adjectif	**Verbe**
C'est bon marché	Coûte seulement 19,95 $
C'est rapide	Monté en 90 secondes
Résistant	Vous l'utiliserez encore dans huit ans
La nappe sans repassage	Vous ne repasserez plus cette nappe
L'ordinateur portable	Le bureau qui vous suit partout

Il ne faut pas oublier non plus que toute l'argumentation peut se faire avec des images aussi bien qu'avec des mots.

La conclusion

Faire une conclusion, c'est résumer de manière rapide et brillante ce que l'on vient de dire. Cette dernière phrase, qui doit être comme un conseil ou un dicton, doit être choisie minutieusement. Le dernier mot doit être comme un coup de poing final.

C'est aussi dans la conclusion que l'on propose son argument ultime : une offre ponctuelle (quantités limitées, date limite, etc.) ou le rappel d'une occasion spéciale (fête des Pères, fin des classes, etc.).

Évidemment, l'adresse de l'entreprise et son numéro de téléphone viennent clore le tout.

6 trucs pour rendre un texte promotionnel plus intéressant

- Augmenter le nombre de majuscules, en utilisant des noms propres, des mots porteurs d'intérêt humain, ou en faisant une phrase par idée.
- Ajouter du soulignage, du gras, de l'italique.
- Écrire les nombres en chiffres pour apporter de la précision et pour rendre le décodage plus rapide.
- Multiplier les signes de ponctuation autres que la virgule et le trait d'union : ! ? ( ) " : ; etc.
- Faire usage des symboles du clavier : # ¢ $ &, etc.
- Rédiger de courts paragraphes, coiffés d'un intertitre si possible.

Une image ou un texte ?

Question : « Est-il vrai qu'une image vaut 1 000 mots ? » Réponse : « Une image vaut plus que 1 000 mots quand on doit montrer un objet, mais le mot vaut 1 000 images quand il s'agit de défendre une idée. » Bref, à chaque langage sa spécialité. Cela étant dit, il faut tout de même admettre que les gens aiment mieux les images et qu'elles constituent un moyen de communication rapide comme l'éclair.

L'image passionnelle

On peut résumer ainsi les qualités de l'image : elle est universelle, intuitive, individualisante, synthétique, concrète et instantanée.

L'image est un langage pratiquement **universel.** Pas besoin de savoir lire pour la comprendre ; pas même besoin de parler la même langue que son concepteur. Des pays comme la Suisse, où il y a quatre langues officielles, y recourent abondamment : les affiches quadrilingues ne fonctionneraient pas. Dans cette période de mondialisation, l'image est certainement l'outil idéal pour qu'une publicité s'exporte partout dans le monde.

Intuitive, l'image est un langage qui joue beaucoup au niveau de l'inconscient. Un peu magique, elle trouble facilement les esprits. L'image est un langage intuitif ; on ne sait pas trop comment elle fonctionne, mais elle fonctionne.

L'image présente toujours un objet individuel et particulier, c'est pourquoi on la dit **individualisante**. On ne peut pas dire qu'elle montre un humain, mais bien *cet humain-là*. Ce n'est donc pas elle qui peut exprimer une famille d'objets. Les communicateurs expérimentés savent cela : pour les « magazineurs », les « consulteurs de circulaires », l'image, c'est la réalité ; ils s'attendront à retrouver exactement en magasin le produit montré dans une publicité. Pour cette raison, les publicitaires formulent de plus en plus souvent cet avertissement : « Le produit en magasin peut différer légèrement du produit illustré. »

L'image est un langage **synthétique**. Elle exprime 1 000 choses à la fois. Une image est si riche en informations qu'il devient pratiquement impossible d'isoler les éléments sur lesquels on veut insister. L'image d'une auto parle à la fois de sa forme, de sa couleur, de sa dimension, des matériaux avec lesquels elle est construite, des objets autour, et de bien d'autres choses encore. L'image parle un langage **concret**. Devant la photo d'un juge, on verra un juge bien plus facilement que « la justice ». Devant l'illustration d'un bœuf, on verra un bœuf plutôt que « les bovins ». Il faut savoir cela quand on veut transmettre une information générique.

Finalement, l'image, c'est l'outil de la communication **instantanée**. L'essentiel est compris en un quart de seconde. Quelle rapidité ! Et les images s'impriment dans la mémoire : il est démontré qu'on peut être exposé à 10 000 images par semaine et se les rappeler presque toutes.

Le texte rationnel

Le texte, quant à lui, est un langage culturel, généralisant, analytique, abstrait, logique et temporel.

Le texte est un langage **culturel**, il est compris en fonction du milieu culturel du lecteur. Un mot aussi répandu que « dispendieux » fait prétentieux et rare en France : pour les Français n'existe que le mot « cher ». Il faut donc s'assurer que le rédacteur est issu du même milieu que ses destinataires.

Desjardins a misé sur le bagage culturel des Québécois dans une campagne datant de 1997. En jouant avec la maxime bien connue des Québécois « Né pour un petit pain », les publicitaires l'ont transformée en un argument positif, « Né pour un gros pain ». Le thème réussit à surprendre ; il attire l'attention tout en exprimant clairement une promesse de prospérité.

Le texte est **généralisant** et englobant. Avec le texte, il est facile de parler « des hommes » ou « du beau temps » en général. Mais on est incapable de faire une représentation parfaite avec un texte : impossible de faire le portrait-robot d'un criminel recherché avec des mots seulement.

Le texte est **analytique**, car il permet de différencier des éléments. C'est ainsi que le langage distingue sept couleurs dans l'arc-en-ciel : le violet, le bleu, le vert, le jaune, l'indigo, l'orangé, le rouge. Mais, quand on voit un arc-en-ciel, est-on capable de dire où finit le vert et où commence le bleu ? Difficilement ! D'ailleurs, y a-t-il bien sept couleurs ? N'y en a-t-il pas plutôt cinq ? ou douze ? Le spectre est continu.

Le texte est un langage **abstrait**. Demandez à 10 personnes de décrire la chaise que vous avez en tête ! En fait, cette chaise est « abstraite » (si l'on peut dire), bien qu'elle ait les **caractéristiques générales d'une chaise** : un plateau, quatre pieds et un dossier.

Le texte est le langage de la **logique**. Avec le texte, on peut faire des enchaînements de cause à effet, alors que deux images côte à côte n'expriment que la juxtaposition. On peut aussi faire des déductions, des extrapolations, bref, on peut raisonner (si bien d'ailleurs que certains ne font parfois que résonner...).

Le texte exprime facilement des informations **temporelles**. Alors que l'image dit « il y a ici et maintenant », le texte peut dire « il était une fois... » ou « en 1937... ». Le texte a aussi besoin de temps pour véhiculer son message. Un bon lecteur lit quelque 500 mots à la minute. C'est beaucoup, mais il lui faut quand même une minute pour les lire ! Un texte est un énoncé linéaire : contrairement à l'image qui se lit instantanément, le contenu d'un texte se structure **au fur et à mesure qu'on le lit**. Par ailleurs, un message publicitaire d'une minute qui doit être lu à haute voix ne peut guère contenir plus de 100 mots. Et 100 mots, c'est peu.

Des messages « bilingues »

En communication, on a besoin de recourir à des messages « bilingues », des messages qui marient texte et image. C'est la solution habituelle. Dans ce cas, le texte donne surtout les informations temporelles, tandis que l'image se charge des informations spatiales.

Donc, l'image décrit. Elle joue sur le mode rhétorique pour toucher, charmer, emporter l'adhésion affective. Elle exprime le **quoi**.

Le texte donne les dates et fournit d'autres renseignements strictement temporels, les conditions qui constituent la démonstration. Le texte donne le **pourquoi**. Il travaille sur le plan de l'argumentation logique.

Selon la tâche poursuivie, le texte ou l'image jouera un rôle dominant. Ainsi, pour un objet nouveau, l'image est absolument nécessaire. De même s'il s'agit de présenter une ambiance, une aura très spéciale et difficile à définir, l'image jouera un rôle de premier plan. S'il s'agit à l'opposé d'idées à défendre, d'une argumentation serrée pour faire pencher la balance, le texte prendra la vedette.

Les gens instruits ont davantage besoin d'arguments rationnels, donc de texte. Mais tout le monde succombe à la magie de l'image.

Les images sans mots

Actuellement, à cause de la transnationalité des marques et des communications, de la dictature des prix accordés à la création et de l'engouement du consommateur pour l'originalité, les publicités perdent leurs mots ! Elles brillent de plus en plus par l'image et par l'absence de texte. Ce mouvement minimaliste est présentement très prisé des créatifs.

Une bonne publicité est celle où le spectateur fait son propre bout de chemin. Lorsqu'un consommateur regarde une telle publicité, il étudie quelque peu l'image pour ensuite saisir la subtilité qui lui donne tout son sens. Le spectateur, en comprenant l'idée, sera séduit par l'intelligence du concept et l'associera à la marque affichée.

Aujourd'hui, le consommateur est de plus en plus sollicité par les marques et dispose de moins en moins de temps pour en saisir l'essence : deux secondes pour une annonce publiée dans la presse et trois secondes pour une affiche. Dans ce laps de temps si court, il peut difficilement décrypter un visuel, une accroche, un logo et un texte d'argumentation (une *body copy* comme on dit parfois dans le milieu). De plus, le consommateur moderne est très différent de celui de naguère. Moins naïf, il connaît les règles et les manipulations de la pub ; il est plus mature et beaucoup moins influençable. Voilà pourquoi la publicité doit être moins descriptive et plus séduisante. Et quoi de plus séduisant que les images !

Ce n'est pas seulement le consommateur qui a évolué en ce sens mais également l'annonceur. Celui-ci a compris que, pour avoir plus d'impact sur le public, il devait privilégier la « coconstruction ». Alors, lorsque le consommateur doit user de son jugement et de son intelligence pour comprendre une publicité, il sent qu'il contribue à bâtir le message avec l'annonceur. Par conséquent, il s'associe davantage à la marque.

CONFRONTATION

LE JEUNE LOUP

À propos de la « coconstruction », je cite le professeur Ghiglone, de l'Université de Nanterre, qui fut l'un des premiers psycho-socio-linguistes à étudier la communication politique. La « coconstruction » affirme qu'un message doit être conçu non seulement par celui qui parle mais aussi par celui qui en prend connaissance. En publicité, la maturité du consommateur et de l'annonceur laisse entendre qu'ils sont capables de construire ensemble un discours persuasif.

LE GOUROU

Je pense que c'est une belle théorie quand le public est instruit. Quand on doit s'adresser à une large masse de consommateurs, il faut réduire ses espérances… Nous savons aujourd'hui, à la suite d'une enquête de l'OCDE (*L'Illétrisme*, 1997), que plus de 40 % de la population est « analphabète fonctionnelle ». Aussi, peu de publicitaires chevronnés se risqueraient aujourd'hui à diffuser une annonce avec un long texte… ou à miser sur la subtilité spirituelle d'un auditoire.

Les mots ont encore leur place en pub, mais ils jouent un rôle différent. Ils ne doivent jamais expliquer un visuel. Celui-ci parle de lui-même ! Ils doivent être complémentaires à l'image et, si nécessaire, la renforcer intelligemment. La force du rédacteur publicitaire est de véhiculer une idée avec le moins de mots possible. « *Less is more* », disait le grand architecte moderniste Mies Van der Rohe. Le rédacteur publicitaire doit avoir le réflexe d'utiliser davantage sa gomme à effacer que son crayon. Lorsqu'il voit que le visuel s'exprime sans mots, il doit avoir l'honnêteté de ne pas en rajouter dans le seul but de justifier son travail. Mentionnons toutefois que la publicité de marketing direct ou celle dans Internet, souvent plus descriptives, peuvent miser davantage sur les mots. En revanche, lorsque vous concevez une annonce de presse ou une affiche, soyez minimaliste et utilisez davantage votre gomme à effacer que votre crayon !

DOMINANTE IMAGE/TEXTE

Précisez ici l'importance relative et le rôle que vous voulez donner au texte et à l'image.

Texte

____

____

____

Image

____

____

____

Les 7 qualités d'une bonne image

On peut se demander quelles sont les qualités d'une bonne image publicitaire. Car, de manière générale, il y aura une image ; il est quasi impossible de construire un message publicitaire efficace sans recourir à une image. Voici les sept qualités qui font qu'une image publicitaire est efficace.

1re qualité : elle est conforme à l'objectif. L'image choisie doit correspondre à l'objectif de communication fixé. Outre son originalité ou sa beauté (qui sont des qualités allant de soi), sa première qualité est sa conformité avec l'objectif de communication : elle doit dire ce qu'il faut pour persuader. Pour cela, elle doit toucher chez les cibles visées les cordes sensibles qui ont été définies à l'aide de la stratégie. L'image doit très précisément traduire **l'axe motivationnel** (de manière plus englobante, on dit aussi axe communicationnel). Si, pour des raisons de provocation, elle est décalée par rapport au message principal, on doit y adjoindre un élément unificateur, soit dans le titre ou ailleurs.

2e qualité : elle est simple et classique. L'image choisie doit être simple, facile « à lire ». On doit utiliser l'image la plus dépouillée possible, celle qui représente ce qui doit être représenté, rien de plus. L'image doit être composée d'objets connus. De composition classique, elle sera symétrique et aura un seul point focal fort (l'endroit où l'essentiel du message est livré).

3e qualité : elle est photographique. Idéalement, l'image est une photo. Par contre, selon le message publicitaire véhiculé, l'illustration peut convenir. Malgré les apparences, il est souvent difficile de se procurer une photo qui dit exactement ce qu'il faut dire. Il faut parfois faire de grands efforts et délier les cordons de sa bourse pour obtenir la photo idéale. Mais il faut éviter la facilité : comme l'ont montré les recherches Starch, 98 % des annonces les plus efficaces recourent à la photo. C'est parce que **seule la photographie jouit d'une crédibilité persuasive**.

4e qualité : elle représente des personnes. Seules des personnes – en particulier des visages – réussissent à provoquer l'intérêt humain. Les personnages de la photographie permettent aux cibles visées de s'identifier, de se voir dans la situation que l'on vante, de se projeter dans l'avenir. Faire rêver au produit ou au service, c'est déjà réussir une prévente.

5e qualité : elle doit répéter le titre

CONFRONTATION

LE JEUNE LOUP

L'image choisie ne doit pas redire ce que dit le titre. Il serait encore plus juste de dire que le titre ne doit pas répéter l'image. L'image doit vivre d'elle-même et le titre doit dire l'essentiel en restant simple, minimaliste et direct. L'image doit mener ailleurs, dire autre chose, faire rêver, distraire, faire sourire. La signature et le logo doivent « rasseoir » le tout pour que la communication soit efficace.

LE GOUROU

L'image doit redire à sa façon ce que dit le titre. Il serait encore plus juste de dire que le titre doit répéter l'image, car c'est l'image que les destinataires perçoivent d'abord. Croyez-moi, pour un large public, il n'est pas superflu que soit répété « l'argument principal de vente », qui a été défini comme axe de communication. L'image dit donc, sur un autre mode, l'essentiel du message.

6e qualité : elle occupe une grande partie de l'espace. L'image choisie doit être grande, car c'est elle qui ira chercher les cibles. Elle occupe généralement les deux tiers de l'espace, ou plus. Normalement, ce sont **les deux tiers supérieurs de l'espace.** Le titre suit, s'il y en a un, puis viennent l'argumentation sous forme de texte et la combinaison signature/logo (nom et adresse).

7e qualité : elle est techniquement parfaite. L'image choisie doit être parfaite. Ici, l'amateurisme n'a pas sa place. On ne peut se contenter d'une photo imparfaite, surtout qu'elle sera déchiffrée par **trois fois plus de cibles** que le titre même. Il est logique de dépenser plusieurs centaines de dollars pour une bonne photo quand on dépense plusieurs milliers de dollars pour la diffuser. L'image est la clé d'une campagne de publicité réussie. Lorsqu'une image publicitaire est ratée, la publicité elle-même est ratée.

Les 7 qualités d'un bon texte

Évidemment, il faut aussi rédiger un texte efficace. Un bon texte n'est pas plus facile à mettre au point qu'une bonne image. Un bon texte doit répondre à sept conditions.

1re qualité : il traduit l'objectif. Le texte doit être conforme à l'objectif de communication. Autrement, il n'est pas bon, aussi astucieux soit-il. Le texte doit donc viser précisément cette corde sensible, l'axe de communication. Il doit se mouler, techniquement et intimement, à la stratégie élaborée. Il ne peut venir de « nulle part », être trouvé « comme ça ».

2e qualité : il est concis. Le texte doit être le plus court possible, car les gens ne lisent pas (même pas les journaux auxquels ils s'abonnent !). Ainsi, un bon titre aura au plus **sept mots** ; c'est la limite de la mémoire immédiate. Il faut quand même dire clairement ce que l'on a à dire et éviter de présumer que le lecteur connaît le propos. En fait, s'il s'adresse à des personnes qui s'intéressent au sujet, le texte pourra être relativement long.

3e qualité : il est direct. Le texte doit exprimer clairement ce que l'on veut dire. Il vaut mieux même interpeller les cibles visées dans le titre. Par exemple : « Vous voulez changer d'auto ? » Par ailleurs, il ne faut pas user de circonlocutions : il vaut mieux dire « un hôpital spécialisé » qu'un « centre hospitalier surspécialisé ». Surtout, **il faut bannir les jeux de mots**, en particulier le double sens, qui dénotent peut-être l'intelligence du rédacteur, mais qui ne font qu'embrouiller la communication.

Parlons d'un mauvais exemple. En 1999, on voit apparaître, un peu avant Pâques, des publicités aux couleurs pastel comportant lapins, brebis et poussins. Plusieurs personnes ont pensé qu'il s'agissait de publicités pour les œufs Cadbury, lesquelles reprennent ces éléments depuis des décennies à cette période de l'année. Puis, les consommateurs ont fini par comprendre qu'il s'agissait de publicités pour les nouveaux mouchoirs Scotties. « Pourquoi des lapins et des poussins ? » se sont-ils demandé. Ils ont finalement saisi l'allusion des jeux de mots (faciles !) « Moelleux à plein mon poussin », « Moelleux à fond mon mouton ». Quel détour ! Pourquoi ne pas dire simplement et directement que les nouveaux mouchoirs sont plus moelleux ? En somme, un décodage ardu et trop de suppositions rendaient cette campagne difficile à comprendre.

Voici maintenant une campagne créative allant droit au but. Lebeau vitres d'autos affiche à l'arrière des autobus au printemps 2002 : « Les cracks du pare-brise. Lebeau. » Ce court texte, tout simplement. Direct. Pertinent.

4e qualité : il est vendeur. Le texte doit proposer un argument « vendeur », c'est-à-dire **quelque chose d'alléchant que les concurrents ne disent pas.** C'est encore plus important lorsqu'il s'agit d'une annonce promotionnelle.

À ce propos, il est souhaitable de faire des énoncés concrets et précis : « 4 654 amateurs satisfaits » est mieux que « des milliers de consommateurs » ; « une économie de 232,50 $ » est plus vrai que « des centaines de dollars ». À ce sujet, certains mots-accroches ne s'usent pas : « Nouveau ! », « Enfin ! », « Commençant le... », « Gratuit ! », « Comment... », « Pourquoi... », etc.

5e qualité : il est simple. Le texte doit être rédigé dans un langage très simple. La plupart du temps, les 2 500 mots du français de base suffisent à tout dire (avez-vous buté sur les mots « polysémique » ou « iconème » que nous avons utilisés précédemment ?). Les mots qui servent le mieux la communication sont les mots les plus courts et les plus polyvalents, qui sont aussi les plus utilisés et les plus connus. Les phrases doivent être courtes aussi : 12 mots en moyenne.

6e qualité : il parle à la tête et au cœur. Le texte doit toucher le cœur autant que convaincre l'intelligence. Il faut jouer de motivation, faire appel aux désirs bien humains qui sommeillent en chacun, désirs de progrès, de jeunesse, d'abondance, de beauté, de confort, de facilité, de vitesse, de nouveauté, de luxe, d'exceptionnel. Parfois, l'appel au dépassement de soi que ressent toute personne constitue aussi une motivation puissante : l'amour altruiste, le chemin de la sagesse, le dénuement, la liberté, le développement des connaissances et de l'intelligence, l'appel à la prudence et à la conscience, et d'autres valeurs nobles. Mais toujours, il s'agit de la recherche du bonheur

7e qualité : il conclut. Le texte doit se terminer par une conclusion qui résume de manière percutante et qui **invite à l'action immédiate.** Pour cela, on doit imposer des conditions limites : « Prix garanti jusqu'au 1er décembre », « Jusqu'à épuisement des stocks », « Prime gratuite si vous achetez avant le... », etc.

Rappel

Les conditions qui assurent que **votre image et votre texte** formeront un message efficace.

Le texte		**L'image**	
Il traduit l'objectif.	___	Elle est conforme à l'objectif.	___
Il est concis.	___	Elle est simple et classique.	___
Il est direct.	___	Elle est photographique.	___
Il est vendeur.	___	Elle représente des personnes.	___
Il est simple.	___	Elle répète le titre.	___
Il parle à la tête et au cœur.	___	Elle occupe une grande partie de l'espace.	___
Il conclut.	___	Elle est techniquement parfaite.	___

2 armes dangereuses

Examinons maintenant les deux tactiques publicitaires qui ont la faveur des incompétents : le sexe et l'humour. Monsieur et madame Tout-le-Monde chérissent le produit de ces tactiques, mais le publicitaire professionnel sait que ce sont des armes dangereuses. Lorsqu'elles sont mal utilisées, elles peuvent produire l'effet contraire de celui recherché. Par conséquent, le publicitaire y recourt en de rares occasions. Pour celui qui veut faire sa publicité soi-même, elles sont à bannir.

Le sexe

Il est sûr que le sexe est une motivation puissante. Steven Heller, directeur artistique au *New York Times* et directeur de la maîtrise à la School of Visual Arts de New York, titre ainsi l'introduction de son dernier livre : « *Sex sells !* » Oui, le sexe vend ; il en a toujours été ainsi. Les fameuses pin-up de la Deuxième Guerre mondiale ont rapidement envahi la publicité. Les femmes comme les hommes sont aujourd'hui sollicités par des images érotiques. Comme pour l'avortement ou la peine de mort, les citoyens sont divisés sur ces questions : le sexe doit-il vraiment servir à vendre n'importe quoi ? Jusqu'où peut-on aller en matière d'images érotiques ?

Une certaine « sexualisation » peut certes servir de moteur motivationnel dans beaucoup de domaines publicitaires, en particulier quand les cibles sont jeunes. Mais il arrive aussi que certaines marques misent sur le sexe à outrance. En tout état de cause, les publicitaires reconnaissent aujourd'hui que les destinataires se rappellent bien davantage la beauté blonde que la marque qu'elle était censée imprimer dans les esprits.

Désormais, ce n'est plus « le charme » qui est le centre de la publicité érotique, mais la nudité. Et on n'a encore rien vu en cette matière ! Les images publicitaires montreront des corps de plus en plus torrides, s'adonnant à des activités de plus en plus explicitement génitales.

Le sexe suscite invariablement l'intérêt, mais il ne persuade pas à coup sûr, ce qui est pourtant l'objectif de la publicité. Tout dépend du domaine d'activité de l'annonceur : les produits de beauté ou les sous-vêtements justifient le recours aux images érotiques, ce qui n'est pas le cas des électroménagers, de la machinerie lourde ou du matériel électronique.

La recherche a montré que les images érotiques attirent davantage l'attention (des mâles, en particulier) mais qu'elles brouillent la communication, diminuent la mémorisation et nuisent à la persuasion. Sans compter que le recours cucul aux plantureuses jeunes filles – même sur les calendriers destinés aux mécaniciens – peut provoquer chez un large public des réactions négatives. Pensons aux femmes qui luttent contre l'usage abusif de l'image du corps féminin, aux pudibonds, et aussi aux gens plus distingués. L'important dans ce genre de publicité, c'est de savoir évaluer jusqu'où ne pas aller trop loin.

L'humour

Ce dingue (ou Dong) de Meunier pour Pepsi et ce brave Monsieur B. pour Bell ont réussi des coups de maître. Mais un peu comme pour le sexe, il n'est pas sûr que l'humour, même de bon goût, réussisse à motiver les cibles.

La recherche a montré que 94 % des publicitaires pensent que l'humour est efficace pour attirer l'attention, mais seulement 24 % croient qu'il est plus persuasif que les messages sérieux. Alors, si l'humour est inefficace, pourquoi les publicitaires y recourent-ils si souvent ? Parce que l'humour permet de dire ou de montrer des choses irrecevables autrement ; il permet même d'annoncer quelque chose sans que ça ait trop l'air d'une publicité. Mais l'humour en est-il vraiment quand il frôle la provocation en jouant violence ou pipi-caca ?

Par ailleurs, l'humour implique les destinataires quand il joue au second degré : il faut avoir de l'intelligence pour comprendre avec un clin d'œil ce qui est affirmé au premier degré. Et comme les gens sont de plus en plus vifs d'esprit, l'humour joue parfois au troisième degré. Le public cible doit alors comprendre que c'est une publicité pour un produit même si le message a l'air de n'en être pas ; en effet, il se moque même parfois de la publicité, joue de l'autodérision. Le publicitaire astucieux pense gagner des clients en les rendant complices. La connivence fonctionne alors si bien qu'on se met à décliner les messages en une série interminable, comme c'est le cas avec Monsieur B.

Disons que l'humour est une technique publicitaire qui séduit les milieux populaires, les jeunes en particulier et davantage encore les jeunes mâles, comme la recherche l'a montré (et les publicitaires sont d'accord). L'humour est délicat à manier si l'annonceur veut vanter un bien coûteux, comme une maison, un objet très personnel, comme un parfum, ou très délicat, comme un médicament ou même un service financier.

Bien sûr, les bonnes blagues sont amusantes. Mais elles sont rares et, surtout, elles s'usent vite. Ce qui fait rire dans l'humour, c'est la surprise. Or, qui a vraiment envie de rire de la blague qu'il entend pour la cinquième fois ? Aussi, s'il veut recourir à l'humour, l'annonceur doit avoir les moyens de renouveler continuellement ses publicités, ce qui exige de bons budgets… et de bons concepteurs.

Vous savez maintenant quoi dire dans un message publicitaire et comment le dire. Nous allons maintenant voir sommairement comment les techniciens produisent ces messages en vue de leur diffusion dans les médias.

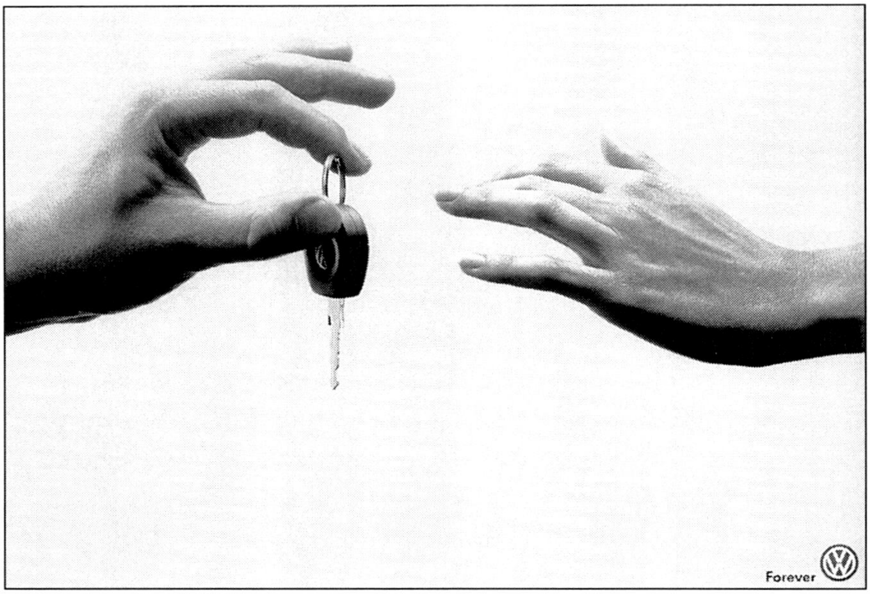

POUR TOUJOURS
VOLKSWAGEN
ALMAP BBDO

MCDONALD'S
PALMER JARVIS DDB

CANADIAN GYPSUM COMPANY
AMEN

Pause publicitaire

Chapitre 7

Les médias

Dans ce chapitre, la nature et l'usage des médias sont expliqués. Les critères qui vous permettront de choisir judicieusement les médias pour votre campagne de publicité sont également définis.

Groucho Marx, du célèbre trio comique du cinéma muet, philosophait sur les moyens modernes de divertissement : « Je trouve que la télévision est éducative : chaque fois que quelqu'un l'ouvre, je m'en vais lire un livre dans une autre pièce. » Ce type de comportement agace celui qui investit en publicité. Dans ces temps de *zapping*, que pouvez-vous encore apprendre pour mieux utiliser les médias ?

D'abord, vous devez choisir les médias à partir de critères objectifs. Les deux plus importants sont la nature du média (voir le chapitre 4), et son prix-auditoire. Ensuite, vous devez faire ce choix soigneusement : vous y dépenserez peut-être 80 % de votre budget publicitaire. Il importe donc que vous connaissiez à fond les critères qui vous permettront de faire un choix optimal.

Le jugement sur les coûts

Le coût n'est pas le premier critère quand vient le moment de choisir un média. Le critère le plus important demeure celui qui prend en compte la stratégie. C'est donc à la stratégie que vous devez accorder l'importance primordiale.

Il n'en reste pas moins que l'argent est un critère, difficile à établir celui-là. La carte des tarifs d'un média ne suffit pas, d'autant plus que, ces récentes années, les tarifs sont fluctuants et largement négociables. Néanmoins, tout le monde admettra que, si personne ne la voit, l'annonce publicitaire à 100 $ est **plus chère** que celle à 1 000 $ qui se fait remarquer.

Par ailleurs, même la publicité valant 1 000 $ publiée dans un périodique est encore trop chère si seulement un petit pourcentage de vos cibles est atteint.

Pour porter un jugement valable sur le coût, nous disposons de trois critères : l'auditoire, l'unité de mesure, le coût par mille (CPM) et les points d'exposition brute (PEB).

L'auditoire

Le premier facteur à considérer est l'auditoire, qui diffère du tirage dans le cas d'un journal ou d'un périodique. L'auditoire, c'est le nombre de personnes atteintes par un média : deux ou trois personnes peuvent lire le même exemplaire du journal.

La confirmation ABC

Le tirage, c'est le nombre de copies imprimées… qui ne sont pas nécessairement vendues. Hélas ! Le tirage est le critère le plus simple pour juger des coûts d'un imprimé.

Mais le tirage n'est plus le seul critère objectif permettant de porter un jugement sur un imprimé. Pour cerner un public cible, les agences disposent maintenant d'outils de plus en plus perfectionnés, comme NADbank ou PMB, qui s'appuient chacun sur des échantillons de 20 000 répondants. Ces outils permettent de préciser la cible non seulement selon des variables sociodémographiques, mais aussi selon des données psychographiques et de consommation. Évidemment, le tirage reste un indicateur important. Cependant, plus le nombre de lecteurs par exemplaire est élevé, moins la publication est lue avec intérêt (parce que le contenu rédactionnel est moins spécifique à chacun).

Le tirage est parfois vérifié par un organisme indépendant appelé ABC (Audit Bureau of Circulation) ou d'autres organismes similaires, comme CCAB (Canadian Circulation Audit Board), PVC (Publications Verification Service) et PMB (Print Measurement Bureau). Vous serez certain que le représentant média ne gonfle pas son tirage s'il vous confirme qu'il est certifié par ABC (le sceau ABC hexagonal est imprimé quelque part dans le journal) ou par un autre organisme. Pour dire vrai, aucun publicitaire ne considérera une publication sérieusement sans une confirmation de tirage provenant d'une source indépendante.

Le coût des imprimés

Normalement, un journal qui est lu par 100 000 personnes vend 10 fois plus cher son espace publicitaire que celui qui est lu par 10 000 personnes. Insistons sur le *normalement*, puisque chaque journal a toute autonomie pour fixer son prix et que l'offre et la demande entrent en ligne de compte.

Prenons comme exemple l'édition montréalaise de l'hebdomadaire *Voir*, un des hebdos les plus lus au Canada. Selon la plus récente étude du Print Measurement Bureau (PMB) dont les résultats ont été dévoilés le 30 mai 2002, *Voir* a augmenté son lectorat de 16 %, passant de 346 000 lecteurs à 402 000. La quatrième de couverture coûte 6 375 $, une page coûte 4 860 $ et un format carte professionnelle, 470 $. Est-ce cher ? Cher par rapport à quoi ? Au tirage ? Au nombre de lecteurs ? Au public cible visé ? À la durée de vie de cet imprimé ? Tous les renseignements sur les tirages et les tarifs se trouvent dans le CARD (*Canadian Advertising Rates and Data*), une publication mensuelle à laquelle on peut s'abonner moyennant quelques centaines de dollars par année.

Expliquons comment évaluer le prix d'un espace à l'aide d'exemples tirés du CARD. *La Pensée de Bagot* tire à 13 222 exemplaires, *Le Saint-François* de Valleyfield, à 29 775 et *Le Courrier du Sud* de Longueuil, à 120 000. *La Pensée* coûte 0,66 $ la ligne agate, *Le Saint-François* coûte 1,18 $ (et pourrait coûter 1,48 $ par rapport à *La Pensée*) et *Le Courrier du Sud,* 2,94 $ (pourrait coûter 5,99 $ par rapport à *La Pensée,* soit deux fois plus cher). Mais n'est-ce pas *La Pensée* qui a fixé un prix psychologiquement acceptable (selon elle) de 0,66 $?

Les prix varient énormément d'une classe de médias à une autre. Le principe est le suivant : plus un média est spécialisé (ou touche des décideurs et la classe supérieure), plus le coût de l'espace est élevé. Plus un média rejoint une masse de gens importante, plus il peut se permettre d'augmenter son prix. En effet, les médias « de masse » atteignent des masses de moins en moins importantes, si bien que la possibilité de rejoindre d'un seul coup un nombre important de cibles prend de plus en plus de valeur. Pour 1 000 lecteurs, les hebdos régionaux coûtent en général deux fois plus que les quotidiens, et les revues spécialisées, **quatre à huit fois plus** que les quotidiens.

Prenons un exemple. Si vous achetez un espace dans le *Journal de Montréal,* il vous en coûtera 8,61 $ la ligne agate, soit 35,66 $ du 1 000 exemplaires étant donné que le tirage est de 262 000 (pour une annonce de la taille d'une page de la revue *Commerce*). La revue *Commerce* tire à 42 576 exemplaires. Comme elle vend sa page 4 920 $, il vous en coûtera environ 123 $ du 1 000 exemplaires, soit près de **3,5 fois plus cher** ! Mais est-ce plus cher ? Non, si seulement 10 % des exemplaires du *Journal* sont lus par des gens d'affaires, puisque pour ces 26 000 exemplaires, le CPM est de 356,60 $, soit près de **trois fois plus** que pour *Commerce.*

On distingue le tirage du nombre de lecteurs, en tenant pour acquis que la plupart des imprimés sont lus par plus d'une personne. Des recherches sont faites pour connaître le nombre de lecteurs par exemplaire ; on saura par exemple que telle revue compte 2,3 lecteurs par exemplaire.

La cote d'écoute selon BBM et Nielsen

Les tarifs de la radio se trouvent dans le CARD, mais on n'y trouve aucune information sur les auditoires. Ce sont les rapports Nielsen ou BBM (Bureau of Broadcast Measurement) qui fournissent des données sur les auditoires. Organismes indépendants, Nielsen et BBM évaluent les auditoires des médias électroniques et font paraître un rapport tous les trois mois. Ces rapports, dans lesquels se trouvent les fameuses cotes d'écoute, ne sont pas accessibles au grand public. Vous pouvez les consulter par l'entremise des agences de publicité ou des stations de radio et de télévision (quand on a le courage de vous les montrer !).

Depuis quelques années, BBM et Nielsen utilisent un audimètre branché sur les téléviseurs. Cet appareil calcule le temps que les téléspectateurs passent devant chaque chaîne. Grâce à cette technologie, BBM et Nielsen peuvent fournir des données sur l'auditoire le lendemain même de la diffusion d'une émission.

L'unité de mesure

Dans les médias électroniques, l'unité de mesure utilisée pour déterminer l'espace publicitaire est simple : c'est la seconde. Dans les journaux et les revues, ça se complique : on utilise la ligne agate. La ligne agate, c'est 1/14 de pouce (1,8 mm) de haut par la largeur de la colonne du journal ou de la revue en question. Par exemple, dans *Le Soleil* de Québec la largeur de la colonne fait 1 pouce ; dans le *Journal de Montréal* (et son jumeau, le *Journal de Québec),* elle fait 1 5/32 pouce.

Disons que vous réservez un espace de 5 pouces de haut (5 X 14 lignes agate) sur 2 colonnes, on dit « 2 par 70 » (70 lignes de haut par 2 colonnes de large, soit 140 lignes agate au total). Mais vous ne disposerez pas de la même surface dans *Le Soleil* que dans le *Journal*. Dans *Le Soleil*, vous obtiendrez 10 pouces (140 lignes agate divisé par 14 lignes agate au pouce) X 1 pouce de largeur de colonne, soit ±10 pouces carrés. Dans le *Journal*, vous disposerez de 10 pouces X 1 5/32, soit 11,5 pouces carrés, donc 13 % de plus. Pourtant, chaque quotidien vous facturera pour 140 lignes agate à un taux fixé en fonction du tirage.

Par ailleurs, pour compliquer encore le calcul, la largeur de la colonne ne se mesure pas en pouces mais en picas. Un pica équivaut **approximativement** à 1/6 de pouce (4,21 mm). Dans *Le Soleil*, la largeur de la colonne mesure 6 picas ; dans le *Journal de Montréal*, elle fait 6,94 picas. Heureusement, les principaux quotidiens travaillent à standardiser leurs mesures afin de faciliter la production du matériel de diffusion.

Le coût par mille (CPM)

Il a été question précédemment du coût par 1 000 exemplaires. C'est ce qu'on appelle en jargon des médias le « coût par mille » ou CPM. Le CPM, qui peut aussi faire référence au coût par 1 000 personnes rejointes, s'avère un outil de comparaison fort utile quand on veut choisir un média.

Faisons l'hypothèse que vous avez fait venir le représentant du *Journal de Montréal* et celui de la revue *Commerce* pour connaître leurs tarifs. Le représentant du *Journal* vous informe qu'il en coûte 8,61 $ la ligne agate pour un espace dans son média et celui de la revue *Commerce* vous précise que sa page (équivalente à environ 1 085 lignes agate) est vendue 4 920 $, soit environ 4,53 $ la ligne agate. *Commerce* serait donc 50 % moins cher ? Que non ! Le *Journal* rejoint 590 000 lecteurs et *Commerce*, 199 000. Donc, pour une ligne agate, le CPM du *Journal de Montréal* est de 1,5¢ et celui de la revue *Commerce*, de 2,3¢, soit 50 % **plus** cher.

La seule constante comparable demeure le CPM. Il faut donc obliger le représentant média à révéler son CPM. Outre le CPM, les caractéristiques de l'auditoire sont très importantes.

Les points d'exposition brute (PEB)

Un autre moyen d'évaluation est utilisé surtout pour les médias électroniques : les points d'exposition brute, ou PEB (on dit « points » tout simplement). Un point, c'est 1 % de la population ; 10 points, c'est 10 % de la population… ou 5 % de la population mais qui été atteinte deux fois (2 X 5 % = 10 %). Le PEB exprimé est celui de l'heure de l'émission où la publicité est diffusée. On utilise de plus en plus ce critère pour évaluer d'autres médias et, finalement, l'ensemble d'une campagne. Une campagne de 300 PEB par mois sera une campagne qui atteindra 75 % de la population **visée** (le groupe cible) environ 4 fois en moyenne, (4 X 75 = 300). Pour qu'une campagne dans un média électronique assure une pénétration suffisante, on estime qu'elle doit générer 250 PEB. Autrement dit, elle doit toucher toute la cible 2,5 fois ou 50 % de la cible 5 fois, ainsi de suite. En radio cependant, les PEB doivent être plus élevés, étant donné que le public est moins attentif que celui de la télévision.

Pour les grands annonceurs, disons que les seuils mensuels à atteindre en télé sont plutôt de 700 à 800 PEB pour un message. Par semaine, le poids peut varier de 100 à 500 PEB selon que l'on est dans la phase de lancement ou dans la phase de soutien.

Voyons l'effet produit en 1999 par une campagne radio de 600 PEB. Étalée sur deux semaines, cette campagne de Belair Direct avait pour but de promouvoir le site Web transactionnel de la société. La campagne a suscité un excellent taux de réponse ; à preuve, voyez à quel point le nombre de demandes de soumission a augmenté.

SOUMISSIONS

Date	Nombre de soumissions
Avant la campagne	
15 mars 1999	262
22 mars 1999	235
29 mars 1999	316
Début de la campagne	
5 avril 1999	3 263
12 avril 1999	4 361
19 avril 1999	2 651
26 avril 1999	1 698

LES ÉMISSIONS DE TÉLÉVISION LES PLUS REGARDÉES À L'AUTOMNE 2001

Cible visée	Émission	Points
Les femmes adultes	*Le retour*	44
Les hommes adultes	*Km/h*	30
Les adolescents	*Km/h*	40
Les enfants	*La fureur*	28

Les 5 médias de masse

Les cinq grands médias de masse sont : la télévision, la radio, le quotidien, le périodique et l'affichage. Chacun est régi par une association puissante qui impose des critères serrés à ses membres. Nous tenterons de caractériser chacun en fonction de sa sélectivité, de ses avantages, de ses désavantages et de son CPM.

La **sélectivité**, c'est la capacité d'un média à viser avec finesse les cibles choisies. Cette sélectivité peut être géographique, ce qui a un certain intérêt, mais surtout psychologique, ce qui est plus important. Autrement dit, quand vous connaissez la comportementalité de vos cibles, il convient d'opter pour le média qui permet d'atteindre ces cibles-là précisément.

Illustrons cela à l'aide de chiffres tirés de cartes de tarifs passées. Est-ce que la revue *Commerce* coûte cher ? Sa page couleur est à 4 920 $, tandis qu'il en coûte 3 444 $ pour 400 lignes agate en noir et blanc dans le *Journal de Montréal* (rappelons que le format d'une page magazine équivaut à 1 085 lignes pour 9 341 $). Bien sûr, le tirage du *Journal* est sept fois plus élevé. Mais si votre clientèle est constituée principalement de gestionnaires, quel média est véritablement le moins cher ?

Selon NADbank, 12 % des lecteurs du *Journal*, soit 72 200 personnes, sont des gens d'affaires ; selon PMB, 40 % des lecteurs de la revue *Commerce* en sont, soit 71 000 personnes. Le CPM « gens d'affaires » du *Journal* (pour un format magazine, soit 1 085 lignes) est donc de 129 $ et celui de *Commerce* de 69 $, soit près de deux fois moins cher.

La télévision

Média par excellence, la télévision permet à la fois l'image (animée et en couleur en plus !) et le son. Parce qu'il s'approche du réel, ce média est le plus persuasif. Au Québec, la recherche a montré que, si l'on demande à des gens de citer un message publicitaire intéressant, **90 % d'entre eux citeront un message télé**. Et 85 % des Montréalais se souviennent d'un message télé qu'ils ont vu au cours du dernier mois.

La télé jouit d'un grand prestige : même ceux qui « ne regardent pas la télévision » la regardent encore six heures par semaine ; ceux qui en sont friands, 49 heures par semaine. Plus de 80 % des Canadiens la regardent au moins quelques minutes chaque jour. Aux heures de grande écoute, entre 19 h et 23 h, autour de 40 % des citoyens sont devant leur téléviseur à tout moment.

Cependant, la télévision impose des contraintes lourdes. L'information qu'on peut diffuser est forcément réduite dans un message habituellement limité à 30 secondes, parfois même à 10 ou 15 secondes. Il faut réserver son temps d'antenne longtemps à l'avance, sans compter que les gros annonceurs accaparent les heures les plus intéressantes bien avant que les petits entrepreneurs songent même à s'y tailler une place.

La production d'un message télévision coûte cher aussi et gruge conséquemment une importante part du budget. La réglementation est compliquée, surtout si l'on prétend annoncer à Radio-Canada. Au surplus, les téléspectateurs font du *zapping* si un message ne les accroche pas dès les premières secondes. Seuls les plus grands annonceurs peuvent se permettre un barrage, soit la diffusion de la même publicité, à la même minute, à tous les réseaux.

La télévision n'est pas un média tellement sélectif : elle couvre un large territoire et un auditoire aux comportementalités diverses. Toutefois, la prolifération des chaînes oblige à relativiser cet énoncé : on peut de plus en plus cibler selon la comportementalité, les émissions traitant de plus en plus de sujets pointus qui répondent à un intérêt précis. Au Québec, si ce n'est déjà le cas, la télévision deviendra aussi précise en matière de comportementalité et de sélectivité que le magazine.

Pour atteindre les 1 600 000 téléspectateurs de *Juste pour rire* (l'émission la plus écoutée en français), vous payerez environ 20 000 $ pour une seule occasion. Seulement un pourcentage de ces téléspectateurs, peut-être 15 %, ont la comportementalité visée. Vous penserez payer 11,76 $ pour 1 000 personnes, mais en réalité il vous en coûtera 78,43 $ **pour 1 000 personnes qui vous intéressent vraiment**, qui constituent vos cibles.

Il faut savoir en tout cas que le CPM pour un 30 secondes est de 8 à 10 $ pour une cible large, comme les adultes de 18 ans et plus. Le CPM aux heures de grande écoute est plus élevé. Par conséquent, un 30 secondes coûte quelque chose comme 5 000 $ pour une seule diffusion à une heure de grande écoute (*prime time*) à CFTM de Montréal.

Une bonne émission « tire » de 15 à 20 PEB. Les meilleures tirent 30 PEB, très rarement davantage. Atteindre 700 PEB constitue une bonne campagne (80 % de la population aurait vu le message en moyenne 9 fois). Une telle campagne coûte près de 150 000 $. Au Québec, des campagnes de grande notoriété, comme celles de Provigo, de

Bell ou de General Motors, exigent 1 000 PEB ou plus (pratiquement tout le monde aura vu la publicité 10 fois et plus), ce qui coûte environ un demi-million.

Retenez qu'une campagne de six messages par semaine à chaque poste d'un marché pendant trois semaines produira un excellent impact. Le score de notoriété d'un message sera deux ou trois fois plus élevé que celui produit par la radio. Mais prenez garde, la télévision n'est pas un média d'apprenti.

6 conseils pour réaliser un message télé efficace

1. **Dites l'essentiel avec l'image.** En télévision, l'image est la clé du succès. Même les professionnels mettent trop l'accent sur les mots. Les téléspectateurs retiennent ce qu'ils voient **et non ce qu'ils entendent**. Ils devraient comprendre le message, même s'ils ont fermé le son.
2. **Intégrez à l'image un plan clé.** Les messages de télévision sont souvent trop denses. Les réalisateurs venus du cinéma excellent à produire des messages étourdissants, ils veulent trop en mettre. Il faut produire un message simple, **qui dit l'essentiel dans un plan clé**. La télévision appelle la simplicité.
3. **Peaufinez les 5 premières secondes.** À la télévision, on dispose de cinq secondes pour capter l'attention. Après ce court laps de temps, l'intérêt décroît ou tombe carrément. Il faut recourir à la « nouveauté » et au dramatique dans les cinq premières secondes ; après, il est trop tard.
4. **Véhiculez une seule idée, celle de l'axe choisi.** Durant les 30 secondes que dure une pub télé, on ne peut dire que trois choses : le nom du produit, le bénéfice, la preuve. Ça finit là. En 10 secondes, on se limite au nom et au bénéfice. Au plus, 60 mots de 7 lettres.
5. **Insistez sur le nom.** On devrait **mentionner le nom de l'entreprise ou du produit plusieurs fois** au cours d'un message de 30 secondes, tant visuellement que verbalement. Ne le mentionner qu'une seule fois dans la signature est insuffisant.
6. **Montrez des humains.** Il ne suffit pas de montrer un produit. Il faut ajouter de **l'intérêt humain** autour des objets. Faire appel à des personnes connues (même peu connues) donne un tour familier et engageant au message.

La radio

La radio est un média intimiste. Chaque animateur tente d'établir un contact personnel avec l'auditeur. La radio est présente dans la plupart des foyers à tout instant du jour et elle est omniprésente dans l'auto. Ses auditoires sont beaucoup plus spécifiques, chaque station visant un public particulier conforme à sa personnalité. Les auditeurs sont fidèles à leur antenne.

Il s'agit d'un média relativement bon marché. Le CPM radio est légèrement moins élevé que celui de la télévision. Un message de 60 secondes coûte a peu près l'équivalent de 125 lignes agate dans un quotidien. Cela est-il plus ou moins efficace ? Bien des variables sont à considérer. En tout cas, la radio est un média relativement souple : on peut y annoncer à quelques heures d'avis.

Par contre, la communication radio est fragile, car les auditeurs sont continuellement distraits. L'œil, le principal organe qui saisit l'information, n'est pas touché. Sans compter que le son est volatil ; vous le savez, « les écrits restent et les paroles s'envolent ». Aussi **doit-on recourir à la répétition avec la radio.**

Le CPM radio est de 6 à 8 $ pour un 60 secondes.

6 conseils pour réaliser un message radio efficace

1. **Sollicitez l'imagination.** Utilisez des bruits, des voix et des musiques **inattendus** pour stimuler l'imagination des auditeurs.
2. **Mariez-vous aux événements.** La radio permet de s'adapter aux événements. Faites référence dans vos messages aux modes, aux nouvelles, à la température, etc. On peut profiter de la tempête de neige pour vendre des pneus à neige, ou de la canicule pour vendre des climatiseurs.
3. **Choisissez la radio pour vous adresser aux adolescents.** Les adolescents ne feuillettent pas les journaux et regardent moins la télé que lorsqu'ils étaient enfants. La radio reste le seul moyen d'atteindre les jeunes, car elle diffuse la musique qu'ils aiment. Mais chaque chaîne n'en rejoint qu'un petit pourcentage.
4. **Choisissez la radio pour vous adresser aux travailleurs.** Considérée comme le média des heures de pointe, la radio est un excellent moyen de rejoindre les travailleurs qui se rendent au boulot ou en reviennent. Et ils sont captifs dans leur auto ou dans le bus.
5. **Utilisez les vedettes du poste en direct.** Les animateurs vedettes de la radio sont aimés de leur auditoire. Utilisez-les pour faire des messages en direct (*remotes*) ; ceux-ci produiront un effet accru.
6. **Multipliez vos messages.** La radio exige un fort taux de répétition. Il faut donc prévoir et produire **plusieurs messages** pour ne pas ennuyer les auditeurs.

Le journal

Pour les petits entrepreneurs, le quotidien est un média intéressant qu'il faut tout de même savoir manier avec discernement.

Plus de 60 % des Canadiens consultent régulièrement leur journal quotidien. Les gens instruits s'y intéressent plus que les autres. Et ces chiffres vont en décroissant. Les Québécois sont friands de leur hebdo, ce qui les distingue des autres Canadiens.

Le journal est un média souple. Il permet tous les formats, de même que la couleur, offrant ainsi un rendement accru : un quart de page coûtera 100 % plus cher si l'on y ajoute une couleur, mais la publicité sera remarquée **par 50 % plus de lecteurs** ; une pleine page coûtera environ 35 % de plus avec une couleur. En fait, le coût d'une couleur est fixe, peu importe le format de la publicité.

À noter que le lecteur peut prendre le temps qu'il veut pour lire le message.

Le journal permet une assez bonne sélectivité géographique. Il en va autrement de la sélectivité psychologique : les lecteurs sont indistincts sur le plan de la comportementalité.

Comparativement aux magazines, la qualité de reproduction des images est mauvaise. Autre inconvénient : on ne peut exiger un emplacement précis à l'intérieur du journal, sinon en y mettant le prix. Par exemple, vous pouvez exiger que votre publicité paraisse dans une page en particulier, mais vous payerez un surplus variant entre 25 et 40 % (ce qui ne vous donnera pas nécessairement le droit d'annoncer n'importe quoi dans les pages culturelles). Vous ne savez donc habituellement pas où votre annonce tombera ni comment elle se défendra contre celles qui l'entoureront. Certains journaux offrent quelques emplacements très spéciaux à un tarif très spécial, comme les « oreilles » (petite pub de coin de page) ou le bandeau dans le bas de la une, pour autant que la publicité y paraisse une fois par semaine pendant 13 semaines.

Le CPM « lecteurs » pour une pleine page est de 20 $ au *Journal de Montréal* et de 60 $ à *La Presse*.

Les périodiques

Plus de 80 % des Canadiens lisent au moins un périodique chaque mois. Chaque exemplaire est lu par huit personnes. Chacun y consacre trois séances. Chaque lecteur lit en moyenne huit magazines par mois. On estime la durée de vie d'une revue hebdomadaire (oui, hebdomadaire !) à un mois. Celle d'un mensuel, à trois mois. Au Québec, 45 % des périodiques viennent de l'étranger.

Le périodique permet les publicités de prestige où l'image suggestive joue un rôle important. Les lecteurs constituent un auditoire privilégié : ils ont *choisi* leur revue. Souvent, ils la choisissent autant pour les annonces que pour le contenu éditorial.

Certaines revues sont d'intérêt général, comme *Châtelaine* et *L'actualité* ; d'autres sont spécialisées, comme *Commerce* ou *Info Presse*. Les revues peuvent se spécialiser de deux façons : selon la fonction ou l'intérêt de leurs lecteurs. *Commerce* est une revue spécialisée selon la fonction de ses lecteurs : ce sont tous des gens d'affaires qui ont des champs d'intérêt divers (la bonne bouffe, les placements, la gestion, les congrès, les produits de luxe...). *Info Presse* est une revue spécialisée selon l'intérêt de ses lecteurs ; ceux-ci sont des gens d'affaires, des étudiants, des créateurs publicitaires, des professeurs, etc., mais ils s'intéressent tous à la publicité. Soyez conscient de cette nuance.

Donc, si la sélectivité géographique de la revue périodique laisse à désirer, sa sélectivité psychologique est excellente. Il existe des revues pour les comptables, les garagistes, les restaurateurs, les amateurs de voilier, les croque-morts, les vendeurs de vêtements. Des revues parlent de bonbons ou de produits de beauté, de rideaux ou de remèdes, de cadeaux ou de quincaillerie...

Le périodique est toutefois un média contraignant, en particulier parce que les échéances sont lointaines (souvent deux mois avant la date de parution). Il faut bien admettre aussi que la compétition entre annonceurs est féroce : **40 % (souvent plus) d'une revue est occupé par la publicité.**

Le CPM va de 25 $ à 75 $ pour une page, selon que la revue est plus ou moins spécialisée. Ce qui fait tout de même près de 3 000 $ pour une page couleur dans *Safarir*, 4 400 $ pour une page dans *Fille d'aujourd'hui* et 15 400 $ pour une page dans *L'actualité*.

6 conseils pour réaliser une annonce imprimée efficace

1. **Dites l'essentiel dans le titre.** Le titre doit dire l'essentiel de votre message, y compris le nom du produit et le bénéfice promis. Retenez que **80 % des lecteurs n'iront pas plus loin que le titre.** Une bonne façon de vous entraîner consiste à étudier les titres des articles de *Sélection*.
2. **Précisez vos cibles dans le titre.** Touchez vos cibles par le titre. Si vous visez les femmes au travail, dites-le : « Vous qui êtes une femme au travail ! » Cela augmente les possibilités que votre publicité soit lue par vos cibles.
3. **Misez sur les titres longs.** La recherche a démontré que les titres longs - autour de 20 mots - vendent plus que les titres courts. Attention : ils vendent plus mais ne construisent pas nécessairement une meilleure image de marque. Ils sont sans doute parfaits pour la promotion.
4. **Employez la photographie.** Il est prouvé que l'on se rappelle davantage les photos (26 % plus) que les illustrations. La photo fait plus vrai, elle est plus crédible que les dessins artistiques.
5. **Ajoutez toujours une légende à la photographie.** On lit deux fois plus les légendes que le texte d'argumentation. La légende doit donc constituer une argumentation en soi.
6. **Assurez-vous que le texte est lisible.** Un texte blanc sur noir, plus difficile à lire, doit être évité. C'est parfois intéressant sur le plan esthétique, mais les consommateurs ne le liront pas. Pour la même raison, on ne doit jamais intégrer un texte dans une photo.

L'affichage

L'affichage est sans doute le plus vieux média du monde. Depuis quelques années, c'est le seul média (avec Internet, bien entendu !) en progression. L'affichage a connu plusieurs développements ; de nouveaux joueurs ont fait leur entrée dans le marché, ce qui a amené une multiplication des produits et services. Il serait trop long d'énumérer tous les produits offerts ; ces quelques exemples suffiront à vous prouver l'ampleur de l'offre…

Dans le domaine de l'affichage extérieur, il y a Viacom (Mediacom) et Astral Affichage (Omni), spécialisés dans les panneaux verticaux, de même que Pattison-Urbanoscope, spécialisé dans les panneaux rétro-illuminés. Pattison vend aussi de la publicité sur les supports de vélos installés au centre-ville de Montréal. On trouve encore Métromédia Plus, qui se spécialise dans l'affichage sur les autobus, sur les abribus et dans le métro (cependant, tous les grands de l'affichage extérieur offrent aussi des panneaux sur les abribus). Zoom Média et NewAd Media se spécialisent, quant à eux, dans l'affichage dans les toilettes des bars, des universités, des centres sportifs et des restaurants. Nommons finalement Euromobile, Impact Média et PR Média qui offrent le service de panneaux mobiles sur camions circulant dans la ville.

Le panneau-réclame est un média délicat à maîtriser : on doit concevoir **un message complet, facile à comprendre et déchiffrable en quelques secondes**. En effet, ce message est destiné à l'automobiliste qui pourra n'y jeter qu'un coup d'œil. C'est le média le plus sélectif sur le plan géographique : on peut choisir les emplacements un à un.

Étant donné son message compact, ce média peut impressionner de façon durable. Un panneau standard mesure 10 pieds sur 20. Cette surface de 200 pieds carrés permet de passer un message facilement assimilable.

Le panneau-réclame est surtout installé dans les marchés relativement gros. On en trouve très peu dans les agglomérations de moins de 10 000 habitants. Ils sont présents dans 400 localités au Canada.

Un panneau-réclame à Montréal tire en moyenne 7 PEB par semaine et coûte très approximativement 2 000 $ par mois, temps minimal de location. Pour atteindre 175 PEB par semaine à Montréal, il faut louer 30 panneaux pour un budget de 50 000 $ par mois.

5 conseils pour réaliser un panneau-réclame efficace

1. **Parlez « gros ».** Le panneau-réclame n'est pas un média subtil : on doit parler fort et gros. Une idée simple, directe et provocante ; un titre court et en caractères énormes. À 300 mètres, les lettres doivent avoir 30 centimètres de haut pour être lisibles. Pour vous donner une idée de la réalité, réduisez votre esquisse à une largeur de 15 cm.
2. **Misez sur l'essentiel.** Si votre image veut tout dire, abstenez-vous d'y ajouter du texte. Signez avec votre logo, c'est tout.
3. **Optez pour une image simple, un texte bref.** Utilisez une seule image, qui sera cadrée serrée de surcroît pour produire un effet gigantesque. Votre titre devra compter sept mots ou moins (pas de place pour de l'argumentation ailleurs que dans le titre même).
4. **Privilégiez les couleurs primaires.** En plus du noir et du blanc, utilisez les couleurs élémentaires. Puis, en à-plat, le bleu, le rouge, le vert et le jaune. Point. Les couples suivants produisent le meilleur contraste : noir sur jaune, bleu sur blanc, vert sur blanc et blanc sur bleu. Attention toutefois : les textes ne doivent jamais être imprimés pâle sur foncé.
5. **Jouez la spécificité.** Le panneau-réclame permet la spécificité. Mentionnez un nom de personne, de ville, une date, une direction. Des exemples : « 2 km devant vous : McDonald's » ; « Ne manquez pas la sortie ! St-Hubert ».

Les autres médias

On l'a vu, il y a cinq grands médias de masse. Ces cinq grandes associations de médias sont d'accord pour consentir à l'agence une réduction de 15 % sur les sommes qu'elle investit pour son client. Vous comprendrez que l'agence a un parti pris : il est plus payant pour elle de vous recommander un de ces grands médias.

Mais bizarrement, cette réduction ne lui est consentie que pour les annonces publicitaires « nationales », c'est-à-dire celles des clients qui ont des activités sur plus d'un marché. Le client local paie 15 % moins cher… et l'agence n'obtient aucune réduction pour ces placements-là.

Certaines agences s'intéressent peu aux médias qui sont peut-être les plus utiles aux petites entreprises. Parmi ces médias, pensons à l'identification visuelle, l'enseigne, le publipostage, la publicité par Internet, la présence sociale, la commandite, la sollicitation téléphonique, le dépliant publicitaire, l'hebdomadaire et la communication interne.

L'identification visuelle

Même si ce n'est pas un média à proprement parler, le premier média sur lequel vous devez miser est l'identification visuelle de votre entreprise, appelée « image d'entreprise ». Par image d'entreprise, on pense à sa signature graphique. L'image d'entreprise est le premier porte-parole d'une entreprise auprès du public. Aussi faut-il y consacrer un soin particulier.

Plusieurs dessinent eux-mêmes leur image d'entreprise, qu'ils appellent sans distinction symbole, logo ou sigle. Ne commettez pas cette erreur. Les quelques dollars épargnés sont importants si vous vous lancez en affaires, mais vous ne pouvez pas remplacer un graphiste, pas plus qu'un avocat peut remplacer un comptable.

Si vous voulez épargner, mandatez un jeune professionnel ou un graphiste en formation. Un jeune demandera peut-être le tiers ou la moitié du tarif professionnel moyen. On enseigne le graphisme dans plusieurs cégeps ou universités : Sainte-Foy, Sherbrooke, Ahuntsic, Dawson, Rivière-du-Loup, Jonquière, Laval, UQAM, etc. Certains de ces établissements d'enseignement disposent même d'un studio et offrent leurs services au public à prix dérisoire.

La force d'une image, c'est sa continuité. Il est donc important de partir du bon pied. C'est la plupart du temps **une erreur** de changer son image d'entreprise après quelques années. Même une signature-image qui n'est pas professionnelle ou qui ne répond plus à la nature de l'entreprise doit être larguée avec grande prudence. Souvent, il vaut mieux se contenter de l'adapter légèrement, de la rafraîchir. Ne croyez pas ce publicitaire amateur qui veut vous la changer carrément : l'image d'entreprise que vous avez depuis 10 ans, 5 ans ou même seulement 2 ans a une valeur marchande non négligeable.

Par ailleurs, une image d'entreprise doit toujours être identique, tant dans sa forme que dans sa couleur. Pas question, par exemple, de laisser le journal local la redessiner parce que vous n'en avez plus sous la main. Aussi faut-il toujours conserver sous la main des copies de bonne qualité, que le graphiste fournit sous forme numérique. La couleur employée sera constante, sinon vous exigerez du noir ou une couleur neutre (gris, beige).

L'IMAGE D'ENTREPRISE SOUS TOUTES SES FORMES

- Emblème ou symbole : graphisme plus ou moins arbitraire représentant une entreprise. Par exemple, le graphisme de Bell.
- Logotype : emblème ou symbole constitué à partir des caractères représentant le nom d'une entreprise. Par exemple, le GC du Groupe Cossette.
- Sigle : emblème ou symbole constitué à partir de une ou de plusieurs lettres tirées du nom d'une entreprise, souvent la première lettre de chacun des mots. Par exemple, le CN du chemin de fer Canadien National.
- Pictogramme : emblème ou symbole qui représente l'entreprise de manière figurative. Par exemple, le petit pâtissier Vachon.
- Symbole arbitraire : emblème ou symbole ayant été choisi arbitrairement pour représenter une entreprise. Par exemple, la pomme de l'ordinateur Apple.
- Signature : emblème ou symbole composé d'un logotype et d'un autre élément visuel (pictogramme ou élément arbitraire). Par exemple, la signature de l'Université Laval.

L'enseigne

L'enseigne, c'est un panonceau sur un immeuble. Elle porte l'identification visuelle de l'entreprise. Média non négligeable (pourtant souvent négligé), l'enseigne dirige vos clients actuels et signale votre existence à vos clients éventuels.

Si votre entreprise est située sur une rue relativement passante, votre enseigne a une valeur publicitaire de peut-être 10 000 $ par année. Trop de jeunes entrepreneurs laissent la conception de cet élément à des amateurs. Comme elle participe à la diffusion de votre image d'entreprise, il vaut mieux confier la réalisation de votre enseigne à un véritable professionnel, même s'il vous coûte 50 % plus cher qu'un novice. Un pro lui donnera la touche distinctive, celle qui vous démarquera effectivement de vos concurrents.

Vous disposez aussi d'une autre enseigne, itinérante celle-là: votre auto ou votre véhicule commercial. Ce support est trop souvent laissé vierge alors qu'il possède une valeur publicitaire comparable à celle du panneau-réclame. Il peut être créatif, provocant, promotionnel, exactement comme le serait un panneau-réclame. On devrait même le renouveler deux ou trois fois par année, même si cela coûte cher. Votre véhicule est un support d'une valeur de placement d'au moins 20 000 $. Exploitez-le.

Le publipostage

Un des premiers outils que vous devez mettre au point, c'est une liste de noms dans le but de faire des publipostages. Vous devez constituer cette liste – et la tenir à jour – à partir de vos clients potentiels ou actuels.

Un publipostage efficace coûte cher: peut-être 3 $ par destinataire. On dit qu'un excellent publipostage coûte aussi cher qu'un message à la télévision ou la vente personne à personne, ce qui est énorme, peut-être jusqu'à 50 $. C'est pourtant bon marché compte tenu du fait que le publipostage donne un excellent rendement. Parce qu'il vise exactement les cibles idéales, **le publipostage est parfaitement sélectif, aucun autre média ne l'est autant.**

Le publipostage vous permet aussi d'adapter votre langage aux cibles visées. Si vos cibles sont divisées en plusieurs listes, vous pouvez changer le message selon la liste. Avec l'ordinateur, vous pouvez même expédier une lettre personnalisée à chaque destinataire, avec son nom qui revient dans le texte, un argument adapté à un homme ou à une femme, etc. Vous serez ainsi plus persuasif.

Un bon publipostage contient au minimum quatre pièces: l'enveloppe d'envoi, une lettre (avec soulignement et signature autographe) aussi longue que quatre pages s'il le faut, un grand dépliant pleine couleur avec images et témoignages, une carte-réponse affranchie. Cette pièce affranchie nécessite un numéro de permis du Bureau de poste, mais vous payerez l'affranchissement (plus cher) pour chaque pièce retournée seulement.

Idéalement, vous copiez les méthodes des experts en la matière : *Sélection du Reader's Digest* et *Time-Life.*

Combien ça coûte ? À titre indicatif, pour un publipostage très simple de 1 000 exemplaires, on doit compter 1 500 $ pour l'impression, 200 $ pour les enveloppes, 300 $ pour le traitement de données, 300 $ pour la personnalisation des envois et 270 $ pour l'affranchissement. Ajoutez les taxes !

Cependant, il est désavantageux de n'expédier que 1 000 pièces. En effet, lorsque vous faites imprimer une pièce, les frais de base sont les mêmes, que vous en fassiez imprimer 1 000 ou 10 000. Ce qui fait la différence entre le prix pour 1 000 unités et celui pour 10 000, c'est simplement le prix de l'encre et du papier. Dans le même sens, le coût pour personnaliser vos envois est de 300 $ pour 1 000 et de 30 $ du 1 000 supplémentaire : personnaliser 10 000 pièces ne vous coûtera que 600 $. Il devient donc intéressant de produire de grandes quantités.

Un courtier en listes postales peut vous être utile. Il compile pour vous une liste de cibles idéales, vous conseille sur la mise au point de votre publipostage, s'occupe de l'adressage et de l'expédition. Cherchez les coordonnées de ces courtiers dans les Pages Jaunes sous la rubrique « Adressage ».

L'enveloppe « omnibus » de bons de réduction s'avère une possibilité intéressante si vous ne disposez pas d'une liste d'envoi. En vous associant à des entreprises comme Distribution postale Premier Choix, vous pouvez faire un envoi postal ciblé géographiquement (par zone postale). Ce genre d'envoi est effectué quatre fois par année ou plus, selon le fournisseur. Les coûts sont assez variables, autour de 50 $ du 1 000 lorsque la publicité est déjà imprimée. Cette option est intéressante pour les commerces de quartier ou toute autre entreprise ayant un rayon d'action limité géographiquement.

Les consommateurs reçoivent beaucoup d'envois postaux dans une année. Malgré cela, les experts estiment que la plupart les reçoivent encore avec intérêt et que 75 % y jettent un coup d'œil. Il faut dire aussi qu'une personne qui se situe dans le haut de l'échelle sociale reçoit plus de courrier parce que son nom est inscrit sur un plus grand nombre de listes. Par contre, on estime que 20 % de la population ne reçoit pratiquement jamais de publicité postale. Il faut tenir à jour ses listes d'envoi, car on estime qu'elles vieillissent au rythme de 10 % par année.

Un envoi efficace peut être utile longtemps. Ainsi, la maison Aubanel d'Avignon utilise le même texte de vente directe depuis 1929 (eh oui !). Aucun autre texte proposé par les agences spécialisées dans la vente par correspondance n'a réussi à produire de meilleurs résultats. L'accroche est la suivante : « Jusqu'où peut-on reculer les limites de la mémoire ? Curieuse expérience dans un rapide. » À la suite d'un effort de vente directe, un retour de 5 % est excellent. Et 20 % (comme cela nous est déjà arrivé), rarissime.

6 conseils pour réaliser un publipostage efficace

1. **Utilisez l'enveloppe.** Faites de l'enveloppe un panneau-réclame miniature. Le message que vous y imprimez peut contribuer à emporter l'adhésion du destinataire.
2. **Argumentez aussi longuement qu'il le faut.** N'ayez pas peur des lettres longues, surtout si vous avez à offrir un produit ou un service qui nécessite un assez long investissement ou une décision importante. À une seule condition : révélez des faits nouveaux à chaque paragraphe, des chiffres et non pas des généralités.
3. **Soulignez allègrement.** N'hésitez pas à souligner, à utiliser les majuscules, à mettre des paragraphes entre crochets, à encercler un ou deux mots... Une courte note à la main et un post-scriptum augmentent aussi l'intérêt.
4. **Engagez le client à l'action immédiate.** Vous ne devez pas laisser tomber avant que le destinataire cible ait agi. Il doit agir **maintenant** : fixez une date limite pour un cadeau, ajoutez une case à cocher. Demandez-lui directement de prendre une décision d'achat.
5. **Rendez la tâche facile.** Faites tout ce que vous pouvez pour que l'achat soit facile. Permettez l'achat à crédit, fournissez une enveloppe-réponse, payez les interurbains, donnez votre adresse de courriel, votre numéro de télécopieur, etc.
6. **Testez vos approches.** Le rendement du publipostage est difficilement prévisible. Par conséquent, testez toutes vos idées pour trouver la meilleure et conservez « la meilleure » tant que vous n'en aurez pas trouvé de meilleure...

La publicité par Internet

La publicité dans Internet prend le plus souvent la forme d'un bandeau. La survie de ces bandeaux est liée surtout à la flexibilité des tarifs et des formats. Par l'animation, le bandeau Web permet de rendre l'internaute actif.

Toutefois, ce n'est pas si facile de harponner l'internaute : lorsqu'il surfe, il est déjà dans un mode actif, c'est-à-dire qu'il cherche de l'information sur un sujet précis. Par conséquent, il est moins réceptif à la publicité. Le bandeau doit donc être accrocheur pour capter son attention.

Contrairement à la publicité standard, la publicité dans Internet permet l'interactivité. Internet est d'ailleurs considéré comme une extension du service à la clientèle, car il permet au consommateur d'obtenir de l'information sur une entreprise et d'entrer en contact avec ses représentants le jour et la nuit, 365 jours par année. Mieux : il est possible d'annoncer un produit dans Internet, puis de conclure la vente.

De plus en plus fréquemment, l'adresse « www » est diffusée dans d'autres médias, comme la télévision, les cellulaires, les guichets automatiques ou les chariots des supermarchés. Il faut dire que 85 % des grandes entreprises ont déjà pignon sur Web.

Internet, comme média publicitaire, présente les avantages suivants.

- Il permet un ciblage précis.
- Il est flexible ; une publicité peut donc y être produite rapidement.
- Les comportements des visiteurs sont faciles à mesurer.

La richesse de l'information et le contenu « interactif » sont des atouts à ne pas négliger au moment de la conception d'une publicité dans Internet. Cette publicité peut d'ailleurs prendre plusieurs formes, comme le pop-up, la bande défilante, le bouton, le bandeau, etc. La bannière publicitaire (on dit aussi bandeau) reste présentement la forme privilégiée et donc la plus répandue. Le format de 468 pixels de large sur 60 pixels de haut est le plus courant, mais le Bureau de la publicité interactive du Canada approuve ces 12 formats.

468 x 60 pixels	234 x 60	120 x 240
120 x 90	120 x 60	125 x 125
120 x 600	160 x 600	180 x 150
300 x 250	336 x 280	250 x 250

4 conseils pour réaliser une publicité Internet efficace

1. **Mettez-y du mouvement.** Un bandeau publicitaire ayant du mouvement voit ses chances de clic augmenter de 25 % par rapport à un bandeau fixe.
2. **Visez haut.** Positionnez le bandeau dans le haut de la page, car ce sera le premier élément de la page à être téléchargé. De plus, selon un sondage d'Impact recherche, lorsqu'on a demandé à quel endroit la publicité attirait le plus leur attention, 48 % des répondants ont répondu en haut de l'écran (au centre horizontal).
3. **Voyagez léger !** Un bandeau publicitaire ne devrait pas excéder les 10 k. Si votre bandeau est trop lourd, il mettra plus de temps à se télécharger, si bien que l'internaute aura le temps de passer à autre chose. Misez sur l'instantanéité.
4. **Incitez à l'action.** Il a été démontré que le bandeau portant une injonction (ex. : Cliquez ici !) avait un taux d'efficacité supérieur. De plus, les publicités avec des messages énigmatiques ont un taux de clic plus élevé de 18 % par rapport à la moyenne. Soyez créatif !

Toutefois, la crédibilité de la bannière publicitaire baisse rapidement, comme en témoigne la chute du taux de clic, qui est passé sous la barre des 0,05 %, selon John Xydous, superviseur iStratégie chez FCB Direct Canada.

L'industrie de la publicité a réagi en développant de nouvelles formes de bannières qui génèrent un taux de clic plus élevé. À titre d'exemple, les publicités utilisant le format HTML dynamique sont constituées d'images qui suivent le curseur sur l'écran ou qui se dispersent au hasard. Dernièrement, un fabricant d'automobiles a conçu une publicité qui inondait l'écran de petites automobiles animées. Il semble que le taux de clic a été élevé. Par contre, combien d'internautes ont été ennuyés par cette annonce publicitaire ? Conséquemment, à quel point a-t-elle influé sur la perception que les utilisateurs avaient de la marque ? Combien d'entre eux ont cliqué sur l'annonce par confusion ? Plus important encore, combien de temps s'écoulera-t-il avant que la nouveauté perde de son intérêt et que le taux de clic chute de nouveau ?

Des études récentes suggèrent que le succès d'une bannière publicitaire ne devrait pas être déterminé par le taux de clic mais par la valeur ajoutée à la marque. En effet, la bannière contribue au développement de l'image de marque, au même titre que l'affichage.

Dans les premiers temps d'Internet, les annonceurs ont appliqué les règles de la publicité traditionnelle. Les concepteurs se sont inspirés des panneaux-réclames pour créer les bannières de format 468 sur 60. Certaines bannières ont même été conçues avec des messages publicitaires télévisés.

Cependant, le monde d'Internet possède ses propres forces et faiblesses. Sa grande force est qu'il rend possible l'interaction avec l'internaute. Il permet également la communication personnalisée, la communication bidirectionnelle instantanée, la saisie de données, le comarketing et la communication entre pairs. Au surplus, les transactions en ligne et la diffusion d'information à jour sont possibles. L'annonceur qui souhaite faire la promotion de ses produits ou services en ligne doit miser sur ces caractéristiques.

L'ajout de l'interactivité aux bannières a été une des premières manifestations de la prise en compte des éléments distinctifs d'Internet. Même réussies, les bannières ne sont qu'un élément d'une campagne globale. Aussi les annonceurs doivent-ils mettre au point une approche beaucoup plus créative pour exploiter tout le potentiel d'Internet.

C'est précisément ce qu'a tenté une entreprise de produits de beauté qui a conçu une campagne de marketing viral. Cette campagne a permis aux internautes d'acheminer à des amis un ourson animé faisant de la sensibilisation au cancer du sein. Pour chaque ourson ainsi expédié, l'entreprise faisait un don à une fondation en lien avec le cancer du sein. La campagne publicitaire a remporté un vif succès. Elle a permis à l'entreprise de se faire mieux connaître auprès de son public cible et de recueillir de nouvelles adresses électroniques pouvant être utilisées ultérieurement à l'occasion de campagnes publicitaires personnalisées.

Les bannières publicitaires comme on les connaît aujourd'hui disparaîtront un jour ou l'autre. D'une part, les revenus publicitaires qu'elles génèrent ne suffisent pas à assurer la survie des sites qui les hébergent ; d'autre part, les internautes installent déjà des logiciels qui bloquent leur affichage. La publicité dans Internet n'est pas appelée à disparaître, mais son véritable potentiel publicitaire doit être mieux exploité par les concepteurs. D'ailleurs, au 42e Concours de création publicitaire, le jury, présidé par Martin Beauvais de l'agence BBDO Montréal, n'a décerné aucun prix dans la catégorie « Publicité sur Internet ». Selon lui, l'excellence n'avait pas été atteinte. Contestée par plusieurs, cette décision a eu le mérite de stimuler les créatifs.

Le rêve du publicitaire est de rejoindre le consommateur instantanément, où qu'il soit. Or, ce désir est en voie de se concrétiser grâce au téléphone portable. Au printemps 2002, la professeure Brigitte Jaumard, de Polytechnique, déclarait au *Devoir* que « plusieurs États américains demandent aux entreprises de sans-fil de pouvoir localiser rapidement un individu qui appelle de son téléphone ». Sans doute est-ce le résultat de la paranoïa généralisée qui sévit chez nos voisins du sud et qui a pris de l'ampleur depuis le 11 septembre 2001. Terroriste en puissance, tout individu mérite désormais d'être fiché. Les entreprises de télécommunication nous vendront ça en prétextant un souci de sécurité : « Imaginez ! Grâce au système GPS intégré à son téléphone, vous pourrez localiser votre enfant qui vous appelle au secours ! » Cette ubiquité est aussi une réponse magique au rêve du publicitaire.

L'utilisation du GPS peut donner lieu à des scénarios comme celui-ci. Votre téléphone ouvert, vous vous dirigez vers le mégacomplexe de cinéma. Au moment où vous passez devant un McDo, un message sonore ou visuel vous vante le « spécial fajitas » ; deux coins de rue plus loin, la salle de billard Équilatéral vous invite à jouer dans ses salons avec musique quadraphonique ; 500 m avant le mégacomplexe, les chaînes Famous Players et Cineplex Odeon se disputent votre téléphone pour préparer par anticipation votre billet d'entrée, à prix réduit parce que vous êtes abonné à Rogers-AT&T ou à Microcell-Fido !

Tout cela arrivera dans quelques mois ! Le publicitaire souhaite que vous remarquiez ses messages partout et toujours.

CONFRONTATION

Le Jeune Loup
Il y a eu un engouement démesuré pour tout ce qui a trait à Internet. Tout le monde croyait que le média révolutionnerait la planète. Petite révolution ! C'est vrai que ce nouveau média rapproche les continents et donne un accès rapide à l'information. Par contre, Internet n'enlève rien aux médias traditionnels. Ce n'est pas parce que la télévision a vu le jour qu'elle a remplacé la radio ! Au risque de paraître dépassé aux yeux des « @ccros », je dirais qu'Internet est seulement un nouveau média qui s'ajoute à la liste. Il offre de nouveaux avantages dont celui de permettre aux destinataires d'**interagir**.

Le Gourou
Je pense au contraire qu'Internet est en train de provoquer une vraie révolution économique en arrachant le pouvoir des mains des commerçants. Il n'y a pas si longtemps, les grands de l'automobile devaient obligatoirement se lier avec des concessionnaires qui connaissaient bien le marché local. Désormais, les fabricants peuvent communiquer directement avec les consommateurs. Adieu distributeurs et autres intermédiaires !

Internet entraîne aussi une autre forme de publicité, cette fois dans les médias traditionnels ! En effet, pour faire connaître son site Internet, on doit véhiculer l'adresse sur le plus de supports possible (papeterie, dépliant, point de vente, etc.). D'ailleurs, lorsque l'on a demandé à des internautes québécois s'ils consultaient des sites Internet après avoir vu leurs adresses dans les publicités des journaux ou des magazines, 91 % d'entre eux ont répondu « souvent » ou « parfois ».

La présence sociale

La présence sociale est ce média qui n'en est pas un, tout en étant « publicitaire ». En effet, votre famille, vos amis, vos connaissances, vos contacts composent une large part de votre clientèle. Il faut soigner cette clientèle naturelle, qui vous est *a priori* acquise. Après seulement, vous penserez à l'élargir.

L'entrepreneur dynamique est présent dans son milieu. Il accepte de s'impliquer, de rendre service. Il est un leader dans sa communauté. Cette présence gratuite, par ricochet, lui amène de nouveaux clients. N'est-ce pas normal que l'on encourage celui que l'on connaît par son dynamisme et son dévouement ?

Toutes ces personnes que vous côtoierez par votre action sociale vous seront utiles pour **construire une liste pyramidale de relations.** Vous pourrez solliciter chacune de ces personnes pour qu'elle vous donne le nom d'une autre qui peut être intéressée à votre offre.

La commandite

Que ce soit à cause des remous que cause son utilisation par les grands du tabac, ou des pouvoirs qu'on lui confère en tant que panacée au désengagement de l'État, la commandite a vu sa popularité croître rapidement au cours des dernières années. La commandite a ceci de particulier : bien orchestrée, elle permet à toutes les parties d'être gagnantes. En effet, les organisateurs d'événements sont heureux, car la commandite permet la concrétisation de leur projet ; les spectateurs sont heureux, car ils ont accès à une activité à un coût moindre ; et les commanditaires sont heureux, car la visibilité qu'ils obtiennent leur coûte moins cher que s'ils avaient payé pour diffuser leur message dans les médias traditionnels. Certains commanditaires de formule 1 au Grand Prix Air Canada (et non plus « de Montréal ») disent obtenir une visibilité télévision allant jusqu'à 10 fois la valeur de leur investissement.

Évidemment, vous devez vous en remettre aux journalistes ou aux réalisateurs pour que votre entreprise ou votre marque se retrouve dans les médias. La commandite est en fait davantage une opération de relations publiques que de publicité. Mais, si le travail est bien fait, il n'y a aucun problème à obtenir une bonne visibilité médiatique.

L'association entreprise/événement permet à l'entreprise d'être associée aux valeurs véhiculées par l'événement lui-même. Grâce à cette « osmose de notoriété », certaines entreprises réussissent même à atténuer des caractéristiques négatives de leur image. C'est une des raisons qui expliquent que la commandite soit si répandue chez les entreprises de « produits péchés » : alcool, essence, tabac, jeu, etc. Grâce à la commandite, l'industrie du tabac a réussi à atténuer considérablement l'image négative de son produit. La commandite confère une image de classe aux « Arts duMaurier », dynamique aux « Sports extrêmes Export A » ou cultivée aux « Films du monde Rothmans ». Imaginez ce que la marque peut en retirer.

Bien sûr, la commandite a ses aléas. Il faut qu'elle soit bien gérée. Donner un paquet d'argent à un jeune coureur cycliste pour qu'il arbore vos couleurs est facile. Vous assurer d'obtenir le plein retour sur votre investissement est autre chose. De nos jours, la commandite n'a rien de philanthropique : de plus en plus, les ententes de commandite estiment en dollars la visibilité du commanditaire.

D'abord, portez une attention toute particulière aux organismes ou aux événements que vous avez envie de commanditer. Assurez-vous que les valeurs véhiculées sont celles auxquelles vous désirez être identifié. Cela dit, l'activité commanditée n'a nullement besoin d'être rattachée à votre champ d'action. Il n'est vraiment pas nécessaire de faire dans la mécanique pour commanditer une équipe de motocross ; par contre, il faut vouloir projeter une image d'aventure, de courage et même de rébellion ! Un centre de ski ou un fabricant de planches à neige pourrait par exemple profiter d'un tel partenariat. Rappelez-vous que c'est une question de valeurs et d'image, pas d'activité. Par exemple, sur les 22 pilotes inscrits au championnat de formule 1, ceux qui fument se comptent sur les doigts de la main. Cependant, la majorité des équipes bénéficient du généreux appui d'un grand du tabac.

Vous êtes évidemment sollicité de toutes parts par des amis et des parents pour commanditer toutes sortes de causes. Gardez en tête que la commandite n'est pas de la philanthropie. Il s'agit d'une technique de communication du marketing. Vous ne pouvez pas donner votre appui à tout le monde et surtout, tout le monde ne peut pas vous appuyer.

Assurez-vous que votre choix est profitable *pour vous.* Sachez aussi que, de nos jours, tout peut être commandité, de la naissance à la mort.

CONFRONTATION

LE JEUNE LOUP

Aux États-Unis, deux adolescents ont fait commanditer... leur vie! Ces deux jeunes ont été transformés en porte-parole multimarques: leurs vêtements, les produits alimentaires qu'ils consommaient, leurs articles de sport, tout était « marqué ». Inconnus l'instant d'avant, ils ont accédé, relations publiques aidant, à la notoriété médiatique! Quelle bonne idée! Plusieurs entreprises ont évalué que, à titre de cocommanditaires, elles communiquaient un message de proximité et de générosité.

LE GOUROU

Auriez-vous aimé être dans leurs souliers, eux aussi commandités? Comme le prédisait le peintre-publicitaire Andy Warhol, « à l'avenir, nous serons tous vedettes pour 15 minutes ». Le musicien Nick Currie, alias Momus, observant la réalité d'aujourd'hui, retourne la formule: « Je crois plutôt qu'à l'avenir tout le monde sera célèbre pour 15 personnes. »

CHERCHEZ LA MARQUE

- Lorsque vous assisterez à une manifestation publique, efforcez-vous de repérer toutes les entreprises qui agissent comme commanditaires.
- Lorsque vous assisterez à un spectacle (cinéma, théâtre, concert, etc.), essayez de repérer tous les produits et services que les protagonistes afficheront ou utiliseront.

Pour que votre commandite soit rentable, assurez-vous que vous obtenez la visibilité promise. Les partenaires auxquels vous vous associerez ne sont pas nécessairement des professionnels du marketing. Une fois l'événement en cours, ils sont souvent absorbés par leurs tâches. Vous devrez peut-être leur rappeler gentiment de vous donner tout ce qu'ils vous ont promis. Assurez-vous donc que l'entente est précise afin que les instructions concernant votre visibilité soient clairement comprises par les bénévoles de l'événement.

Par ailleurs, ne vous gênez pas pour faire connaître votre engagement social au public. La règle de base est que, pour chaque dollar investi en commandite, un dollar devra être ajouté pour faire connaître cet engagement. Un exemple : à la première participation de Jacques Villeneuve au Grand Prix du Canada, la brasserie Labatt a placardé l'image de Villeneuve sur toutes ses caisses de bière, a expédié des « Jacques » cartonnés grandeur nature à tous ces points de vente, et a loué un nombre impressionnant de panneaux extérieurs. Pourtant, son investissement dans l'équipe Williams-Renault ne se chiffrait qu'à un maigre (!) million de dollars. Mais la présence de la marque Labatt sur la manche de la combinaison de Villeneuve aura permis à Labatt de profiter de la fougue du coureur pour électriser l'image de la 50, jusque-là une marque pépère.

Comme Labatt, faites preuve d'imagination lorsque viendra le temps de valoriser votre commandite. Si vous commanditez une équipe cycliste, invitez les athlètes à votre magasin pour une séance de photos avec les amateurs de vélo. Ou encore, faites rouler ces cyclistes pour mettre un peu de vie dans votre spot télé.

Si vous commanditez une troupe de théâtre, suggérez-lui de donner un petit spectacle à l'hôpital afin d'amuser les enfants malades. Faites en sorte que cette initiative soit mentionnée dans les médias, qui ont toujours une place pour les bonnes nouvelles.

Cependant, il faut faire attention de ne pas surutiliser une vitrine de commandite. Ainsi, l'École des Hautes Études Commerciales ne s'est pas gênée pour faire commanditer ses salles de classe par des compagnies de fonds de placement, sa cafétéria par une société d'énergie et sa bibliothèque par un baron du ragoût de boulettes (fait véridique !). Résultat : bien des professeurs et des visiteurs se sentent agressés parce qu'ils voient d'un drôle d'œil un tel envahissement dans un lieu où la transmission du savoir doit primer sur le mercantilisme…

La sollicitation téléphonique

Il ne faut pas négliger la sollicitation téléphonique (télémarketing). Utilisez le téléphone d'abord pour reprendre contact avec des connaissances ou des clients. Dites-leur que vous partez en vacances, que vous avez du temps à leur consacrer, que vous disposez d'un nouvel arrivage, que vous voulez leur faire bénéficier de soldes. Tous les prétextes sont bons.

Vous pouvez aussi vous servir du téléphone pour vous faire connaître auprès de clients potentiels. Vous vous présentez, vous présentez vos produits ou services, vous y ajoutez une offre spéciale pour pousser votre interlocuteur à prendre une décision sur-le-champ. Et voilà, vous passez au suivant. Cette formule publicitaire est plus chère à l'unité que l'annonce dans un grand média, mais elle l'est moins que le publipostage. Et elle se rapproche beaucoup de la vente personnelle, **si l'on s'assure évidemment que la sollicitation téléphonique est faite par une personne compétente**.

Cette approche comporte plusieurs contraintes, dont la courte période où les clients potentiels peuvent être joints au téléphone. Au surplus, pour faire du bon travail, le vendeur doit jouir d'un esprit vif jumelé à une solide préparation.

Le dépliant publicitaire

Le dépliant ou feuillet publicitaire est un outil largement répandu chez les commerçants. Il s'agit d'une feuille promotionnelle imprimée en une ou deux couleurs (voire en pleine couleur) et distribuée de porte en porte.

Il y a quelques années, ce média était assez efficace, car le terrain n'était pas encombré comme il l'est aujourd'hui. De nos jours, il faut que le feuillet soit de qualité pour qu'il donne des fruits. Encore une fois, **le recours à un graphiste s'impose**.

Le problème de distribution demeure entier, même avec un feuillet techniquement bien fait. Des sociétés spécialisées en distribution travaillent systématiquement ; certaines proposent aussi des sacs dans lesquels est inséré tout ce qui doit être distribué un jour donné. Les coûts sont moindres et, autre avantage, le consommateur s'attarde davantage au contenu de son sac qu'à une pièce unique.

L'erreur la plus répandue avec ce média est de ne pas prévoir **le canal de distribution qui permet d'acheminer le message jusqu'au consommateur cible.** Le meilleur dépliant publicitaire est encore le plus mauvais média s'il demeure dans votre entrepôt.

5 conseils pour réaliser un dépliant efficace

1. **Utilisez peu de texte.** Les gens lisent peu (40 % des consommateurs sont « analphabètes fonctionnels »). Ils sont pressés. Résistez à l'envie de trop en dire... ou dites certaines choses avec des images.
2. **Contentez-vous d'un format standard.** Le format standard est le 8 1/2 sur 11 (et ses multiples). C'est le plus pratique, car il tient bien dans les présentoirs, et le plus économique en coût d'impression. L'originalité du format est rarement justifiée.
3. **Recourez à de grandes photos.** Un dépliant est autant fait pour être regardé que lu. Soyez généreux en images : des illustrations, des graphiques, des schémas, des plans, mais surtout des photos. Réservez deux panneaux entiers à l'une d'entre elles.
4. **Utilisez des caractères lisibles.** Sauf pour un mot ici et là, la police la plus simple est de mise (dans l'ordre : Palatino, Times, Helvetica, Souvenir, Bookman). Une grosseur de 12 points est suffisante (plus gros, cela ne sert qu'aux effets décoratifs). Limitez-vous à une seule police.
5. **Étudiez le pliage.** Faites attention au pliage du dépliant. Il faut que la façon normale de prendre connaissance des panneaux permette de suivre logiquement le texte et votre argumentation imagée. Examinez minutieusement plusieurs exemples.

L'hebdomadaire

La presse hebdomadaire, régionale ou de quartier, est un média bien adapté à la petite entreprise. Elle est relativement sélective sur le plan géographique et ne nécessite pas un budget astronomique.

Les Québécois sont attachés à leurs hebdomadaires : ils en « consomment » deux fois plus que les Canadiens en général. D'ailleurs, la plupart des maisons en reçoivent plus d'un et 79 % de la population adulte du Québec affirme lire un hebdomadaire chaque semaine. Le lecteur y consacre environ 49 minutes. Par ailleurs, 84 % des lecteurs consultent les publicités de leur hebdomadaire pour fin d'achat.

La grande popularité des hebdos s'explique par le fait qu'il n'existe pas au Québec de véritable quotidien national avec diffusion dans toutes les régions. Aussi, les journaux hebdomadaires en format tabloïd abondent. Il y en a plus de 250 au Québec, environ 25 d'entre eux sont bilingues. S'ajoutent à ce chiffre une trentaine de journaux dits « ethniques ». Ceux-ci sont concentrés dans la région de Montréal et tirent à des centaines de milliers d'exemplaires. Ajoutons incidemment que le poste de radio CFMB de Montréal diffuse en 25 langues (oui, oui !).

Certains hebdos sont de véritables journaux pour lesquels l'information est primordiale et dont la publicité n'est qu'un support. C'est le cas de l'hebdomadaire culturel *Voir*, lancé en 1986 par Pierre Paquet et Michel Fortin, et que Pierre Falardeau surnomme « le catalogue Canadian Tire de la culture » (en 2002 s'y ajoutait un portail Internet repertoriant les activités culturelles de Montréal, Québec et Gatineau-Ottawa). La stratégie de commercialisation du journal s'articule autour de trois axes : la qualité du contenu rédactionnel, la gratuité et une grande accessibilité. *Voir* Montréal, qui touche maintenant plus de 400 000 lecteurs, est devenu l'hebdomadaire culturel numéro un au Canada.

D'autres hebdos ne sont que des feuilles publicitaires déguisées en journaux. Plus de la moitié des hebdos tirent à moins de 10 000 exemplaires. On peut compter sur les doigts de la main ceux qui tirent à plus de 50 000.

La communication interne

Rappelons qu'il existe une autre forme de communication du marketing, la plus négligée de toutes : la communication interne. Pourtant, **le personnel est la plus précieuse des ressources d'une entreprise**. Il constitue sa première force publicitaire : quelle autre source de persuasion jouit d'autant de crédibilité ? En tout cas, c'est là l'origine de toute publicité durable, de toute promotion réussie, de toutes relations publiques sérieuses.

Peu d'entrepreneurs se rendent compte que la première « clientèle » qu'ils doivent charmer, c'est leur personnel. Les conditions de travail acceptables et les salaires satisfaisants ne suffisent pas. **Il faut établir la communication avec le personnel**, lui accorder un statut privilégié au sein de la stratégie de communication. En un mot, il faut traiter ses collaborateurs « aux p'tits oignons ». Ils seront plus dévoués à l'entreprise, plus attentifs aux attentes des clients, plus heureux, plus créatifs, plus efficaces, plus rentables. Et ça, on n'y arrive pas en faisant descendre des ordres de haut en bas ; il faut que la communication circule dans les deux sens.

On dispose pour ce faire de deux genres de communication : la communication informelle et la communication organisée.

LA COMMUNICATION INFORMELLE

On ne structure pas la communication informelle (pas toujours, en tout cas !). Elle est davantage le résultat d'un état d'esprit venant de la conviction que les relations interpersonnelles sont un outil de management et de marketing.

Une première manifestation de cette communication informelle, ce sont les meetings. Il faut réunir régulièrement de petites équipes de travail. Une fois par semaine n'est pas trop. Ces réunions ne doivent pas durer longtemps, pas plus de 30 minutes. On y fait le point sur le travail de la semaine écoulée et sur les objectifs de la semaine à venir. Chacun doit pouvoir exprimer ses idées, ses sentiments, ses attentes.

Cette communication informelle est possible quand le patron a des entretiens impromptus avec ses employés, quand il prend quelques minutes chaque jour pour discuter avec les gens de la base, pour donner des nouvelles et, surtout, **pour écouter** les commentaires précieux de son équipe, lancés souvent sur un ton anodin.

C'est le même rôle que joue le « party » de Noël. Mais il faut provoquer une ou deux autres occasions semblables dans l'année (la cabane à sucre, l'épluchette de blé d'Inde ?). Les activités sportives ou culturelles constituent aussi de bons moyens de faire grandir la solidarité et d'assouplir les différences hiérarchiques.

Il y a aussi d'autres occasions de manifester son intérêt à chacun de ses collaborateurs et à chacune de ses collaboratrices. Pourquoi ne pas expédier une carte de souhaits avec un petit mot à l'occasion de l'anniversaire d'un employé ? Ou encore, une courte lettre que l'on remet à la date anniversaire d'embauche d'un employé pour lui dire combien on apprécie sa collaboration, combien on mise sur lui. C'est aussi au cours des rencontres informelles que l'on devrait communiquer les décisions d'augmentation (peut-être n'est-il pas nécessaire d'obliger les employés à la quémander ; certains le feront seulement après une longue période de frustration).

La communication organisée

La communication interne peut être organisée systématiquement. C'est pour cela qu'existent la boîte à suggestions (la plupart du temps inutile car il faut en animer le fonctionnement), le bulletin, la nomination de l'employé ou de l'employée du mois (qu'il faut faire connaître publiquement !), le concours de vente, la montre que l'on offre après 10 ans de service (tout à fait dépassé : c'est long, par les temps qui courent, 10 ans de service).

Le minimum que l'on puisse faire, c'est de mettre le personnel dans le coup au sujet de la campagne de publicité à venir dans les médias de masse. Avant qu'elle ne soit vue à la télé ou sur un panneau-réclame, bien sûr ! En début d'année, chaque membre du personnel doit recevoir un document qui résume le plan de communication et qui précise le rôle que le personnel aura à jouer dans la stratégie. Cela se fait au cours d'une rencontre où le plaisir se mêle à l'information, au sentiment d'appartenance et à la fierté.

Un document plus simple doit être fourni au personnel avant chaque nouvelle opération publicitaire au cours de l'année.

Le tableau d'affichage est aussi un outil de communication non négligeable. Il doit être grand : 4 pieds sur 8, par exemple. On y épingle tout ce qui peut entretenir l'intérêt du personnel pour le marketing : coupures de presse, photos, témoignages reçus, résultats sous forme de graphique, avis, prix gagnés, etc. L'information sur le tableau doit être renouvelée presque chaque jour, c'est la seule façon de maintenir l'intérêt. D'autres outils peuvent faire un travail similaire… et meilleur : un forum dans Internet ou même un site entier réservé aux employés.

Il faut penser aussi à la « Trousse du nouvel employé ». Cette trousse contient un court historique de l'entreprise, une présentation des cadres principaux, la philosophie de l'entreprise, les objectifs marketing à long terme et à court terme, le calendrier des jours fériés, la politique salariale, bref, tout ce qu'**un employé aime connaître pour se sentir en sécurité**.

La communication interne ne se limite pas aux employés. On peut travailler celle qui s'adresse aux fournisseurs, aux bailleurs de fonds et aux autres groupes qui permettent à l'entreprise de fonctionner mieux grâce au soutien moral des troupes.

DES OUTILS POUR STIMULER LA COMMUNICATION INTERNE

Communication informelle

- Meetings
- Visites impromptues des patrons
- Partys
- Activités sportives
- Activités culturelles
- Carte d'anniversaire
- Lettre anniversaire d'embauche

Communication organisée

- Boîte à suggestions
- Bulletin d'information
- Désignation de l'employé du mois
- Concours de vente
- Cadeau de fidélité
- Plan de communication
- Plan de campagne ponctuelle
- Tableau d'affichage
- Site Web
- Trousse du nouvel employé

Les critères de choix

Quels sont les critères qui vous permettront de choisir le meilleur média parmi tous ceux décrits dans ce chapitre ? Le choix est fonction de l'objectif de communication, de la nature de votre produit ou service et de son prix, de l'ampleur du marché, de l'importance du budget, de l'aire géographique à couvrir, du cycle de vie du produit.

L'objectif

Le premier critère est celui-ci : quel média vous permet le mieux d'atteindre l'objectif de communication que vous vous êtes fixé ? Ainsi, si votre marché est relativement régionalisé et que le but premier est d'atteindre la notoriété, vous pourriez choisir la télévision. Ce serait par contre une erreur magistrale de recourir à la télévision si vous ne disposez pas d'un budget suffisant (disons 50 000 $ pour la diffusion) et si votre objectif est de persuader une cible précise (disons les jeunes « versatiles »).

La nature du produit

Certains produits (ou services) imposent presque un média donné. Si vous lancez un nouveau produit, hautement technologique, ou si le thème est basé sur une démonstration d'utilisation (même d'un produit connu comme le savon), vous devrez recourir à l'image. Si la couleur est une caractéristique importante du produit, il faudra nécessairement choisir des médias qui permettent la couleur. Par ailleurs, certains produits, très personnels, très sophistiqués ou très chers, excluent naturellement les médias de masse au profit de démarches plus personnalisées, comme la rencontre, le télémarketing ou le publipostage.

L'ampleur du marché

Plus le marché cible est restreint, plus vous devez vous rapprocher de la communication interpersonnelle (de la plus large à la plus individuelle) : périodique spécialisé, publipostage, rencontre individuelle, etc. Comme le nombre de personnes pouvant s'offrir une Rolls-Royce est forcément restreint, il serait ridicule d'annoncer à la télévision.

Le budget

Un critère réaliste est le budget dont vous disposez. Il faut que le budget permette **une répétition et un format minimaux.** On convient que la répétition minimale est de trois fois (sept fois, c'est mieux) et que le format minimal dans les médias imprimés est de 200 lignes agate. Donc, si vous ne disposez que de quelques milliers de dollars, oubliez les grands médias de masse et, pour atteindre vos cibles, recourez plutôt à la créativité (télémarketing, feuillets publicitaires sur les pare-brise, etc.).

L'aire géographique

Chaque entreprise rayonne plus ou moins largement. À cet égard, il vous faut choisir un média qui correspond à votre aire géographique. Il serait fou pour le salon de coiffure de quartier de recourir à la télévision ou au cordonnier d'annoncer à la radio. Les médias de masse conviennent si le marché visé est régional ou national. Autrement, rabattez-vous sur ce qu'on a appelé plus haut « les autres médias ».

Le prix du produit

Plus votre produit ou service est coûteux, plus vous devez investir dans la personnalisation de votre message : envoi postal dispendieux expédié à quelques dizaines de personnes, dossiers rassemblés expressément pour une personne, rencontre personnelle (ou on se déplacera même à plusieurs). À moins d'opter pour une pleine page afin de marquer votre puissance – en vous fichant du CPM des cibles visées.

Par ailleurs, il est des produits si bon marché, ou s'adressant à un trop petit marché, qu'ils ne peuvent pas justifier de publicité. D'aucune sorte.

Le type de produit

Plus un produit ou service a une vie courte, c'est-à-dire plus on a besoin de l'acquérir souvent, plus le média choisi doit permettre la répétition. Le périodique sera donc exclu au profit d'un média plus répétitif, comme la radio, ou même le publipostage ou le télémarketing. De toute manière, il est rare que le budget permette de toucher les cibles assez souvent pour provoquer un effet négatif.

MON CHOIX DE MÉDIAS

Quels médias choisissez-vous ?

1. **Média de base** (celui qui permet le mieux d'atteindre la cible et l'objectif de communication, et auquel je consacrerai donc la plus grande partie de mon budget parce qu'il fera l'essentiel du travail) :

___

2. **Médias d'appoint** (autres médias nécessaires, le cas échéant, pour compléter le travail que le média principal ne peut faire — ceux qui vont donc compléter la tactique persuasive du média de base) :

___

___

Voilà ! Nous avons vu l'essentiel de ce domaine un peu compliqué et technique des médias. Votre campagne peut maintenant être diffusée. Comment pourrez-vous mesurer son succès ? C'est ce que nous verrons dans le chapitre suivant.

ART POUR ENFANTS.
MUSÉE D'ART DE SÃO PAULO
W/BRASIL

BUVEZ GUARANA DIÈTE.
GUARANA
DM9 DDB

Pause publicitaire

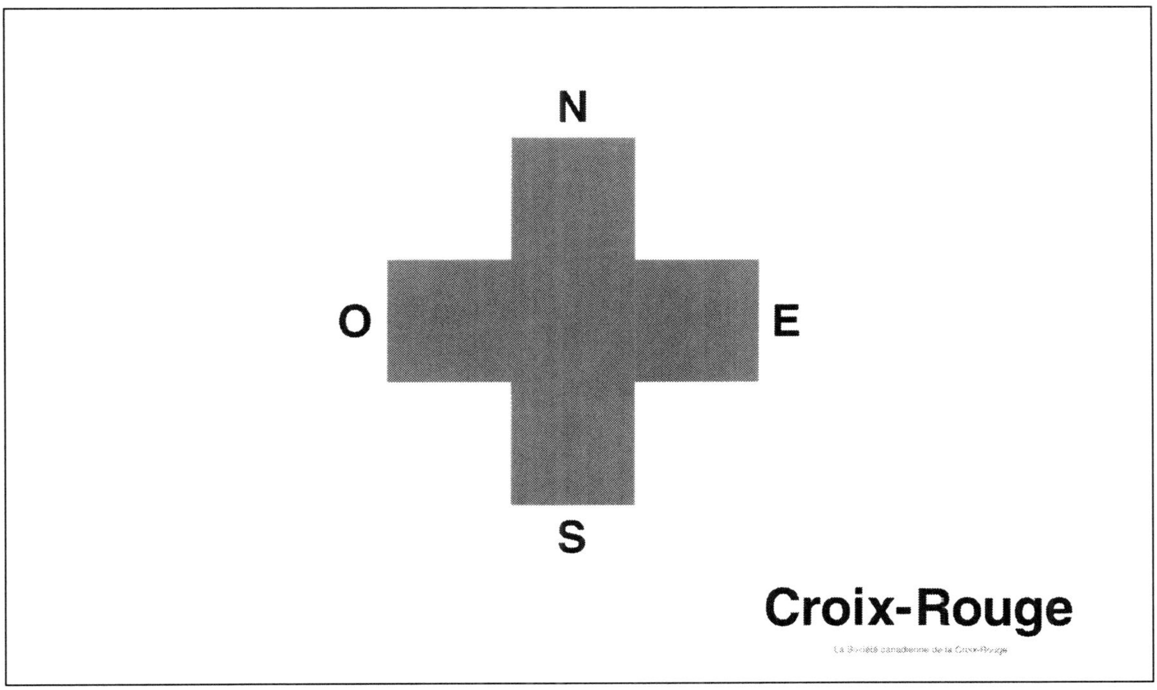

LA CROIX-ROUGE
BBDO MONTRÉAL

Chapitre 8

Comment évaluer l'efficacité d'une campagne de publicité ?

Dans ce chapitre, on vous explique comment évaluer le succès de votre campagne de publicité. Les techniques d'évaluation les mieux adaptées aux petites entreprises y sont présentées.

Eddie Cantor, la star du show-business des années 30, aimait répéter à qui voulait l'entendre : « Ça prend 20 ans pour obtenir le succès d'un soir. » C'est bien pour dire qu'il est illusoire de vouloir atteindre le succès en une campagne. La réussite définitive se trouve dans le but final que l'on poursuit. D'ici là, on doit se contenter de succès intermédiaires : ceux qui consistent à atteindre l'objectif fixé pour une campagne précise.

Votre campagne de publicité est magnifique, tout le monde vous en parle ! Est-ce un succès ? Cela veut-il dire que votre campagne est « bonne » ? **Par « bonne », nous entendons efficace**. Comment pouvez-vous « scientifiquement » évaluer l'efficacité de votre campagne de publicité ?

Certainement pas en vous fiant aux commentaires de votre conjoint, de votre secrétaire ou des trois clients qui vous ont téléphoné. Votre secrétaire a-t-elle le profil des cibles que vous visez ? Son avis est-il représentatif de celui de l'ensemble de vos cibles ? Par ailleurs, ceux qui téléphonent le font habituellement pour critiquer : que pensent ceux qui n'ont pas téléphoné ? Voici un exemple de campagne à succès bien évaluée, celle du lait.

La Fédération des producteurs de lait du Québec voyait, depuis plusieurs années, son marché stagner. La consommation de lait par habitant avait même tendance à baisser. Une des causes identifiées vers 1978 était que les 13-18 ans hésitaient à consommer du lait en public parce qu'ils craignaient de passer pour des « bébés » aux yeux de leurs copains. Les jeunes optaient plutôt pour d'autres boissons : jus, café et, surtout, boissons gazeuses.

C'est sur la base de la connaissance des motivations – ici, « agir de manière à être accepté du groupe » – qu'on décide de bâtir une campagne crédible pour les jeunes. De jeunes vedettes admirées par les 13-18 ans, dans une ambiance de party, ont le courage de s'affirmer dans leur groupe en lançant : « Moi, j'bois mon lait comme ça m'plaît. » Cette campagne a eu des effets certains. La consommation annuelle de lait est passée, entre 1980 et 1983, de 94,8 litres à 100,1 litres par personne (en Ontario, elle a baissé de 5,2 % pendant la même période). Pourtant, les difficultés à surmonter étaient nombreuses : la croissance démographique était nulle, le marché était envahi par plusieurs nouvelles boissons, le frein psychologique des jeunes était toujours là.

Comprenons aussi que « les ventes » ne sont pas un indice révélateur du succès d'une campagne. **C'est le marketing-mix qui produit les ventes.** On a donc dû être plus créatif pour chacun des quatre P du marketing, et non seulement pour **la communication** (la **p**ublicité) du marketing. Le **p**rix étant fixé par décret gouvernemental, on ne pouvait jouer là-dessus. On s'est donc attaqué au **p**roduit en créant de nouveaux « laits » : yogourt aux essences exotiques congelé sur bâtonnet, boissons lactées parfumées et pétillantes, etc. L'accessibilité, qu'on estimait large et solide, est restée la même.

Puis, on a insufflé une nouvelle vigueur à la communication. En 1984, la Fédération a investi 1,2 million en publicité. Cette année-là, il s'est dépensé pour la même période 27 millions pour les boissons alcoolisées, près de 5 millions pour les jus, 4,5 millions pour les boissons gazeuses et 3,2 millions pour le café et le thé. Que faire quand les concurrents dépensent au total 40 fois plus en publicité ? On fait ce qu'on peut ; dans le cas du lait, ç'a été beaucoup.

À la fin des années 1980, la Fédération vise donc à élargir son marché en répétant à qui veut l'entendre : « Le lait, franchement meilleur ! » En 1989, elle diffuse un thème plus fumeux : « Plus lait que ça, tu meurs ! » Provocation ou erreur ? En tout cas, les concepteurs ont vite jeté cet essai à la poubelle.

De nos jours, la Fédération des producteurs de lait poursuit son travail de communication efficace avec une des plus belles campagnes jamais produites au Québec, celle utilisant des chansons françaises classiques auxquelles sont adjointes des images minimalistes sur fond blanc. La campagne a connu un tel succès qu'un disque compact reprenant les musiques des publicités est vendu sur le marché.

Si l'on tente de porter un jugement sur la campagne du lait avec ces renseignements, on peut conclure deux choses : le rendement a été bon (les ventes ont augmenté) et surtout – ce qui est la responsabilité propre de la communication – la campagne a été efficace. La preuve : les attitudes ont évolué et les jeunes n'ont plus honte de boire du lait en public. Voilà quel était l'objectif poursuivi par la communication. Voilà quel est le critère fondamental d'évaluation. Les ventes sont un effet « dérivé ».

Quoi évaluer ?

Chaque année, les entreprises dépensent des sommes colossales en publicité pour la promotion de leurs produits et de leurs marques. Ces dépenses au Québec étaient estimées à 1,6 milliard en 2000, ce qui équivaut à environ 230 $ par habitant ou un peu moins de 1 % du PIB, ce qui est nettement moins qu'aux États-Unis où cela avoisine 4 %. La télévision et les journaux récoltaient les plus fortes parts des budgets « grands médias », soit respectivement 38,5 % et 38,1 %. Les autres médias étaient la radio (12,7 %), les magazines (7,3 %) et l'affichage (3,2 %).

Pierre-Emmanuel Paradis, économiste, fait remarquer : « Compte tenu de l'importance de ces investissements, il est surprenant de constater que la mesure des résultats est peu développée. En effet, il existe bien des façons d'évaluer les effets d'une campagne publicitaire, mais aucune ne permet d'obtenir la seule réponse qui intéresse les gestionnaires : quel est leur impact sur les finances de l'entreprise ? »

Les principaux indicateurs généralement utilisés sont l'effet sur la notoriété, l'appréciation de la création et la variation de l'intention d'achat. Certaines entreprises ont intégré ces outils en un seul modèle visant à donner une idée globale de ces mesures. Par exemple, un modèle permet de déterminer l'effet de la publicité sur la perception d'une marque en regard du niveau d'exposition. Ce modèle repose sur le postulat suivant : le degré d'exposition est le principal facteur explicatif de l'effet d'une campagne. Toutefois, ce type de modèle n'offre aucune indication sur, par exemple, le passage de la reconnaissance à l'achat effectif.

D'autres modèles, comme le « retour sur l'investissement », tentent de rapprocher les deux pôles en intégrant ces variables : la description des actions publicitaires (nombre d'annonces, coût unitaire), le degré d'exposition, le nombre d'occasions d'achat et les ventes réelles. Cette mesure se limite à l'impact à court terme des actions publicitaires.

En somme, les méthodes de mesure de la valeur économique des investissements publicitaires sont lacunaires. Il n'est donc pas surprenant de constater que bon nombre de dirigeants d'entreprise perçoivent encore les budgets publicitaires comme des dépenses plutôt que comme des investissements. Cette attitude a un impact non négligeable sur les performances des entreprises. Ainsi, le sous-investissement dans le maintien de la marque la rend vulnérable aux imitations et à la substitution.

Pour le moment, la mesure de l'efficacité d'une campagne de publicité se résume très souvent à prendre les moyens pour connaître « objectivement » **si elle a persuadé les cibles visées, si elle a changé leurs attitudes.**

Pourtant, le gestionnaire (surtout le responsable financier) aimerait bien obtenir une réponse à une question comme celle-ci : « A-t-il été rentable d'investir les sommes que j'ai budgetées pour la publicité ? » Mais vouloir préciser la rentabilité de la publicité est illusoire. Certains chercheurs prétendent pouvoir, grâce à l'ordinateur, réaliser des analyses statistiques multivariées de régression et de corrélation qui permettraient de préciser les effets attribuables à la publicité. Nous pensons que c'est là un point de vue théorique. Cela dit, quand ils pensent à l'efficacité publicitaire, les gens d'affaires aimeraient évaluer ces trois éléments :

1. La rentabilité, soit les revenus générés par les sommes investies.
2. Le rendement, soit les comportements d'achat provoqués par la communication.
3. L'efficacité de la campagne par rapport aux objectifs visés.

La rentabilité

Nous pensons qu'il demeure impossible de déterminer la rentabilité proprement dite des investissements publicitaires pour la raison suivante : on ne peut pas isoler les effets de la publicité de ceux des autres variables du marketing-mix et de la conjoncture commerciale dans son ensemble. D'ailleurs, c'est grâce à la synergie que les variables du marketing produisent leurs effets.

On peut quand même dire que, pour être rentable, un investissement publicitaire doit répondre à la règle classique de la marginalité : chaque somme supplémentaire dépensée en publicité doit générer un profit qui lui est supérieur. Sous cet aspect, la seule affirmation que l'on puisse faire est que les investissements publicitaires produisent une courbe en *S* suivant la loi des rendements croissants/décroissants. Un budget insuffisant pour un marché donné ne produira aucun effet ; un budget adapté créera un effet suffisant pour couvrir les coûts de la publicité ; un budget optimal générera des effets qui dépasseront les sommes investies. Les budgets supplémentaires seront vains : l'effet marginal sera insuffisant pour couvrir les sommes supplémentaires dépensées.

Un certain nombre d'expériences sur le terrain ont démontré la véracité de cette affirmation. Plus de publicité semble générer (même indirectement !) plus de ventes. Mais, passé un certain point, le coût de cette publicité sera plus élevé que les profits supplémentaires réalisés. Cette vérification ne peut être faite de manière concluante que pour les campagnes de type promotionnel.

Certains publicitaires ont le culot de faire un pari avec leur client annonceur : « Si la campagne réussit, vous payez ; si elle échoue, vous ne me devez rien. » Offre tentante, croyez-vous. Transposons-la dans une autre situation. Votre cancérologue vous donne le rapport de vos tests : « Ils sont positifs : vous avez une tumeur maligne au cerveau. Vous savez, aujourd'hui, on a 50 % de chances de s'en sortir… D'ailleurs, je vous fais une offre : si l'opération échoue, votre femme ne me doit rien ; si elle est réussie, vous me payez le double du tarif. » Qui confierait sa vie à un tel apprenti sorcier ? De tels *gamblers* ne méritent pas vos budgets publicitaires.

D'autres acceptent une rémunération selon le pourcentage des ventes de leur client annonceur. Méfiez-vous des effets à long terme des campagnes planifiées dans cette optique : on investirait à outrance dans la promotion au risque de ternir l'image de marque. Or, de nos jours, les produits et services sont davantage choisis en fonction de leur image de marque. Comme annonceur, acceptez de payer le prix d'un excellent publicitaire ou contentez-vous de collaborateurs fiables que vous avez les moyens de payer.

Le rendement

On peut réussir à établir avec une relative précision le rendement des actions publicitaires, c'est-à-dire qu'on peut reconnaître les actes d'achat que la communication a provoqués.

Toutes les tentatives connues s'inspirent plus ou moins d'une méthode mise de l'avant conjointement par une maison de recherche, Starch, et une agence de publicité, Bates. La méthode dite Netapps (*Net Advertising Produced Purchases*) établit le nombre net d'achats produits par la publicité. Des gens perçoivent une pub ; suite à cette pub perçue, des gens achètent ; même des gens qui ne l'ont pas perçue achètent ; on peut donc soustraire du nombre total des acheteurs celui des acheteurs déjà convaincus avant la publicité ; ce qui donne le nombre d'acheteurs qui ont été persuadés d'acheter grâce à la publicité.

Donnons un exemple. Sur 100 personnes, 70 ont perçu la publicité et 50 % d'entre elles sont effectivement devenues des consommateurs (70 X 50 % = 35). Par ailleurs, sur les 30 qui n'ont pas perçu la publicité, 20 % sont tout de même clients (= 6). Le nombre total de clients est alors de 41. Conséquemment, sur les 70 personnes qui ont perçu la publicité, le même pourcentage de 20 %, soit 14 personnes, seraient des clients même s'ils n'avaient pas perçu la publicité. On peut donc conclure en toute logique que, des 35 qui ont perçu la publicité, seulement 21 (35 - 14) sont devenus clients parce qu'ils ont perçu la publicité. Soit, en pourcentage : (35 - 14) ÷ (35 + 14) = 42,8 %.

Cela dit, il demeure difficile de déterminer avec une précision scientifique les effets attribuables à un effort publicitaire donné. De toute manière, les gens d'affaires savent que la publicité produit des effets. Ainsi, statistiquement, les plus grandes entreprises sont aussi celles qui, dans leur secteur d'activité, investissent le plus en publicité. Bien qu'on ne puisse prouver qu'il existe un lien de cause à effet, il n'en demeure pas moins qu'il est le plus souvent impossible de réussir sans publicité le marketing d'un produit ou d'un service de masse. Tout entrepreneur en est intuitivement convaincu.

Les détaillants prétendent pouvoir mettre le doigt sur la publicité qui est efficace, c'est-à-dire celle qui amène les clients dans le magasin. La forme de communication habituelle du commerce de détail est la promotion. Même là, il demeure difficile de reconnaître que telle publicité est efficace. Il semble que la réclame de détail attire le consommateur et que sa forme influe peu sur les effets. Les produits annoncés susciteront bien sûr un plus grand intérêt, mais comment estimer l'achalandage qu'ils créent autour d'autres produits ? Comment évaluer la durée des effets des publicités antérieures ? En fait, seul le marketing direct permet d'estimer de manière simple et réaliste le rendement d'une opération, puisque celle-ci se déroule, si on peut dire, en circuit fermé. Un exemple illustre cette réalité à la page suivante.

Évaluation du rendement d'une opération de marketing direct

Une offre de calculatrice électronique à 98,25 $ chacune est faite à 35 000 destinataires par publipostage. La plaquette *Les 50 meilleurs trucs pour réussir en affaires* est promise en cadeau aux personnes qui commandent avant une date donnée. Le taux de réponse est de <3 % pour un total de 1 000 réponses avec droit de retour.

	Dollars unitaires	Nombre de pièces	Dollars totaux
Ventes			
Prix de vente	98,25	1 000	98 250
Frais d'envois facturés	1,75	1 000	1 750
Total ventes brutes			100 000
Moins 10 % de retours	98,25	100	(9 825)
Total ventes nettes	98,25	900	88 425
Coûts des ventes			
Marchandises	24,50	900	22,050
20 % retours invendables	24,50	20	490
Facturation			
Timbres de la facture	0,64	900	576
Personne (1/8 heure)	3,00	900	2 700
50 % par carte de crédit à 3,5 %	1,575	450	1 575
Service client 5 % cas	20,00	50	1 000
Manutention (1/10 heure)	2,40	1 000	2 400
Frais de poste	3,50	1 000	3 500
Retours			
Frais de poste	3,50	100	350
Manutention	1,50	100	150
Remise en état (80 % des retours)	2,50	80	200
Mauvaises créances (3 %)	98,25	27	2 653
Frais de collection	4,00	27	108
Coût des cadeaux	5,00	1 000	5 000
Coût de l'envoi postal	0,714	35 000	25 000
Frais fixes d'administration (10 % des ventes)	9,53	1 000	9 530
Total des coûts			74 629
Ventes			88 425
Moins coûts			74 629
Profit net			13 796
Moins impôts			(?)

Quelle leçon tirer de cette opération ? Le nombre minimum de ventes qu'il faut faire pour amortir le coût du publipostage, c'est le point mort. Peut-on déterminer ce point mort ? Oui, bien sûr. Si l'on excepte le coût de l'envoi postal lui-même (25 000 $), le profit net ne serait pas 13 796 $ mais 38 796 $; et 38 796 $ divisé par 900 ventes réalisées veut dire 43,11 $ de profit (très brut pour le moment, le coût de l'envoi postal étant exclu) par vente de 98,25 $. Donc, pour payer l'envoi postal, il aurait suffi de réaliser 580 ventes, soit 25 000 $ divisé par 43,11. Au-delà de ce nombre, on réalise un profit véritable. On estime généralement qu'il faut **dépasser le point mort du tiers** pour naviguer en zone de sécurité.

L'efficacité

Nous en arrivons donc à la mesure réelle de ce qu'est une bonne campagne de publicité : son efficacité. Cette efficacité est relative aux objectifs qui lui ont été assignés. C'est pourquoi chaque campagne doit être évaluée de manière différente, en fonction de *ses* objectifs de communication. Comme on l'a vu précédemment, les objectifs de communication doivent être libellés en termes (chiffrables) d'attitudes ou de comportements à changer chez une cible définie.

Revenons à la campagne de la Fédération des producteurs de lait du Québec. Que pouvaient-ils faire en 1984 avec un ratio de 1 pour 40 contre leurs compétiteurs ? Si l'on tente de porter un jugement avec les renseignements dont on dispose, on peut conclure deux choses : le rendement a été bon (les ventes ont augmenté) et la campagne a été efficace (les attitudes ont évolué).

De manière générale, les méthodes d'évaluation s'inspirent toutes de la méthode Dagmar (*Defining Advertising Goals for Measured Advertising Results*). Cette méthode jouit d'une bonne notoriété parce qu'elle fut patronnée par l'Association of National Advertisers qui rassemble les grands annonceurs nationaux des États-Unis. En 1964, Russell Colley a lancé un livre qui explique la méthode Dagmar, *La publicité se définit et se mesure* ; une nouvelle édition américaine a été publiée en 1995.

Résumons-nous

Pour arriver à estimer avec une relative justesse si une campagne a permis l'atteinte des objectifs fixés, il faut s'astreindre à un processus d'évaluation qui répond à un déroulement logique serré. Ce processus se déroule en quatre étapes :

1. **Rappel des cibles et des quantités.** On retourne à l'objectif de communication fixé avant la campagne pour redéfinir les cibles et retrouver la barre (habituellement fixée en pourcentage).

2. **Définition de la tâche.** On se rappellera que la tâche de la publicité est le plus souvent de façonner une image de marque (et plus rarement de réaliser des ventes immédiates). La tactique employée peut être de trois types : a) attirer l'attention, dans le cas où on veut surtout augmenter la notoriété du produit ou service ; b) persuader, dans le cas où on veut changer une attitude ou un jugement vis-à-vis de la marque ; c) provoquer l'acte d'achat, dans le cas où on vise un effet à court terme par la promotion des ventes.

3. **Choix de la technique d'évaluation et exécution.** Une fois que l'on a bien défini la tâche, il faut recourir à la bonne technique qui permette d'évaluer si cette tâche a été accomplie. Si l'objectif est de provoquer le comportement d'achat, il suffit de compiler les ventes réalisées et de les comparer à celles réalisées au cours d'une période similaire avant la campagne. S'il s'agit plutôt d'augmenter la notoriété ou de changer une attitude, on procède par sondage (voir la section « Le sondage »).

4. **Analyse des résultats et conclusion.** Une fois l'évaluation faite, il ne faut pas tirer de conclusion hâtive, surtout si le nombre de personnes questionnées est réduit ou si l'enquête se résume à une ou deux questions très générales. Les gens ne livrent pas tout de go les recoins de leur âme ni les subtilités de leur raisonnement.

Il y a quelques années, l'un des deux auteurs de cet ouvrage dirigeait une recherche afin de savoir pourquoi les Québécois buvaient si peu de cidre. Une maison de sondage avait demandé 100 000 $ pour dégager les deux raisons suivantes : « Je n'aime pas ça » ; « Je n'en ai pas l'occasion ». Or, aucune autre boisson alcoolisée n'était vendue (à ce moment-là) à autant d'endroits : épicerie, supermarché, Société des alcools, débit de boisson… Alors, quelle raison véritable se cachait sous l'affirmation « Je n'en ai pas l'occasion » ?

Après une recherche en profondeur à l'aide d'un psychologue qui a consacré plusieurs heures à interviewer un échantillon de quelques dizaines de personnes, nous avons découvert la vraie raison : plusieurs ne s'y retrouvaient pas dans le cidre (sec, pétillant, sucré, etc.). Et surtout, la plupart ne connaissaient pas le « rite du cidre », à savoir si on devait le servir dans des verres ou des bocks, avant ou pendant le repas, avec la viande rouge ou blanche, etc. Les consommateurs ne prenaient donc pas le risque de servir du cidre parce qu'ils ne savaient pas comment le servir. Ce qu'une recherche coûteuse mais superficielle n'avait su révéler. Avec ces résultats, les cidreries ont entrepris de faire connaître le « rite du cidre » dans leurs publicités.

Bref, l'information révélée par toute enquête doit être interprétée avec prudence : ce que les gens disent n'est pas toujours conforme à la réalité.

Décrivons sommairement deux techniques utilisées : le sondage et le groupe de discussion.

Le sondage

Faire un sondage consiste à soumettre sa campagne pour évaluation à un échantillon représentatif de la population cible visée. Il n'est pas besoin pour cela de dépenser beaucoup d'argent, mais il faut appliquer trois principes de base.

1er principe : il faut décider ce que l'on veut apprendre par ce sondage. Trop de gens n'arrivent pas à se limiter. Bien sûr, ils veulent savoir si l'attitude de leurs cibles a changé, mais « tant qu'à y être », ils veulent en profiter pour savoir si les gens aiment leur publicité, s'ils trouvent les prix élevés ou bas, s'ils estiment plus ou moins l'entreprise que ses quatre concurrents principaux, puis s'ils aiment mieux être servis pas des filles ou des gars, puis… puis… Le questionnaire s'allonge indûment.

Un questionnaire efficace ne comporte que quelques questions simples et claires. Dix questions est un maximum.

2e principe : il faut consulter un nombre minimal de personnes qui constituent l'échantillon. Un nombre minimal, c'est 30 personnes ; 100 personnes, c'est bien ; 400, c'est encore mieux, ainsi de suite. Un échantillon de 100 personnes constitue un bon indicateur ; si vous vous rabattez sur l'échantillon minimal de 30 personnes, le résultat ne sera valable que si vous ne posez qu'une question et que vous ne répartissez pas vos répondants en sous-groupes. Par exemple, si, parmi vos 30 répondants, il y a 20 hommes et 10 femmes, vous ne pourrez pas déduire que 33 % des femmes, en général, pensent de telle façon : 10 n'est pas un nombre minimal pour extrapoler. Vous pourrez seulement affirmer que le tiers de vos répondantes pensent de telle façon.

3e principe : il faut que ces personnes forment un échantillon, c'est-à-dire qu'elles soient exactement représentatives de la population que cet échantillon représente. Comment peut-on constituer un échantillon des femmes que vous visez ? En les recrutant à la maison ? Non, car votre échantillon représentera alors « les femmes à la maison » et non toutes les femmes. Et, ce que les femmes à la maison pensent n'est pas nécessairement ce que pensent les femmes en général. Recourir à une liste où toutes les femmes sont inscrites sera mieux, par exemple la liste électorale ou même la liste de vos clientes actuelles.

Dans votre liste de clientes actuelles, vous ferez un choix au hasard. Évitez de sonder les personnes que vous connaissez bien et que vous trouvez sympathiques. Ce n'est pas là un échantillon représentatif et vous risquez de n'obtenir que des commentaires d'un type particulier, ceux de gens « qui vous ressemblent » ou de personnes qui veulent vous plaire.

Pour être sûr que votre échantillon est valable, appliquez une méthode systématique. Par exemple, sélectionnez le troisième nom de chaque page d'une liste. Puis, faites des efforts répétés pour atteindre toutes ces personnes, sans quoi vos résultats risquent d'être faussés (ce sont les femmes autonomes qui ne sont pas là, ou les femmes avec enfants, ou les femmes plus jeunes, etc.).

3 principes à observer pour faire un sondage

- Il faut décider ce que l'on veut apprendre par ce sondage.
- Il faut consulter un nombre minimal de 30 personnes, lesquelles constituent l'échantillon.
- Il faut que ces personnes forment un « échantillon », c'est-à-dire qu'elles soient exactement représentatives de la population.

Le groupe de discussion

Le groupe de discussion (appelé en anglais *focus group*) est utilisé comme technique de recherche dans toutes sortes de buts : tester un concept, évaluer un scénario-maquette de message télé (*story board*), etc. C'est un moyen relativement économique d'amasser de l'information. Le groupe de discussion est animé par un professionnel indépendant, par le responsable de la recherche de l'agence ou par une firme spécialisée en recherche marketing.

Le groupe de discussion rassemble une dizaine de personnes qui répondent aux caractéristiques du groupe cible visé par la campagne. Le groupe est confortablement installé dans une salle et l'animateur présente le « problème » sur lequel il veut obtenir des avis. Les participants sont invités à discuter librement pendant une heure ou deux du sujet de l'enquête. L'animateur favorise la participation de chacun, oriente subtilement la discussion vers les points cruciaux, relance le débat de manière à explorer la pluralité des opinions.

Le client et les représentants de l'agence peuvent observer le déroulement de la séance derrière une vitre sans tain, examinant le comportement et les réactions du groupe. Toute la séance est enregistrée.

Dans un deuxième temps, l'animateur écoute l'enregistrement, en analyse le contenu minutieusement et rédige un rapport-synthèse.

Un groupe de discussion sert très souvent à évaluer la compréhension d'un message, certainement pas à évaluer les aspects communicationnel et esthétique du concept, qui sont des éléments subjectifs. L'essentiel reste que le message doit être bien compris par les cibles.

Saviez-vous que l'une des plus célèbres signatures publicitaires du monde a été « cannée » lors d'un *focus group* ? Il s'agit du slogan adopté il y a plusieurs années par la compagnie Nike : « *Just Do It* » (Faites-le !). Le groupe réuni pour exprimer son avis considérait pourtant que ce slogan « ne voulait rien dire ». Sa principale réticence s'exprimait ainsi : « Faites-le… quoi ? » Pourtant, ce slogan positionne merveilleusement l'entreprise par rapport à ses concurrents : Nike, la performance par le sport.

La recherche est nécessaire, mais il faut parfois faire confiance à son intuition, à son instinct… ou aux idées émises par ses conseillers publicitaires.

CONFRONTATION

Le Jeune Loup
Selon moi, les groupes de discussion ont malheureusement contribué à aseptiser plusieurs bonnes campagnes. Une personne qui se fait payer pour critiquer se prend souvent pour un expert. Or, elle ne l'est pas ! Le client est trop souvent influencé par les commentaires négatifs et il ne fait pas assez confiance au jugement de son publicitaire. Sans tous ces filtres, la publicité serait plus créative, plus audacieuse. Moins il y a de gens impliqués dans une campagne, plus celle-ci a des chances d'être bonne. Rappelez-vous : « Trop de chefs gâtent la sauce. » Et celle-ci ne goûte plus rien !

Le Gourou
Le groupe de discussion ne permet pas de fabriquer une bonne campagne, mais il permet d'éviter les grosses gaffes. Aucun annonceur ni aucun publicitaire ne peut se mettre exactement à la place des cibles. Un groupe de discussion bien constitué rassemble le profil exact des cibles. On n'a pas besoin de prendre pour du *cash* ce qui y est exprimé, mais on y entend souvent une petite remarque qui permet de préciser le concept de départ.

Le seul vrai critère

Trop souvent, les gens d'affaires évaluent l'efficacité de leur publicité sur des bases erronées, dont: la préférence (« j'aime » ou « je n'aime pas »), la reconnaissance (« Premier prix dans la catégorie dépliants couleur au Gala de la publicité régionale ») et la visibilité (« Personne ne l'a vue, ma publicité »). Ce sont trois mauvais critères.

« Moi, je n'aime pas », disent certains entrepreneurs. « Et j'ai du flair, croyez-moi », lançait Céline Després qui venait d'inaugurer son entreprise de vêtements pour enfants. Il est possible que Céline ait du flair, mais il n'y a rien de mieux que de **demander aux cibles** de le confirmer. Ce sont vos cibles qui peuvent vous donner un avis sûr (considéré avec prudence) quant au bien-fondé de votre communication.

Il est impossible de faire abstraction de certains faits: la couleur préférée, c'est le bleu pour près de 50 % de la population. Ce n'est pas une raison pour imprimer dorénavant les Pages Jaunes en bleu! Si vous préférez l'orangé, vous êtes une exception, puisque seulement 3 % de la population préfère cette couleur. Vous pouvez choisir l'orangé pour votre publicité (A&W et tant d'autres l'ont fait), mais ce ne sera pas conforme au goût de la majorité. Il faut savoir ça, c'est tout.

Par ailleurs, ce n'est pas parce qu'une publicité gagne des prix qu'elle est bonne. Elle a pu être remarquée (c'est le cas si elle est exceptionnellement originale, même stupidement originale!) ou vue par beaucoup de gens, comme c'est le cas quand l'annonceur dépense beaucoup. Mais elle n'est pas nécessairement bonne. Insistons: **même si une publicité est belle, elle n'est pas nécessairement bonne.**

Enfin, ce n'est pas parce que « personne ne l'a vue » qu'elle n'est pas bonne non plus. Surtout si ce « personne », c'est vous et vos amis. Une bonne publicité vise une cible en particulier. Il est important que cette cible l'ait vue. Si les femmes de 25-40 ans composent votre cible, ne soyez pas surpris de ne pas l'avoir vue si vous êtes un homme de 50 ans. Ni votre épouse ni votre fille de 20 ans ne l'auront vue non plus! La bonne publicité, répétons-le, c'est **celle qui poursuit l'objectif pour lequel elle a été conçue**.

4 conseils pour réaliser une recherche efficace

1. **Précisez ce que vous cherchez.** Si vous voulez trouver, sachez ce que vous cherchez. Précisez avant de commencer ce qui vous satisferait comme résultat de recherche.
2. **Consultez à l'aveugle.** Les gens de votre échantillon ne doivent pas savoir qui ils jugent en se prenant pour des publicitaires. Ils n'ont pas à donner leur avis sur une esquisse, par exemple. Faites-les plutôt réagir à un message, comme celui que les consommateurs verront dans les médias.
3. **Évaluez l'effet.** Ne demandez pas à vos participants leur avis sur votre annonce mais sur votre produit ou service. Il ne s'agit pas de savoir s'ils aiment, mais quel effet produit le message sur leur perception de votre produit ou service.
4. **Ne misez pas tout sur le résultat.** Les résultats d'une recherche ne sont qu'une indication, une tendance. Interprétez-les avec jugement, sans les prendre au pied de la lettre.

L'évaluation est un domaine où seuls les spécialistes peuvent agir avec assurance. Néanmoins, les quelques notions que vous avez vues ici vous permettront d'être plus sensible à la délicate question de l'évaluation. Faisons maintenant un brin de réflexion sur la « bonne » publicité, entendue ici aux sens légal et moral.

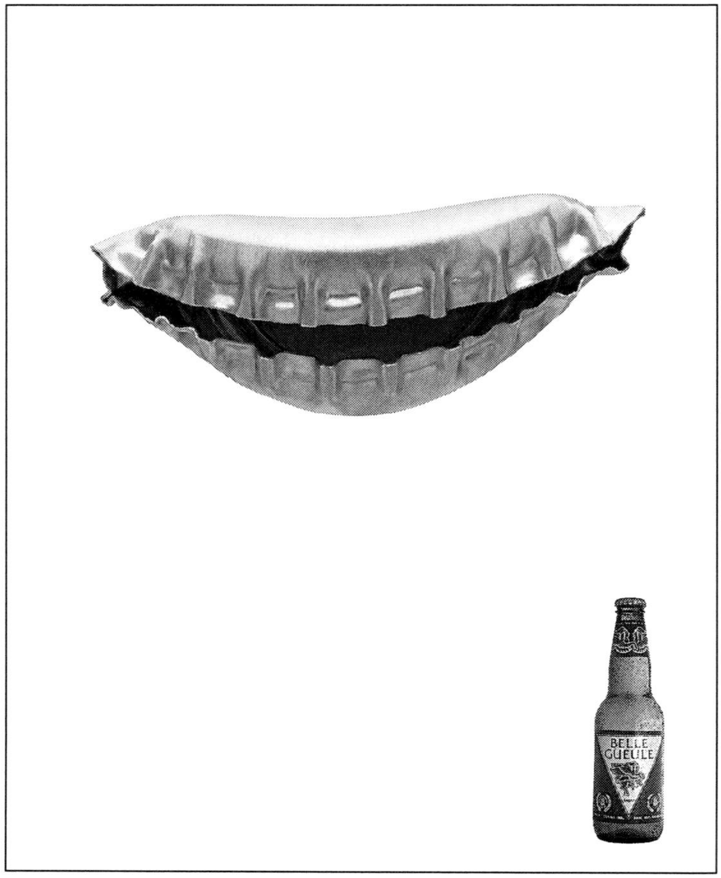

LES BRASSEURS GMT
ROBICHAUD ROBERGE

Pause publicitaire

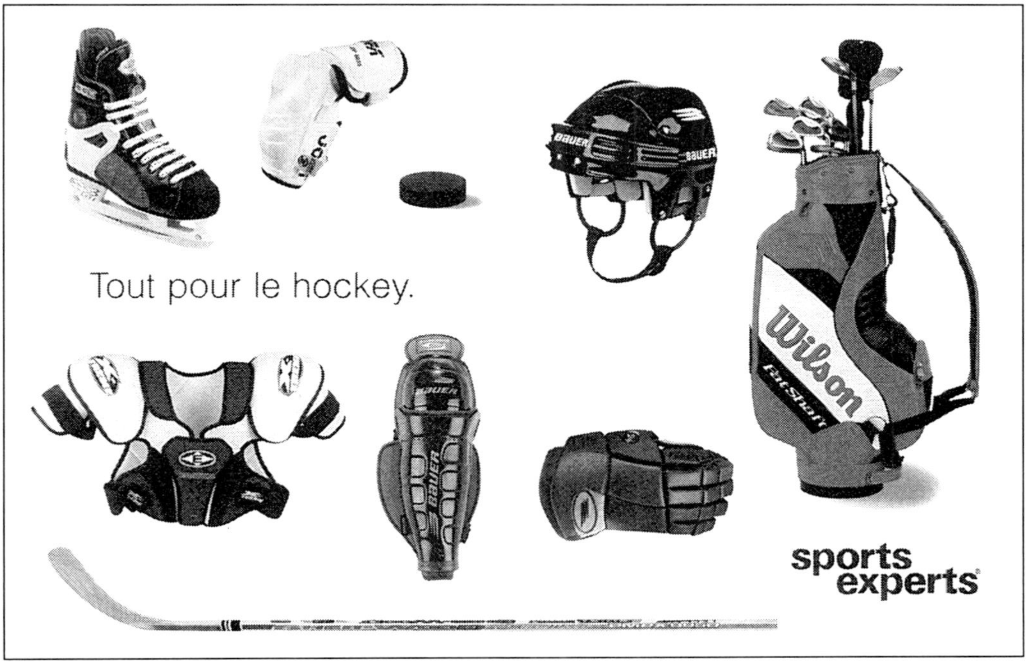

SPORTS EXPERTS
BOS

SOYEZ PRÊT
PRÉPARATION H
BSP

Chapitre 9

La publicité peut-elle être morale ?

Ce chapitre a pour but de susciter une réflexion sur les aspects éthiques de la publicité. On verra comment la loi oblige l'annonceur à présenter une publicité plus morale et jusqu'à quel point la pression publique agit sur la qualité de la publicité des petites entreprises.

L'écrivain Sainte-Beuve, ami de Victor Hugo, disait : « Il y a une morale humaine même supérieure à la morale légale, là où celle-ci ferait défaut. » En effet, la loi et la morale ne sont que des guides que la société nous propose. Une bonne publicité ne peut être conçue que par des gens qui sont eux-mêmes bons.

Tous les publicitaires considèrent la publicité sur le plan technique exclusivement. La pratique les oblige toutefois à prendre en considération les aspects « moraux ». La loi, la pression publique, les clients et l'appât du gain à plus long terme les obligent éventuellement à se pencher sur cette délicate question.

Nous n'aborderons pas ici la « morale » sur le plan technique. Même un livre spécialisé ne suffit pas à en éclaircir la complexité. Nous ferons simplement quelques remarques qui nous serviront de guides concrets.

La publicité mensongère

L'accusation qui revient le plus souvent, c'est que la publicité est mensongère. Anaïs, une jeune étudiante qui venait d'assister à un exposé sur l'éthique, lançait l'an dernier à l'un des auteurs conférenciers : « La publicité ? C'est fait pour flouer le monde ! Un tissu de mensonges ! » Pourtant, quand on y regarde de près, on s'aperçoit que la publicité est rarement mensongère. Cette accusation est souvent lancée sans preuves par des idéalistes et des activistes sociaux.

Les pots de crème glacée Ben & Jerry portent en gros sur le couvercle la mention « *All Natural* » (entièrement naturelle). Dans la liste des ingrédients, on trouve pourtant des essences artificielles et d'autres ingrédients non naturels. L'entreprise ment-elle aux consommateurs ?

En 1972, une commission interconfessionnelle a été formée sous l'égide de la Faculté de théologie de l'Université de Toronto pour étudier la question du mensonge en publicité. Des moralistes et des philosophes, des curés et des pasteurs, des publicitaires et des critiques sociaux en faisaient partie. Elle conclut dans son rapport, *La vérité et la publicité*, que dans la structure économique actuelle, la publicité est morale et qu'il est relativement rare qu'elle soit mensongère. Plusieurs citoyens continuent pourtant d'avoir l'impression (et c'est ce qui importe) que la publicité est mensongère. Bien sûr, les publicitaires ont une forte tendance à l'exagération, à mettre en lumière les qualités d'un produit et à en taire les défauts. C'est leur nature… qui est bien « humaine », pourrait-on dire. En cela, ils ressemblent aux consommateurs ordinaires.

De fait, il est rare qu'un publicitaire agisse sciemment dans le but de tromper le consommateur. Seuls quelques amateurs à courte vue agissent de manière trompeuse. Aujourd'hui, la population, la loi et les médias sont vigilants, et le risque de se faire repérer est trop grand. Ne serait-ce que parce qu'ils ont peur, la grande majorité des gens d'affaires sont honnêtes.

5 conseils pour réaliser une publicité morale

1. **« Montrez » la vérité.** Il ne suffit pas d'être honnête selon la lettre mais aussi selon l'esprit. Ainsi, l'image aussi doit dire la vérité. Par exemple, il faut éviter l'angle qui exagère la taille d'un petit objet.
2. **Donnez même l'apparence de la vérité.** Si les destinataires ont l'impression que vous cherchez à les tromper, dire la vérité ne suffira pas. Vous perdez ainsi des clients... et même, vous risquez encore de perdre votre cause en cour. Il faut vous assurer que vos cibles, elles, croient ce que vous dites dans votre message, que, pour elles, votre proposition est crédible.
3. **Évitez les faux-fuyants.** Un certain nombre de personnes excellent dans l'utilisation de faux-fuyants, ces petites tournures qui disent vrai mais qui échappent aux destinataires (c'est d'ailleurs le but poursuivi). C'est le cas quand on annonce « Un appareil qui pourrait vous faire économiser de l'argent ! » pour un adoucisseur d'eau dont la première fonction n'est pas d'économiser de l'argent. C'est également le cas de cette « Vente de fermeture : réductions jusqu'à 80 % » quand le gros de la marchandise est réduit de 25 %. Cette tactique déçoit les clients, qui délaisseront leur marchand.

4. **Faites des affirmations concrètes.** Il faut dire quelque chose qui veut dire quelque chose ! Affirmer que l'on sert « Le meilleur café », ou du « Pain maison » quand on tient une pâtisserie-boulangerie ne veut rien dire. « Meilleur » que quel autre café ? En quoi est-il maison, ce pain ? La loi même peut vous obliger à être plus concret.
5. **Donnez les vrais critères de décision.** Efforcez-vous de donner les vrais critères de décision pour votre produit ou service. Ne jouez pas à la cachette avec le consommateur, qui est de plus en plus clairvoyant. Voyez IKEA qui, sur ses étiquettes de meubles, donne un **indice objectif** de durabilité. Cette précision lui est bénéfique et pourrait l'être pour vous.

La loi

La loi est de plus en plus contraignante en ce qui regarde la publicité. Un grand nombre de lois et règlements obligent aujourd'hui le publicitaire à la prudence, au respect du consommateur, en particulier la loi fédérale sur les coalitions et la loi québécoise sur la protection du consommateur, adoptées toutes deux en 1971. Outre ces deux-là, plusieurs dizaines de lois régissent des aspects précis de la publicité : publicité sur les alcools, publicité le long des routes, publicité destinée aux enfants, publicité sur les aliments, etc.

Loi relative aux enquêtes sur les coalitions

Les articles 36 et 37 de la Loi relative aux enquêtes sur les coalitions sont clairs. L'article 36 affirme que quiconque fait un exposé trompeur « de quelque façon que ce soit en ce qui concerne le prix » auquel un article est disponible est « coupable d'une infraction punitive ». L'article 37 affirme que « quiconque publie ou fait publier une annonce **contenant une déclaration trompeuse** est coupable d'un acte criminel et passible d'un emprisonnement de cinq ans ». Ouille !

Au chapitre des aspects trompeurs de la publicité (même sous forme d'offre téléphonique), cette loi interdit :

- de faire une affirmation trompeuse sur un point important, quel qu'il soit ;
- de faire des affirmations sur le fonctionnement ou sur la durée sans pouvoir fournir des preuves ;

- de promettre une garantie ou un remplacement si l'on n'est pas en mesure de respecter cet engagement ;
- de laisser croire que le prix habituel d'un article est plus élevé que celui auquel on l'offre ;
- d'annoncer à un prix-rabais un article dont on ne dispose pas en quantité suffisante pour répondre à la publicité faite.

Les fonctionnaires chargés de faire appliquer la loi surveillent étroitement ces points. D'ailleurs, de très nombreuses condamnations sont prononcées chaque année en vertu de cette loi. Comme on le sait, « nul n'est censé ignorer la loi ».

CONFRONTATION

Le Jeune Loup

Les écueils que doivent contourner les publicitaires pour concocter leurs messages ne se comptent plus : lois fédérales ou provinciales, autoréglementation, groupes de pression, poursuites de sociétés, réclamations d'individus, lettres des lecteurs... et réticences du client. Il devient presque impossible pour lui d'être créatif, d'autant plus que, lorsqu'il compose avec de gros budgets, l'autocensure se montre le bout du nez. Fondamentalement, le succès d'une campagne repose sur la création, mais la création finit trop souvent comme un oiseau aux ailes rognées. Les balises sont devenues trop nombreuses.

Le Gourou

La société doit demeurer vigilante face aux publicitaires. Ceux-ci sont les porte-parole des puissants en quasi-exclusivité : les entreprises, les riches, l'État lui-même. Par la communication de masse, l'argent donne accès à l'espace public pour faire valoir son point de vue ; les dés sont pipés. Les publicitaires rêvent d'une société permissive qui leur permettrait de jouer sur tous les tableaux pour que leurs mandants parviennent à leur fin. Seule la loi les freine dans leurs excès. Et encore !

Loi sur la protection du consommateur

Au Québec, la Loi sur la protection du consommateur est elle aussi suffisamment claire pour restreindre les abus. Elle est précise sur un certain nombre de points. Elle interdit aux commerçants et aux fabricants, aussi bien qu'aux publicitaires, sous peine de poursuite :

- de faire des affirmations fausses (évidemment !) ;
- d'omettre un fait important (ce qui est plus délicat) ;
- de valoriser la prime plus que le produit ;
- de faire de la publicité destinée aux enfants de moins de 13 ans (celle-là, les fabricants et les vendeurs de jouets ne l'ont pas digérée) ;
- d'indiquer faussement un poids, une dimension, un rendement, les quantités disponibles, etc. ;
- de prétendre faussement à un mode de fabrication déterminé, à une origine géographique déterminée, etc. ;
- de donner plus d'importance dans la publicité au prix de la partie plutôt qu'à celui du tout, aux mensualités plutôt qu'au prix total, etc. ;
- d'invoquer faussement un prix réduit, un prix courant, ou même de laisser croire à un prix avantageux ;
- de faire état faussement d'une analyse scientifique, d'un témoignage, d'une affiliation, etc. ;
- de cacher que l'on est commerçant (dans les petites annonces, par exemple), d'omettre son adresse au profit d'un numéro de case postale seulement, etc.

En Amérique du Nord, le Québec serait le plus avancé pour ce qui est de la protection du consommateur. La Loi sur la protection du consommateur en couvre large et il vaut mieux s'y conformer, car on risque autrement poursuites et condamnations.

Le respect de la pluralité

De nos jours, les citoyens sont de plus en plus critiques. Il ne suffit plus que les publicitaires observent la loi ; comme les politiciens, ils doivent faire preuve de morale, encore plus que ne le fait le citoyen moyen. Le grand publicitaire et philanthrope texan Morris Hite disait : « La morale en publicité ? La publicité est aussi morale que le public. Aussi morale que vous et vos voisins. Aussi égoïste que vous et vos relations. Elle a les mêmes règles morales que la strate socioéconomique supérieure de la société parce qu'elle est créée, approuvée et payée par les échelons supérieurs de la société moderne. Je vais modifier légèrement mon affirmation : elle est un peu plus morale, un peu plus éthique que la strate socioéconomique supérieure. Pourquoi ? Parce que la publicité évolue dans un aquarium : c'est la plus visible des pratiques commerciales. Elle est surveillée par des millions de critiques. Aucune entreprise, aucun moyen de communication, aucune forme d'art (ou quelque nom que vous donniez à la publicité), aucune autre entreprise n'est plus surveillée. »

Le public exige plus particulièrement le respect des sexes et des minorités. Aussi s'agit-il d'aspects délicats pour le concepteur publicitaire.

Le sexisme

Les consommateurs et consommatrices sont de plus en plus sensibles au sexisme dans la publicité. Les commerçants doivent donc s'exercer à mettre au point des messages publicitaires non sexistes. Ce n'est là d'ailleurs qu'une simple marque de respect pour l'humanité tout entière.

Nous proposons ici certaines indications de conduite inspirées du rapport *L'image des femmes* publié par le Conseil de la radiotélédiffusion canadienne en 1982.

La publicité doit s'efforcer :

- de montrer les femmes dans une **vaste gamme d'occupations** (et non pas seulement comme secrétaire, ménagère ou infirmière) ;

- de montrer hommes, femmes et enfants participant aux tâches domestiques (et non seulement la mère) ;
- de montrer des hommes et des femmes, d'âge, d'apparence et de milieu différents, qui sont actifs dans les sports, les loisirs et les affaires (et non pas seulement le jeune homme dans le sport, l'homme d'âge mûr dans un fauteuil de directeur, la jeune femme derrière un comptoir, etc.) ;
- de montrer les personnes des deux sexes sur un même plan d'égalité intellectuelle et émotive, comme des personnes également compétentes, ingénieuses, sûres, indépendantes, expertes, etc. (et non pas seulement des femmes peureuses, des hommes courageux ; des femmes émotives, des hommes logiques, etc.) ;
- de montrer les qualités des produits et des services eux-mêmes et **non pas des personnes excessivement dépendantes d'eux** pour leur bonheur (par exemple, la femme qui n'est pas une femme sans son produit de beauté, l'homme qui n'est pas un homme sans sa cigarette) ;
- de montrer des hommes et des femmes servant exclusivement comme élément de décor au produit ou service et sans rapport direct avec l'usage du produit (vous savez, la belle bonde avec la décapotable rouge) ;
- d'utiliser des **expressions sexistes** comme heures/hommes, hommes de science ou hommes d'affaires, alors que « heures », « scientifiques » ou « gens d'affaires » sont des termes clairs et génériques ;
- d'utiliser des expressions génériques qui n'en sont pas comme « les enseignants du primaire », alors qu'on y trouve un grand pourcentage de femmes et qu'il faudrait prendre la peine de dire « les enseignants et enseignantes du primaire ».

Les minorités

La même attitude de respect doit s'appliquer aux minorités. Il faut éviter de recourir aux stéréotypes qui ne sont que des caricatures. Le Chinois n'est pas toujours un blanchisseur avec des dents proéminentes, le Français ne porte pas toujours un béret, l'Italien n'est pas toujours sombre de teint et terrassier, le Haïtien ne parle pas toujours petit-nègre au volant de son taxi… Les Vietnamiens, les Italiens et les Indiens aussi peuvent être professeurs, gens d'affaires ou artistes. Les néo-Canadiens comme les autochtones participent à la diversité des situations de la vie canadienne.

Le mâle homosexuel n'est pas toujours une « tapette » maniérée ; il peut être athlète olympique ou enseignant. La personne de petite taille n'est pas toujours un nain de cirque ; elle peut être scientifique ou violoncelliste. Le handicapé moteur ne vend pas toujours des crayons ; il peut tout aussi bien être gestionnaire ou animateur social.

Les Québécois ne sont plus tous des francophones de vieille souche, ni tous conformes au modèle standard, soyons réalistes. Il faut **faire un effort conscient pour montrer cette diversité**. Ensemble, nous formons les consommateurs et le Québec d'aujourd'hui.

L'autocensure

Les publicitaires canadiens se sont donné un Code de normes de la publicité. Ce code, non contraignant, aborde des points qui ont fait l'objet du plus grand nombre d'abus dans le passé. Si, en guise d'autocensure, les gens d'affaires respectent ce code, on peut présumer que leur publicité évitera au moins les abus les plus criants.

Le Code canadien de la publicité, révisé en 2002, comporte 14 articles. En résumé, il interdit de préparer et de diffuser une annonce qui :

1. comporte une affirmation mensongère, tendancieuse, injustifiée ou exagérée ;
2. masque son but commercial ;
3. comporte une indication de prix susceptible d'induire le consommateur en erreur ;
4. offre des produits ou services que le consommateur ne peut se procurer au prix et aux conditions mentionnées ;
5. offre une garantie, à moins que celle-ci soit pleinement décrite avec ses conditions et limites et que l'annonce mentionne l'endroit où on répondra à la garantie ;
6. déprécie les produits ou services des concurrents ;

7. comporte un témoignage faux ou tendancieux ou qui ne reflète pas l'opinion véritable de leurs auteurs ;
8. dénature le sens véritable de propos ou de déclarations de scientifiques ou autres professionnels ;
9. reproduit le texte, les slogans ou les illustrations d'autres annonces ;
10. encourage des comportements dangereux ;
11. exploite les superstitions ou les frayeurs ;
12. exploite la crédulité, l'inexpérience ou la naïveté des enfants ;
13. incite les mineurs à consommer des produits destinés aux adultes ;
14. encourage la discrimination, la violence, l'illégalité ou les mœurs inacceptables.

Le Comité consultatif des normes de la publicité a reçu en 2001, pour l'ensemble du Canada, 1 164 plaintes concernant 815 publicités, dont 326 du Québec. De ces 326 plaintes, seulement 161 ont été jugées recevables et 75 ont été retenues. Ce qui laisse supposer qu'environ une vingtaine de messages diffusés au Québec étaient jugés incorrects. Le Comité a alors demandé à l'annonceur d'apporter des modifications à sa publicité. Le Code de normes de la publicité constitue un minimum. Le respecter dans la lettre et dans l'esprit, c'est déjà la garantie d'une publicité honnête.

Par ailleurs, le consommateur est tellement bombardé de tous bords, tous côtés, qu'il devient de plus en plus difficile de percer le mur de son indifférence. Les publicités n'auront bientôt plus aucun impact sur ses décisions d'achat. Les annonceurs comprendront donc qu'il y a un temps où le consommateur est réceptif à leur publicité et qu'il y a un temps où il a besoin de voir le ciel, les arbres et le vide. Les médias inutiles seront boycottés et la publicité sera concentrée dans les médias qui respectent les habitudes et la vie des consommateurs.

Vous êtes désormais sensibilisé à quelques aspects importants de l'éthique publicitaire.
Vous avez appris comment faire votre publicité vous-même.
Au cas où vous voudriez quand même faire appel à des publicitaires professionnels, nous vous donnons, dans le prochain chapitre, quelques conseils sur la façon de vous comporter en « bon client ».

Pause publicitaire

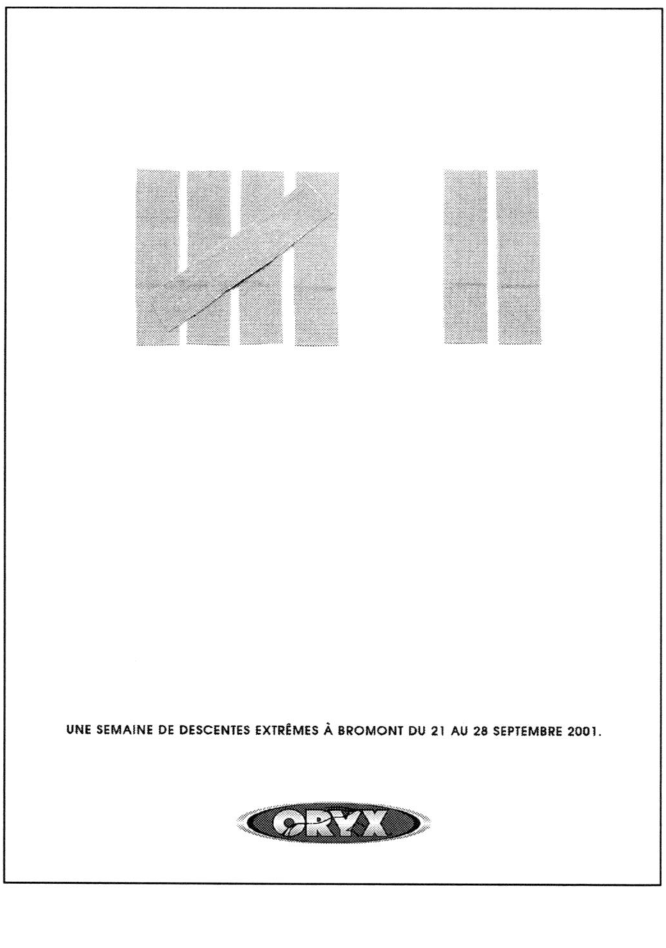

GROUPE PROCYCLE
AMEN

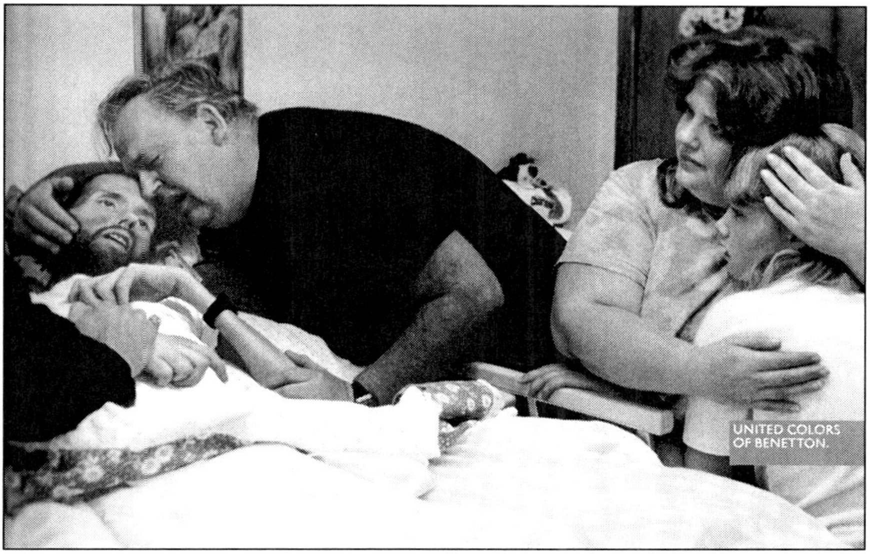

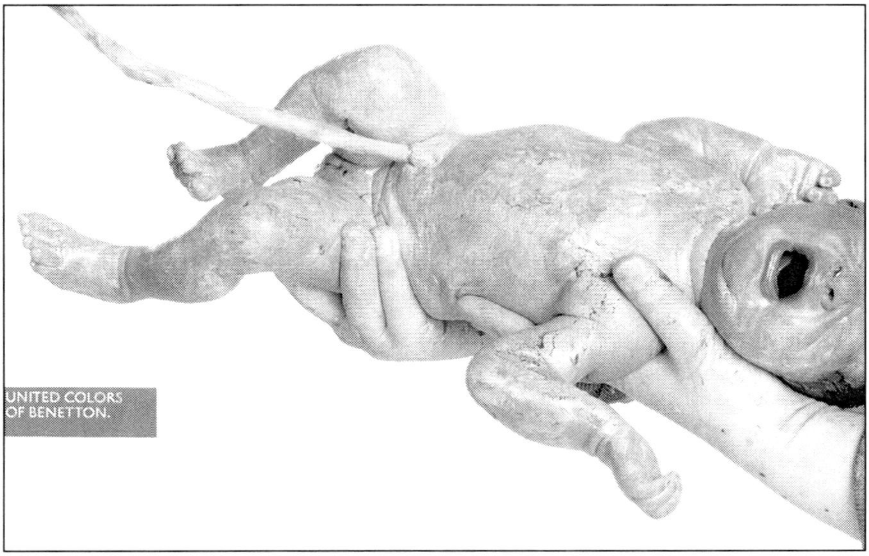

BENETTON
OLIVIERO TOSCANI

Chapitre 10

Comment travailler avec les pros

Ce chapitre vous fournit quelques indications pour faire grandir la complicité entre vous et votre conseiller publicitaire. Le but ultime est que vous constituiez avec lui une équipe efficace sur le plan communicationnel.

Le grand romancier britannique Charles Dickens écrivait de son héros Barnaby Rudge : « Avec ses arguments, c'était un client difficile. » Un client peut-il être facile tout en s'opposant continuellement aux vues de son fournisseur ?

Tout au long de ce livre, nous avons considéré que vous vouliez faire votre publicité vous-même. Or, personne ne peut se suffire à soi-même ; même les grandes agences font appel à des illustrateurs, à des graphistes spécialisés, à des conseillers en médias ou à des firmes de recherche. Voyons donc ce qui s'offre à vous.

Des professionnels avec des vues différentes

Malgré tous les livres que vous lirez, y compris celui que vous avez en main, il se peut que vous ne développiez aucun talent en publicité. Comme disait le stigmatisé Italien padre Pio : « On cherche Dieu dans les livres, mais on le trouve dans la prière. » Oui, le génie est donné, mais pas à tout le monde.

Malgré cela, vous pouvez avoir vos raisons de faire vous-même votre publicité. Parce que vous aimez ça, parce que ça coûte moins cher (pensez-vous !), parce que les circonstances vous y obligent. Heureusement, vous pouvez demander un coup de main à un certain nombre de professionnels de la communication et de la publicité. Voyons qui sont ces professionnels : l'agence, le graphiste, le consultant en marketing, le représentant média et l'agence étudiante.

L'agence

Au Québec, quelques centaines d'agences de publicité offrent leurs services. Leurs coordonnées se trouvent dans le *Guide annuel des entreprises en communication* publié par la revue *Info Presse.* Il y a les petites, les moyennes et les grosses agences. Chacune d'elles possède sa philosophie et sa vision de la publicité ; certaines parlent de « convergence », tandis que d'autres prêchent la « dominance ». Actuellement, plusieurs agences font suivre leur nom de « communications intégrées ». Dans 10 ans – qui sait ? – la mode sera peut-être à la communication désintégrée ! Qu'est-ce que l'on ne ferait pas pour afficher une valeur ajoutée ! Au bout du compte, vous comprendrez vite que ce vocabulaire pseudo-scientifique ne sert qu'à impressionner le client.

Afin de savoir si une agence est digne d'être la vôtre, vous n'avez qu'à examiner les concepts publicitaires qu'elle a trouvés, les stratégies qu'elle a utilisées et les résultats qu'elle a produits pour l'ensemble de ses clients. Vous devez choisir l'agence qui comprend le plus votre entreprise et vos besoins, celle avec laquelle vous avez des affinités. Si vous gérez une petite ou moyenne entreprise, choisissez une petite agence créative avec une structure souple et légère. Celle-ci comprendra plus rapidement les enjeux de votre entreprise, car vous serez pour elle un client important et considéré. Elle sera apte à vous donner un service plus personnalisé tout en vous facturant des honoraires raisonnables. Les petites et moyennes agences sont parfois plus créatives que les gros dinosaures en voie d'extinction. Comme l'affirmait le fondateur de l'une des plus grandes agences au monde, Bill Bernbach, pour l'originale coccinelle de Volskwagen : « *Think small.* »

LES AGENCES DE PUBLICITÉ AU QUÉBEC
par le Jeune Loup

Une centaine d'agences sérieuses ont pignon sur rue au Québec.

D'abord, de grandes structures plutôt complexes offrent tous les services intégrés à l'interne, à des coûts élevés. Ces agences font souvent partie d'immenses réseaux internationaux.

Ensuite, des entreprises de taille moyenne s'entêtent à offrir une partie des services intégrés à l'interne, au lieu de confier certaines tâches à des sous-traitants qualifiés. Conséquemment, ces agences ont de la difficulté à maintenir la cadence, ce qui se répercute sur la qualité du produit.

Enfin se profilent les agences qui possèdent une structure juste assez réduite pour être optimalement efficace. Ces agences axent leurs services principalement sur la stratégie, sur la création publicitaire et sur la gestion de projet.

Finalement, certaines mini-structures, qui ne sont pas de véritables agences, se concentrent sur un seul volet, par exemple la réalisation infographique (studios de graphisme). Ces boîtes ne peuvent livrer de véritables « campagnes » de publicité.

Pour que vous puissiez vous situer dans ce maelström d'agences, nous en avons répertorié un certain nombre, puis nous les avons réparties en trois groupes.

Les grandes agences établies

Cossette Communication Marketing, BOS, Diesel, etc. Dotées d'une structure complexe et parfois lourde, elles se positionnent autant comme stratégiques que comme créatives. Elles parviennent très bien à leurs fins, et avec tout l'éclat que leur statut permet. Leur philosophie est originale, et elle a fait ses preuves. Leurs services sont diversifiés et complets, leurs effectifs leur permettent de livrer ce qu'elles promettent, mais les prix sont en conséquence. Ces agences ont toutes au moins 100 employés ; Cossette en compte près de 1 000.

Les « moitié-moitié »

Palm, Marketel, Académie Ogilvy, Armada, etc. Reconnues pour leur structure particulière, elles se positionnent autant comme des agences stratégiques que créatives, mais elles sont loin d'avoir la profondeur des grandes agences établies. En fait, elles ménagent la chèvre et le chou. Probablement motivées par le désir d'accéder au premier groupe, elles ne font que le suivre. Elles livrent assez souvent ce qu'elles promettent, sans plus. Tant qu'elles ne réviseront pas leurs positions et qu'elles ne tenteront pas de se démarquer par une philosophie qui va plus loin que le revenu, elles resteront derrière.

Les petites créatives

Républik, Epoxy, Paprika, etc. Bien qu'elles fassent preuve de bonnes capacités stratégiques, elles se positionnent résolument comme créatives. Elles innovent continuellement, s'interdisant de suivre le troupeau. Elles préfèrent être les premières sur les petits terrains que les deuxièmes sur les grands. Leur philosophie est généralement très simple : elles livrent ce qu'elles promettent sans compromis et à un prix souvent moins élevé. Les grandes agences établies ont fait partie de ce groupe à leurs débuts.

Il existe évidemment tout plein de petites agences dans les principales villes du Québec. Elles font souvent un travail extraordinaire avec des budgets réduits. Voici les principales villes où il existe de petites agences (**pour renseignements, consultez la chambre de commerce locale**) : Gatineau (819 243-2246), Sherbrooke (819 822-6151), Trois-Rivières (819 375-9628), Saguenay (418 543-5941), Drummondville (819 477-7822), Shawinigan (819 536-5197), Rimouski (418 722-4494), Rouyn-Noranda (819 797-2000), Saint-Georges (418 228-7879) et Rivière-du-Loup (418 862-5243).

Dernière remarque : ce sont des intérêts québécois qui possèdent la grande majorité des agences implantées au Québec, alors que la plupart des autres agences nord-américaines sont des filiales de grands groupes mondiaux.

Le *pitch*

Pour choisir une agence, les clients qui disposent de gros budgets procèdent généralement par un appel d'offres public qu'ils publient dans les journaux. Dans l'industrie de la communication, on utilise le terme *pitch* pour « présentation spéculative », soit le processus de sélection d'une agence.

Cette sélection se fait ordinairement en deux étapes. La première consiste en une présentation générale de l'agence. La deuxième implique que le client présente un problème pour lequel l'agence élaborera un plan de communication.

• **Étape 1 : le dossier.** Le client prend contact avec un certain nombre d'agences qui lui semblent convenables. Le client soumet ce genre de questions à l'agence : Combien d'années d'expérience comptent les employés de l'agence ? Quelle est la facturation annuelle ? Avez-vous un organigramme ? Quels membres de votre équipe assignerez-vous à notre budget ? Avez-vous déjà fait de la publicité pour un client du même secteur d'activité que le nôtre ? Si oui, veuillez présenter quelques-unes de vos réalisations, etc. Les agences intéressées font parvenir un document de présentation générale qui répond à chacune des questions. Se faisant une première idée d'après le document, le client invite deux ou trois agences à faire une présentation proprement dite.

• **Étape 2 : la présentation spéculative (le *pitch*).** Le client invite une ou quelques-unes des agences sélectionnées à partir du dossier soumis par elles. Et leur soumet un problème de communication sous forme de document synthèse (appelé *brief* dans le jargon). Les agences soumissionnaires retournent à leurs quartiers et rédigent un plan de communication répondant au problème posé. Ce plan comprend les stratégies de persuasion, le thème de la campagne, voire des « démos », soit des ébauches de messages télé ou autres. Bref, chaque agence fait marcher ses méninges pour démontrer au client qu'elle comprend son problème et qu'elle est capable de présenter des solutions originales. Chacune des agences présente ensuite sa campagne au client… en espérant qu'elle sera l'heureuse élue. (Notons que parfois les dés sont pipés parce que le client, influencé par ses liens d'amitié ou par des pressions politiques, a fait son choix d'avance.)

CONFRONTATION

Le Jeune Loup
Les publicitaires sont des gens passionnés par la publicité. La plupart sont de vrais professionnels. Ils aiment leur métier, ils en mangent, ils sont donc, par expérience, compétents. La publicité est avant tout un art et, comme dans tous les arts, les bons publicitaires le sont par intuition. S'ils sont actifs au sein d'une agence, on a tout lieu de croire qu'ils sont doublement chevronnés du fait qu'ils sont épaulés par d'autres experts. D'ailleurs, la meilleure preuve, ce sont des clients satisfaits.

Le Gourou
La publicité n'est pas un champ que la Loi des professions protège, si bien qu'à peu près n'importe qui peut se dire publicitaire. Ce « pro » a peut-être reçu une formation universitaire en marketing, en administration, en communication publique ; il se peut aussi qu'il ait appris sur le tas, qu'il soit plutôt un vendeur qui fera tout lui-même, y compris les fumées fumeuses d'un fumiste et ses coups fumants ! Bref, le profane doit faire un *double check* avant de faire confiance à un publicitaire.

Qui fait quoi en publicité

Voici les postes du domaine de la publicité et une description succincte des tâches qui s'y rattachent.

DANS UNE AGENCE

Président/Chef de la direction

Détermine les objectifs et précise les plans d'action. Il est la plupart du temps responsable du développement de la clientèle. Il embauche les cadres supérieurs. Le cas échéant, il représente l'organisation devant les actionnaires.

Vice-président exécutif/Directeur général

Gère les activités quotidiennes de l'agence. La plupart du temps, il est conjointement responsable (avec le président) du développement de la clientèle.

Chef de groupe/Chef de colonne/Directeur du service à la clientèle

Supervise les activités de plusieurs directeurs de compte.

Directeur de compte/Chargé de compte/Administrateur publicitaire/Chef de budget

Maintient le lien entre l'agence et le client. Coordonne la mise au point des plans de communication et approuve tout ce qui est fait dans l'agence pour les budgets dont il est responsable.

Coordonnateur de budgets/Administrateur publicitaire junior/Adjoint de l'administrateur publicitaire

Assiste le directeur de compte dans ses tâches d'exécution du plan de communication. Gère le calendrier d'avancement des travaux. Fait le lien journalier entre les intervenants de l'agence ainsi qu'entre les gens de l'agence et les sous-traitants.

Directeur de la recherche

Planifie la recherche, rassemble des données, met au point des sondages et autres outils de recherche (*focus groups,* etc.). Négocie leur réalisation avec des sous-traitants spécialisés en ces domaines.

Planificateur stratégique

Fournit, à l'aide de la recherche et des données secondaires, une compréhension plus approfondie du consommateur, laquelle orientera la stratégie de communication.

Directeur de création

Définit les caractéristiques de la création d'une agence. Recrute le personnel créatif (directeurs artistiques, concepteurs-rédacteurs et autres). Supervise au quotidien l'ensemble de la création.

Concepteur-rédacteur

Conjointement avec un directeur artistique, conçoit les campagnes. Rédige les textes des publicités.

Directeur artistique

Conjointement avec un concepteur-rédacteur, conçoit les campagnes. S'occupe de la production de tous les éléments visuels.

Directeur médias

Supervise le service médias de l'agence. Recrute les acheteurs médias. Arrête la stratégie médias pour une campagne. Supervise l'achat médias et la signature des contrats.

Acheteur médias

Gère quotidiennement l'exécution des plans médias. Négocie l'espace publicitaire avec les médias.

CHEZ LE CLIENT ANNONCEUR

Président/Chef de la direction

Détermine les objectifs et précise les plans d'action de l'entreprise. Est responsable de l'ensemble des activités de l'entreprise : personnel, finance, production et marketing.

Embauche les cadres supérieurs, dont le responsable du marketing. Le cas échéant, représente l'organisation devant les actionnaires.

Directeur marketing/Vice-président marketing
Responsable de la mise au point des stratégies marketing pour chacun des produits. Supervise quotidiennement l'ensemble de ces activités, dont les relations avec l'agence.

Chef de produit/Chef de marque
Responsable des tactiques de marketing relatives à des produits ou à des marques.

Adjoint au chef de marque/Adjoint au chef de produit
Assiste le chef de marque ou de produit dans la réalisation des tactiques de marketing.

Avantages de recourir à une agence

Une agence est, dans la personne de l'administrateur publicitaire affecté à votre budget, un conseiller clé pour votre entreprise, au même titre que votre comptable ou votre avocat. C'est d'autant plus vrai que, de nos jours, aucune entreprise ne peut prétendre au succès sans porter une attention particulière au marketing, dont la publicité est le bras communicationnel. L'agence est la mieux placée pour fournir des conseils en matière de stratégie.

Désavantages de recourir à une agence

Toutefois, il faut admettre qu'une agence peut avoir des partis pris. Ne recevant une commission que des cinq grands médias (télévision, radio, journal, périodique, panneau-réclame), elle aura tendance à privilégier ceux-là plutôt que des médias moins structurés qui sont pourtant souvent mieux adaptés aux petites entreprises.

Le graphiste

Le graphiste, appelé parfois designer graphique ou concepteur visuel, est un travailleur autonome ou fait partie d'une petite boîte spécialisée dans le visuel (typographie, mise en page, identification corporative, etc.). La plupart des graphistes ont reçu une formation collégiale ou universitaire en graphisme, mais bon nombre d'entre eux ont appris sur le tas. Le graphiste est ordinairement spécialisé dans l'imprimé d'information plutôt que dans la persuasion.

Le graphiste est particulièrement utile pour organiser la **communication visuelle**, c'est-à-dire pour rassembler images et textes en fonction de la stratégie arrêtée par le publicitaire. Sauf les rares pros qui se spécialisent en publicité, les graphistes ont parfois des tendances esthétisantes au détriment de l'efficacité persuasive. Plusieurs, par exemple, répugneraient à suggérer une mise en page populiste (« quétaine », selon leurs termes) même pour un produit et une cible résolument populaires. Pour eux, la publicité du savon Tide, le leader des savons à lessive, est une « mauvaise » publicité.

Attention : la formation en art du graphiste est une formation de généraliste. Le graphiste n'est ni illustrateur ni photographe. D'ailleurs, les meilleurs graphistes font appel à des visualistes spécialisés : illustrateurs, photographes, infographistes, monteurs, ainsi de suite. Il faut se méfier du graphiste qui fait tout lui-même, en particulier de celui dont les « petits dessins » sont la solution à tous les problèmes de persuasion.

Si vous avez des idées, un sens publicitaire développé et que vous êtes capable d'élaborer votre plan de communication, un graphiste peut être la seule ressource dont vous ayez besoin. N'ayant pas besoin d'une agence, plusieurs entreprises font affaire directement avec un graphiste.

AVANTAGES DE RECOURIR À UN GRAPHISTE

- Le plus souvent, vous êtes en relation directe avec le concepteur visuel, ce qui n'est pas le cas si vous faites appel à une agence.
- Il peut produire rapidement vos publicités simples.
- Il travaille peut-être le jour et la nuit, 7 jours sur 7.
- Ce professionnel coûte ordinairement moins cher que le personnel d'une agence.

DÉSAVANTAGES DE RECOURIR À UN GRAPHISTE

- C'est exceptionnellement qu'il peut vous faire des recommandations stratégiques ou assurer un service conseil.
- Spécialiste du visuel, il ne peut ordinairement pas vous fournir les autres services de communication, soit les relations publiques, la promotion, la publicité radio ou télé, etc.
- Sa formation étant largement esthétique, il répugne parfois à réaliser des annonces populistes.

CONCOURS GRAFIKA 2002

Par rapport au publicitaire, qui réalise de la communication persuasive, le graphiste réalise de la communication informative. Voyez ce que le concours Grafika 2002 présente comme catégories.

- Affiche commerciale (design de)
- Affiche culturelle
- Animation électronique
- Annonce publicitaire (design de)
- Application d'identité visuelle
- Articles de papeterie
- Brochure corporative/institutionnelle
- Calendrier/Agenda
- Catalogue commercial
- Catalogue d'exposition
- Cédérom (design de)
- Circulaire
- Dépliant
- Design d'exposition
- Design électronique
- Emballage
- Invitation/Carte de souhaits
- Journal d'entreprise ou d'association
- Livre
- Logotype
- Magazine/Périodique (design de)
- Pochette
- Pochette de disque compact/cassette/vidéo
- Publicité directe : dépliant (design de)
- Publicité directe : feuille volante (design de)
- Rapport annuel
- Signalétique institutionnelle
- Site Internet corporatif

Le consultant en marketing

Le consultant en marketing est un professionnel qui travaille à forfait ou à taux horaire *pour* et *avec* une entreprise. L'entreprise lui fait confiance pour établir ses stratégies marketing. Grâce au regard externe qu'il pose sur l'entreprise, il peut souvent apporter des solutions auxquelles la direction n'avait pas pensé. Le consultant en marketing n'est pas un publicitaire ; il peut proposer un créneau nouveau pour un produit, trouver un emplacement géographique pertinent pour l'expansion de l'entreprise, etc., mais il ne peut pas concevoir une campagne de publicité comme telle.

Souvent, le consultant en marketing enseigne au cégep ou à l'université. Il a des aptitudes théoriques poussées, mais il désire aussi travailler sur le terrain. Ou peut-être est-il rattaché à un cabinet comptable ou autre. Bien que ses connaissances soient étendues, elles sont largement théoriques. En particulier, son analyse s'applique souvent mieux à la situation des grandes ou moyennes entreprises qu'à celles des petites. Il est d'ailleurs exceptionnel que sa compétence, comme son titre de « consultant en marketing » le laisserait supposer, soit aussi excellente dans les problèmes de distribution et de prix que dans ceux reliés au produit. En tout cas, très rares sont les consultants en marketing qui sont véritablement compétents en publicité.

Avantages de recourir à un consultant en marketing

Comme il n'est pas dans l'action quotidiennement, il a du recul par rapport aux difficultés de ses clients.

Il peut intervenir sur d'autres aspects du marketing que la communication.

Désavantages de recourir à un consultant en marketing

Son expertise convient principalement à la situation des grandes entreprises.

Ses tarifs peuvent être élevés.

Le représentant média

Le représentant média est celui à qui l'on s'adresse pour acheter de l'espace publicitaire dans un média. Chaque média compte sur une équipe de représentants qui sont convaincus que leur média est supérieur aux autres.

Naguère les « cartes de tarif » permettaient à l'annonceur de connaître d'avance les coûts de diffusion dans un média donné. Ces tarifs étaient également répertoriés dans le CARD (Canadian Advertising Rates and Data). Désormais, ils sont fluctuants ; il faut donc négocier sévèrement les tarifs proposés sans jamais accepter le premier prix avancé. Soyez intransigeant et négociez jusqu'au dernier sou ! Actuellement, plusieurs nouveaux médias sont en émergence. Pensons à la publicité dans Internet, à la publicité dans les toilettes, à la publicité accrochée derrière un avion qui survole la ville, à la publicité dans les taxis ou dans les ascenseurs, aux panneaux publicitaires transportés par des camions circulant dans les rues achalandées ; il y a même des espaces de placement publicitaire sur les tombeaux dans un cimetière de Londres ! On ne connaît pas ou très peu l'efficacité de la plupart de ces médias. Certains disparaîtront sans doute au fil des ans.

AVANTAGES DE RECOURIR À UN REPRÉSENTANT MÉDIA

Il connaît bien les limites de son média.

Vous pouvez négocier les prix directement avec lui, sans avoir à passer par une agence.

En cas d'urgence, votre publicité peut être diffusée rapidement.

DÉSAVANTAGES DE RECOURIR À UN REPRÉSENTANT MÉDIA

Il manque d'objectivité. Comme il touche une commission, le représentant média a un seul but en tête : vous vendre un espace publicitaire.

Puisqu'il est un vendeur professionnel, il vous inondera de chiffres, de statistiques, d'études scientifiques, de cotes d'écoute, et ce, dans le seul but de vous convaincre que son média est le meilleur.

Généralement, il a peu ou pas de compétences en création publicitaire. Sa réalisation sera inévitablement quelconque.

L'agence étudiante

Plusieurs universités et cégeps ont mis sur pied une agence étudiante. Cette agence vous donne accès aux services de futurs professionnels encadrés par des professeurs ou même de grandes agences (c'est le cas de Préambule Communication, agence à l'Université Laval, que patronne le Groupe Cossette). Moins professionnels, les services de l'agence étudiante sont par contre accessibles à prix avantageux pour les PME.

AVANTAGES DE RECOURIR À UNE AGENCE ÉTUDIANTE

- L'enthousiasme des jeunes.
- Les bas prix.
- La souplesse dans la négociation.

DÉSAVANTAGES DE RECOURIR À UNE AGENCE ÉTUDIANTE

- Le manque d'expérience.
- Un intérêt trop poussé pour l'originalité.
- L'assurance excessive du néophyte.

Le jugement sur ces divers professionnels est plutôt critique, peut-être même sévère. Il ne s'agit pas d'être méprisant envers les professionnels dans leur ensemble ; en effet, pour la très grande majorité, ce sont des personnes compétentes, honnêtes et dévouées. Plus souvent que dans d'autres professions d'ailleurs, elles sont passionnées par leur métier.

Une fois votre collaboratrice ou collaborateur en communication sélectionné, faites-lui confiance, travaillez main dans la main, formez une véritable équipe. Ne changez donc pas de conseiller à tout propos en pensant trouver mieux ailleurs. Misez sur la **complicité** que vous tisserez, qui est un gage **d'efficacité**. La complicité se construit dans la fidélité. Et cette complicité se construisant, chacun deviendra un partenaire avec ses qualités, ses forces.

LES AVANTAGES CLÉS DE CHOISIR UN PROFESSIONNEL DONNÉ

L'agence

- Son sens de la stratégie.
- Sa polyvalence.
- Ses services de communication intégrée.

Le graphiste

- Son sens de l'esthétisme.
- Sa compétence en mise en page.

Le consultant en marketing

- Sa vision extérieure.
- Ses connaissances théoriques.

Le représentant média

- Sa connaissance approfondie du média.

L'agence étudiante

- Ses bas prix.

Combien coûtent ces professionnels ?

On peut se demander ce qu'il en coûte de recourir aux services des professionnels de la communication et de la publicité. Dans les faits, les tarifs varient énormément ; cela peut même aller du gratuit au trop cher !

L'agence touche habituellement un pourcentage pour la partie planification et placement médias de son travail. Le travail de chacune des ressources des différents services est comptabilisé à un taux horaire établi. Pour un projet donné, une évaluation du temps que chacun devra consacrer est faite. Ensuite, une prévision budgétaire est transmise au client. Si celui-ci est à l'aise avec ce budget, il signe l'entente et le projet démarre.

Par ailleurs, quand l'agence travaille pour un client national, les cinq grands médias (télévision, radio, journal, périodique, panneau-réclame) lui accordent une remise de 15 % sur le budget de diffusion. Un client est dit « national » quand il fait des affaires ou annonce dans plus d'un marché (une région). Le tarif appliqué pour le client national par les grands médias est généralement supérieur à celui qu'ils appliquent pour un client local.

Quand il s'agit d'un client local, l'agence facture l'équivalent de la remise qu'elle recevrait du média, soit une marge de 17,65 %, qu'elle ajoute au coût réel de diffusion dans un média. Les frais de création et de production sont **en sus**, facturés à taux horaire ou à forfait selon l'entente conclue entre le client et l'agence. Le taux horaire est celui qu'appliquent les divers professionnels selon leur expérience, soit entre 75 $ et 200 $ l'heure.

Par ailleurs, si l'agence s'occupe de produire certaines pièces pour lesquelles elle ne touchera pas de commission (disons, votre dépliant tiré à 50 000 exemplaires), elle ajoutera environ 25 % au coût du travail si elle vous le refacture elle-même. Si vous payez vous-même le fournisseur, elle vous demandera un certain montant pour assurer le suivi.

Quant au **graphiste**, il vous soumet habituellement des **prévisions budgétaires** comprenant son temps et ses dépenses pour chaque projet. S'il s'occupe de faire produire certaines pièces, le même genre d'entente que celle conclue avec une agence s'applique. Le taux horaire d'un graphiste varie de 15 $ à 85 $ l'heure, ou davantage s'il s'agit d'un professionnel renommé.

Le **consultant en marketing** travaille habituellement à un taux horaire comparable à celui des avocats et des comptables. Rien n'empêche de lui faire préciser le nombre d'heures qu'il prévoit prendre pour étudier vos problèmes de publicité et émettre un avis.

Le **représentant média** dit que ses conseils sont « gratuits ». C'est vrai, à condition que vous diffusiez votre publicité dans son média. Le coût du placement média varie énormément d'un média à l'autre. Vous comprendrez qu'un placement publicitaire de 30 secondes à la télévision à une heure de grande écoute n'est pas facturé au même tarif qu'une page dans un journal de quartier. La grille tarifaire du média vous donnera une vague idée des prix réels. Seront également facturés – et souvent à un coût dérisoirement bas et avec une qualité correspondante – les coûts de conception-production des messages.

Maintenant que vous êtes convaincu que la planification est nécessaire à la réussite de votre publicité et que vous savez qui sont ces professionnels qui peuvent vous aider, il est temps de fixer vos objectifs.

Vous vous demandez maintenant comment obtenir le meilleur de vos collaborateurs. La réponse ? En étant **vous-même** un bon collaborateur. Alors, comment être un bon client ?

9 conseils pour être un bon client de publicitaire

1. **Soyez franc.** Des clients ont déjà caché à un des coauteurs les bons résultats d'une publicité « pour qu'il se force encore plus », disaient-ils. Un tel comportement est indéfendable. Comment un collaborateur peut-il ajuster son tir si les renseignements dont il dispose sont faux ?

   Il n'y a qu'une seule façon d'entretenir des liens avec un collaborateur : en lui faisant entièrement confiance (jusqu'à preuve du contraire). On doit révéler toute l'information utile, qui doit cependant demeurer confidentielle. On ne peut jouer à cache-cache et gagner avec un collaborateur qui ne se sent pas partenaire.

2. **Soyez réfléchi.** Ne dites pas n'importe quoi. Combien de fois avons-nous entendu : « Apportez-moi des bonnes idées, je suis preneur. » Après avoir investi temps et enthousiasme, nous revenions parfois avec des idées du tonnerre. Mais le client les trouvait trop éclatées... ou trop chères.

   Prenez le temps de trouver votre direction, de fixer vos objectifs. Une fois cela fait, tenez-vous-y. Si vous changez de direction trop souvent, vous démobiliserez vos partenaires. Et les bonnes idées se feront plus rares.

   Vous pouvez prendre le temps de réfléchir, vous en avez même le devoir, mais une fois que vous avez réfléchi, les dés son jetés : il faut avancer résolument vers l'objectif. Vaut encore mieux une mauvaise décision que des tergiversations.

3. **Favorisez l'engagement affectif.** Ne considérez pas vos collaborateurs comme de simples fournisseurs, des employés qui sont à votre service. Le service, la matière grise et le trait de génie sont impayables. La seule façon d'en bénéficier, c'est de **provoquer l'engagement affectif** de vos collaborateurs.

   Ouvrez-vous, confiez-leur vos doutes, vos problèmes, vos espoirs. Mettez-les dans le secret des dieux, parlez-leur de vos profits (et pas seulement de vos pertes !), montrez-leur comment fonctionne « la petite cuisine ». Ils seront de plus en plus compétents dans votre domaine d'activité. Ils deviendront vos amis, si bien qu'ils feront des pieds et des mains pour atteindre avec vous vos objectifs.

4. **Soyez ouvert.** N'ayez pas peur des nouvelles idées. Il se peut que vos consultants vous présentent des idées personnelles, des idées qui diffèrent en tout cas des vôtres (c'est même souhaitable, puisque vous faites appel à des collaborateurs pour cette raison).

   Soyez ouvert à ces nouvelles avenues. Un des coauteurs se rappelle ce jeune restaurateur qui lui avait lancé : « Wo ! Tu viendras pas me montrer à faire des affaires. Si mon entreprise est rendue où elle est, c'est parce que je l'ai conduite comme je l'ai fait. » Un publicitaire n'a en effet rien à montrer à l'entrepreneur sur la façon de mener ses affaires, mais en publicité, peut-être que oui. C'est en tout cas pour ça que l'on fait appel à lui.

   Il est sûr qu'il faut agir avec prudence, mais néanmoins de façon ouverte. Une façon différente de voir les choses peut permettre de meilleures affaires. Tout le monde résiste au changement, c'est la nature humaine. Mais **les entrepreneurs à succès sont d'ordinaire des gens créatifs, ouverts aux nouvelles idées,** et d'une certaine façon, ils ont le goût du risque (calculé !).

5. **Soyez conséquent.** La plupart du temps, une décision en entraîne une autre. En production publicitaire, c'est la même chose. Un enchaînement logique mène dans un corridor de plus en plus étroit. Dire oui à un objectif donné, c'est déjà dire non à un certain nombre de solutions possibles auxquelles vous rêviez.

   Approuver un budget donné, c'est dire non à la télévision ; décider d'un plafond pour une publicité, c'est le recours obligé aux banques d'annonces toutes faites ; approuver une épreuve implique que la pièce sera imprimée ; modifier le texte, c'est accepter les frais de correction, etc.

   Il faut être conséquent. Si vous avez une relation de confiance avec vos collaborateurs, certains de vos gestes suffiront à enclencher leur action.

6. **Évitez l'indécision.** Certaines personnes mettent du temps à prendre une décision, parfois parce qu'elles ont besoin d'un appui « bureaucratique ». Par exemple, un annonceur aime une proposition, mais il veut l'avis de sa secrétaire. Il commande des imprimés, mais il a besoin de l'approbation du comptable. Il veut bien courir le risque, mais il veut auparavant obtenir l'avis de son avocat...

   Bien sûr, il vaut mieux mettre par écrit les ententes. Les contrats à multiples clauses sont rarement nécessaires ; un procès-verbal suffit la plupart du temps. **Il faut être prudent sans être peureux.**

Retardez une décision ou la production quand le terrain n'est pas prêt, mais évitez les « oui » conditionnels. Sachez quand vous pouvez vous engager personnellement. Cela évitera les retours en arrière, les reprises, les rendez-vous avortés, l'énergie et le temps perdus. Et des coûts supplémentaires, donc. Prévoyez !

7. **Soyez enthousiaste.** Vous pouvez rejeter les propositions que l'on vous soumet. En ce cas, donnez des raisons. Tout collaborateur est à même de comprendre vos raisons, à moins qu'elles ne soient complètement tordues.

   Si vous acceptez une proposition, particulièrement si vous en êtes content, manifestez votre enthousiasme. Vos collaborateurs sont humains et ils aiment qu'on reconnaisse leurs bons coups. Un « Bravo ! », une note ou un petit cadeau symbolique est toujours apprécié. Et vous serez surpris de l'effet.

   Les troupes sont tellement plus dévouées à un chef qui se montre humain et animé par une vision positive de la vie... et de leur travail.

8. **Permettez le profit.** Tous ceux qui sont dans les affaires ont pour objectif de faire des profits. Vous voulez réduire les factures de vos collaborateurs ? Bien ! Vous voulez avoir une publicité qui produit un meilleur rendement encore ? Très bien ! Mais on ne peut comprimer indéfiniment les coûts. Vient rapidement un moment où **la qualité s'en ressent.**

   Soyez conscient que la meilleure relation d'affaires que vous pouvez avoir avec vos collaborateurs est celle où les deux parties y trouvent leur profit. Si vous êtes une source de profit pour votre collaborateur, vous lui deviendrez indispensable. Il vous sera fidèle et dévoué. Si vous êtes une source de problèmes et de pertes financières, vous ne valez rien pour lui.

9. **Soyez fidèle.** Il se peut que vous ne soyez pas entièrement satisfait de vos collaborateurs. Vous pensez peut-être qu'ils devraient être plus ci, plus ça. Vous êtes tenté d'aller voir ailleurs. Attention : **changer de collaborateur est une décision coûteuse.** Il est plus avantageux de manifester honnêtement votre insatisfaction et vos attentes. Vous avez déjà investi temps et argent dans cette personne ou cette équipe ; si vous changez de fournisseur, il vous faudra recommencer, sans avoir l'assurance que ce sera mieux ailleurs.

   Parfois, l'équipe qui s'occupe de votre dossier peut être renouvelée, mais, la plupart du temps, une bonne mise au point suffit pour rétablir la situation. Si vos collaborateurs tirent plaisir et profit à travailler avec vous, vous verrez qu'ils modifieront vite leur attitude et leurs comportements. La fidélité est payante à long terme.

Quoi exiger d'un conseiller publicitaire ?

Par ailleurs, quand on est client, on peut **exiger**. Avec politesse, avec gentillesse peut-être, mais néanmoins avec fermeté. Le consultant est expert dans son domaine ; vous êtes expert dans le vôtre. Il s'agit de distinguer ce qui relève de *son* domaine et ce qui relève du *vôtre*, ce qui n'est pas toujours facile.

Vous connaissez vos cibles (vos clients), vous connaissez vos produits, vous savez ce qui motive vos clients à acheter vos produits. Pour sa part, votre consultant sait donner une forme percutante à votre message, il connaît le fonctionnement des médias, il connaît les ressources spécialisées. Voyons donc ce que vous pouvez raisonnablement attendre de vos consultants.

Mais auparavant, un petit conseil que vous pourrez transmettre au concepteur publicitaire qui vous présentera ses concepts. « Si vous êtes ce concepteur passionné toujours prêt à lancer la maquette en production, soyez patient, surtout si votre client est réticent. Soyez à l'écoute de **ses** besoins, et non de vos propres besoins. Soyez également armé d'arguments rationnels pour défendre vos idées ; ne vous contentez pas de « C'est beau ! » « C'est original ! » Il ne suffit pas non plus de lancer un « Monsieur, Madame, faites-moi confiance ! » ou « Cette pub va certainement gagner un prix à Cannes ».

Cela étant dit, vous pouvez espérer cinq choses de votre conseiller publicitaire : une expertise, des affinités, de la disponibilité, une relation égalitaire, la justification des coûts et une autoévaluation périodique.

Une expertise

Vous faites appel à un consultant pour son expertise. Mais comment évaluer sa compétence ? Étant plus ou moins profane en la matière, vous n'êtes pas compétent pour le faire. Alors, la seule façon de vous faire une opinion, c'est de vous documenter. Dans un premier temps, interrogez le consultant (ne vous gênez pas !). Quelles études a-t-il faites ? Quels diplômes a-t-il obtenus ? A-t-il participé à des formations subséquentes ? Participe-t-il à des colloques, à des congrès ? Quels périodiques spécialisés, selon lui, sont les plus importants dans son domaine ?

Dans un deuxième temps, exigez des preuves : un curriculum vitæ détaillé, une photocopie de ses diplômes, de la documentation sur quelques « bons coups » réussis pour des clients. Dans un troisième temps, demandez-lui de vous nommer deux ou trois clients avec qui vous pourrez entrer en communication pour connaître la teneur de leur collaboration et leur degré de satisfaction.

Toutefois, à cette étape, ne soyez pas abusif. Ruser afin d'obtenir une consultation gratuite, afin de vérifier si cet éventuel collaborateur est assez compétent pour régler vos problèmes, est abusif.

Des affinités

Ces quelques échanges préliminaires auront aussi permis à votre éventuel collaborateur d'estimer jusqu'à quel point *vous* lui êtes sympathique. Certaines personnes aiment des interlocuteurs expéditifs, factuels, professionnels ; d'autres les préfèrent plus explicites, plus poètes, plus humains… Certains aiment mieux de jeunes cracks ; d'autres, des collaborateurs plus matures.

La recherche a d'ailleurs démontré que ce sont les atomes crochus qui font dire à un client que le professionnel qu'il consulte est compétent. Votre ami vous recommande son médecin : « Un très bon médecin », conclut-il. A-t-il un jugement fondé sur cette question ? Non. Ce qu'il veut vous dire, c'est qu'il consulte une personne sympathique, un individu en qui il a confiance.

Il est essentiel que votre fournisseur aime travailler avec vous. Question de confiance ! Un consultant qui a des affinités avec vous deviendra rapidement un véritable collaborateur, alors qu'un autre qui n'en a pas se sentira continuellement sur ses gardes, voire exploité. Vous devez trouver un consultant qui aimera résoudre *vos problèmes* de communication, et non pas seulement s'assurer des rentrées d'argent.

De la disponibilité

Il est important que votre consultant soit disponible pour vous. Si votre consultant est occupé chaque fois que vous voulez de l'information sur votre dossier, ce ne sera pas un véritable collaborateur. Votre consultant doit être accessible pour vous ! Par téléphone, par téléavertisseur ou par courriel, mais accessible ! Si vous lui laissez un message, il est normal d'espérer qu'il vous rappelle, sinon dans les quelques minutes, du moins dans les heures qui suivent.

Et il doit avoir un horaire de travail compatible avec le vôtre ! Si vous êtes un matinal, vous serez frustré de travailler avec un couche-tard qui ne vous rappellera qu'à midi ; si vous êtes vous-même un couche-tard, vous voudrez pouvoir communiquer avec lui en soirée, quand vous êtes au meilleur de votre forme. Dans le même sens, si vous profitez de vos fins de semaine pour mener à bien vos réflexions, vous aimerez sans doute pouvoir parler à votre consultant avant le lundi matin...

Cette disponibilité n'est possible qu'avec les consultants qui travaillent pour un nombre raisonnable de clients auxquels ils sont fidèles, des clients qui occupent leurs pensées à tout moment et non seulement quand ils reçoivent une demande formelle. Il est des publicitaires qui se dispersent à courir sans cesse après de nouveaux clients au lieu de progresser avec ceux qu'ils ont. Le véritable publicitaire-consultant ira *au-devant* de vos besoins parce qu'il est préoccupé par votre progrès *à vous.* Votre croissance sera la sienne.

Une relation égalitaire

Si vous êtes à la tête d'une toute petite entreprise, n'espérez pas avoir à vos genoux les meilleurs experts de la plus grande agence. Si jamais une grande boîte acceptait de s'occuper de votre publicité, ses dirigeants assigneraient leurs recrues à votre dossier. Pour cette raison, il vaut mieux trouver une agence qui gère des comptes de l'envergure du vôtre ; pour cette agence, vous serez un client important.

Le contraire est aussi vrai. Il serait imprudent de confier votre budget de 200 000 $ à une équipe qui gère le plus souvent des budgets de 10 000 $. Chaque agence a habituellement progressé marche par marche, selon la taille du budget de ses clients. Il se peut toutefois qu'une moyenne agence voie dans votre affaire une promesse d'avenir et qu'elle accepte, comme dans une forme d'investissement, de se lier à vous dans l'espérance de voir vos budgets de publicité prendre rapidement de l'ampleur.

Donc, petit budget, petite agence ; moyen budget, moyenne agence ; gros budget, grosse agence. Ainsi, vous aurez l'impression d'être un bon client pour votre agence, et votre budget sera précieux aux yeux de vos consultants.

La justification des coûts

C'est habituellement un budget annuel global qui est confié à un publicitaire. De cette façon seulement il pourra imaginer une stratégie qui se déroulera dans l'année. Votre consultant devrait quand même vous soumettre une « prévision budgétaire » pour chaque opération. Ce n'est pas là une « soumission » : à ce point, vous n'en êtes plus rendu à chercher le plus bas soumissionnaire. En fait, cette prévision budgétaire permet aux deux parties de suivre l'évolution des dépenses à l'intérieur du budget convenu.

C'est la tâche du publicitaire de dégoter pour vous les meilleurs prix pour la qualité exigée. Toutefois, il est normal qu'il justifie les dépenses. Il joindra donc des pièces justificatives à la facture qu'il vous fera parvenir de temps à autre. Il vous fournira la facture des imprimeurs, des médias, etc. ; en ce qui concerne ses honoraires, il énumérera les tâches qu'il a accomplies (stratégie, création, négociation, consultations téléphoniques, etc.) et le temps qu'il a consacré à chacune.

Vous pouvez remettre en question certains montants ; votre publicitaire doit alors être en mesure de les expliquer. Mais si vous désirez qu'il soit un véritable collaborateur, vous ne pouvez continuellement mettre en doute qu'il travaille pour vous dans une perspective à long terme.

Une autoévaluation périodique

Vous avez donc déniché un publicitaire qui est devenu un véritable collaborateur, un conseiller compétent, un auxiliaire précieux. Que ce publicitaire fasse partie d'une agence ou soit travailleur autonome, il ne peut pas prétendre que vous êtes son client « à vie ». Vous devez l'évaluer périodiquement.

De temps à autre, vous pouvez faire des *spot checks*, par exemple si vous voulez en savoir plus sur une décision qu'il a prise, sur un prix… Surtout, exigez de votre publicitaire qu'il vous soumette annuellement un petit rapport écrit sur « l'état de l'union ». Ce rapport pourrait comprendre les sections suivantes : les bons coups et les erreurs, une critique de la qualité des relations entre les parties, une évaluation de la situation financière (chacun doit y trouver son profit). Les deux parties se rencontrent ensuite dans une forme de mini-congrès (une ou deux heures) où sera discuté le contenu de ce rapport d'autoévaluation.

Éventuellement, disons tous les deux ou trois ans, vous pouvez demander à deux ou trois publicitaires de vous faire une présentation de leurs services. Votre publicitaire sera évidemment dans la course, à moins que vous ne soyez pas entièrement satisfait des réponses qu'il aura données à vos questions…

À ce sujet, soyez prudent : si vous êtes satisfait de votre collaborateur, pourquoi risquer de rompre le lien de confiance qui vous unit ? Le feriez-vous avec votre avocat ou votre comptable ?

Vous savez maintenant qui peut vous aider
à réaliser votre campagne de pub.
Voyez dans les pages suivantes
la diversité de la création publicitaire.

Pause publicitaire commentée

Nous avons rassemblé dans cette section un certain nombre de publicités. Elles ont été sélectionnées, non pour leur beauté ou leur originalité, mais parce qu'elles démontrent que, dans le concret, la création publicitaire prend des chemins divers.
Nous les avons regroupées pour faire ressortir certaines tactiques fréquemment utilisées. Mais bien d'autres exemples – et bien d'autres tactiques ! – auraient pu faire l'objet de commentaires.

1A

1B

1C

1

Le portrait qui frappe

Le visage humain constitue une des plus grandes forces pour attirer l'attention. Le portrait fait toujours appel à l'émotivité de la personne qui le regarde. Surtout s'il est… frappant : le beau mec, la dame âgée toute ridée, le bébé moqueur, le punk provocateur ou la jeune beauté sensuelle. Pas étonnant, donc, qu'il soit utilisé à toutes les sauces.

La fillette qui porte un stylo logotypé en guise de moustache vante les objets promotionnels auprès des publicitaires eux-mêmes (1D).

Dans les magazines destinés aux yuppies, les grandes maisons de produits de luxe, telles que Gucci (1A), Saint Laurent (1B) et Armani (1C), exhibent toutes un beau mâle. Aucune surprise à l'horizon… sinon chez Swatch (1E), qui confie à une jeune fille au maquillage original le soin de présenter sa montre Skin. Remarquons du coup qu'une grande marque n'a pas besoin d'argumenter longtemps ; son nom seul semble imposer sa présence… royale.

1E

swatch
SKIN
L'ULTRAPLATE DE SWATCH.

1D

LOGO Inc.
Attirez l'attention avec
l'objet promotionnel
CANADA
www.promocan.com

2A

Perrier
www.perrier.c

2D

Dior
EAU SAUVAGE
MÉFIEZ-VOUS DE L'EAU QUI DORT.

2E

When you have to take matters in your own hands...
grab new body-heat activated Degree Gel.
Degree
kick-in
in the CLUTCH

2

Insister sur la différence

Comme les journalistes, les publicitaires recourent souvent à l'exceptionnel pour se démarquer (les principaux sujets utilisés à cet égard sont « les 3 S » : le sport, le sang et le sexe). Mais si les premiers ne peuvent pas exercer de mise en scène dans leurs images, les seconds, eux, s'en font une véritable mission.

Jusque-là destinée aux citadins à l'aise financièrement, Perrier (2A) rajeunit sa marque en mettant en scène un garçon décontracté qui arbore, sur son t-shirt, la tête d'un personnage un peu *grunge*. Clin d'œil aux jeunes : la paille est positionnée de façon à donner l'impression que le personnage sur le t-shirt est tenté par la boisson rafraîchissante.

Pour expliquer qu'il peut « adapter » presque toutes les publicités d'une langue à l'autre, Fleming & Friends recourt à un personnage ambigu (2B)... (qui peut passer d'un sexe à l'autre ?).

Mais l'originalité peut parfois friser la niaiserie : il ne suffit pas de marcher sur la tête pour convaincre le consommateur qu'une compagnie spécialisée dans le bagage est exceptionnelle... (2C).

Puisque plus de 98 % des bonnes pubs exploitent la photographie, certaines marques cherchent à se différencier en faisant appel à des illustrateurs, comme le font ici Dior (2D) et Degree (2E).

2B

2C

3A

3B

3

Les images d'entreprise : diversité et homogénéité

Les images d'entreprise peuvent prendre plusieurs formes : logotype (Pfizer), sigle (RDS), symbole arbitraire (Orange Tango), symbole motivé (Artifex) ou pictogramme (Loto-Québec) (3C).

Les agences sont représentées par un symbole qu'elles veulent un sceau de qualité. De la grande (le « C » de Cossette Communication Marketing, 3A) à la petite agence (l'étampe de 18 février, 3B), toutes s'affichent sous une forme graphique assez simple pour en faciliter l'emploi et assez complexe pour se distinguer de leurs concurrentes.

Autre point important : la constance de cette représentation graphique. Voyez l'effort consenti par Transcontinental pour que tous ses hebdomadaires régionaux affichent un petit air de parenté (3D).

3C

3D

Consortium

FONDS de solidarité FTQ

VIA Rail Canada

LES HEBDOS DU QUÉBEC

Verbatim

loto-québec

MOLSON La bière comme on l'aime.

MOMENTUM Pour orchestrer l'audiovisuel

TELUS mobilité

ORANGE TANGO

4

Sensualité, sexualité et pornographie : le nu partout et pour tout

Le nu a parfois pour seul but d'aguicher les mâles qui s'intéressent à un produit. À l'été de 1999, une vaste campagne publicitaire pour la bière Old Milwaukee Dry (4A) misait sur les charmes d'une poupoune légèrement vêtue. La campagne, qui a suscité des débats dans les médias, s'est avérée très populaire.

L'érotisme est également exploité pour mousser la culture classique (4B), dont la pub est de plus en plus concoctée par des publicitaires professionnels.

Si beaucoup de publicités recourent inutilement à la nudité, certains produits justifient parfaitement cet emploi. C'est le cas de Ban, dont la campagne périodiques et affichage 2002 repose sur l'exposition d'une peau satinée (4E). Rappelons que Calvin Klein a été un précurseur en la matière (4D).

Désormais, il existe même un festival du film publicitaire érotique, le Leaf, qui se tient à Lisbonne. En 2002, le premier prix a été décerné à une pub de lutte contre le sida (4G).

Parfois, la pub se parodie elle-même. Cette annonce d'escarpins pour Eram (4F) se veut une réponse aux activistes féministes… et un clin d'œil aux défenseurs des animaux. Le texte : « Aucun corps de femme n'a été exploité dans cette publicité. »

4A

4E

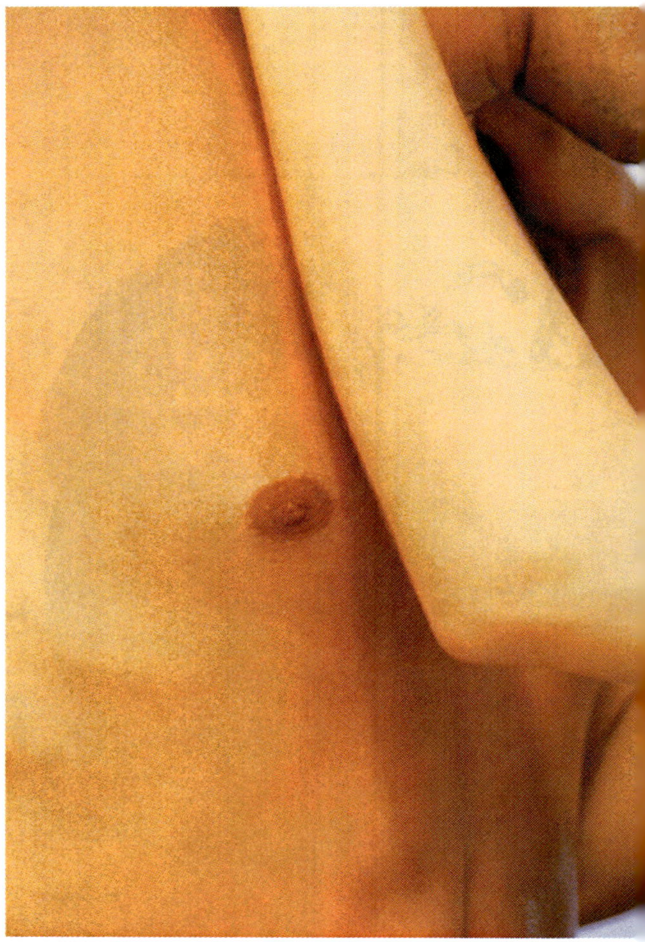

4D

4B

DÉCOUVREZ
CARMEN

4C

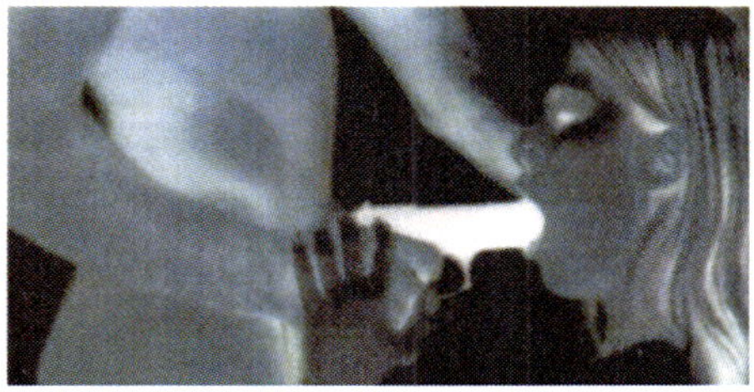

ban.
n'éteint que le feu du rasage.
Protéger sa peau de la transpiration et des douleurs après-rasage en même temps? Ça c'est nouveau! L'anti-sudorifique BAN® contient une formule naturelle à base de plantes et de vitamine E qui aide à protéger votre peau. Oubliées les irritations...
Alors pensez à autre chose !
PRÉVIENT L'IRRITATION due au rasage
DOUCEUR DÉVOILÉE
ban

4F

eram
Aucun corps de femme n'a été exploité dans cette publicité.
399F Alexandre Matthieu pour eram

5

Décliner une idée

Certaines campagnes donnent lieu à plusieurs versions d'un même concept.

Pour le hockey, un seul visuel s'est doublé d'une variété d'accroches (5A).

Pour ces hebdos, on a conçu un seul visuel et misé sur une seule motivation (« Près des gens »), qui ont été déclinés dans plusieurs annonces apparentées (5B).

Pour la bière Sleeman (5C), on peut lire plusieurs énoncés différents se rapprochant par le ton et par la référence aux promotions des concurrents : « Rien à gagner sous le bouchon » ; « Les étiquettes, c'est pour cacher la bière » ou « Pas de bikini dans nos annonces ». (À la télévision, on misait plutôt sur l'absurde : expliquer comment se fabriquer un t-shirt Sleeman ou comment courtiser à l'aide d'une lampe de poche et d'une bière Sleeman.)

5A

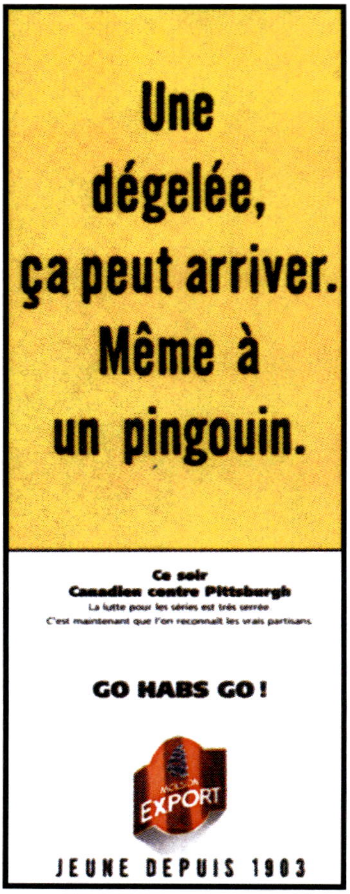

5C

5B

Pour acheter une
voiture, les gens
vont chez leur
concessionnaire.
Les
ebdos
du
uébec
Près des gens prêts à acheter.

Le plus long
voyage commence
souvent à l'agence
d'à côté.
Les
hebdos
du
Québec
Près des gens prêts à acheter.

Toutes
les marques
nationales
s'achètent
au local.
Les
hebdos
du
Québec
Près des gens prêts à acheter.

6

Les mots, présents ou absents

Dans les annonces publicitaires, les mots se juxtaposent habituellement aux images. Mais il arrive qu'ils soient absents… ou intégrés à l'image même.

Faisant allusion au détournement de pubs, l'émission *Planète pub* s'annonce avec un simulacre de pancarte de stationnement (6A).

Comme d'autres vedettes, le coureur automobile Jacques Villeneuve (6B) est devenu un « homme-sandwich » rentable pour ses commanditaires, dont il arbore le nom de marque : Lucky Strike, Teleglobe et autres. Son père, Gilles (6C), il y a 25 ans déjà, était le « champion » de… Champion et Labatt.

Pharmaprix mise sur une phrase simple, concise et directe, comme on le fait souvent à la télé (6D).

La Société des alcools du Québec assure une présence printanière en reproduisant simplement sa boîte cadeau bien connue (6E) : pas de thème accroche, pas de signature (en fait, elle est intégrée à l'image).

6A

6D

6B

6C

6E

7

L'affichage, c'est la pub

L'affichage oblige à concevoir une publicité synthétique : une image qui dit tout, sans ou avec très peu de texte. L'usage du panneau-réclame a été régénéré par le lancement, en 1984, de l'importante campagne du Club Med (7G), laquelle a remporté huit prix cette année-là.

Aujourd'hui, l'affichage est utilisé de manière créative et percutante (7E, 7F). Il arrive qu'un super-panneau ne porte que le seul thème accroche – et, évidemment, la signature (7A).

Le panneau réclame « J'M », conçu pour McDonald's, a gagné plusieurs prix, sans doute pour son élégance mais encore davantage pour son slogan, reconnu par le *Livre Guinness des records* comme étant le plus succinct jamais créé. C'est un petit chef-d'œuvre : il rassemble en deux lettres ce qu'on appelle *l'argument* (« j'aime ») et le logo de l'annonceur. Imaginé par Cossette Communication Marketing en 1987 (7B), il est encore utilisé aujourd'hui avec la même force de frappe.

Une technique populaire consiste à mettre côte à côte deux panneaux, soit pour allonger la surface, comme dans « Les histoires de Mario » (7C), soit pour mettre l'accent sur la comparaison, ici entre le deux dollars « froid » de Cape Cod et le un dollar « chaud » du Nouveau-Brunswick (7D).

7A

7B

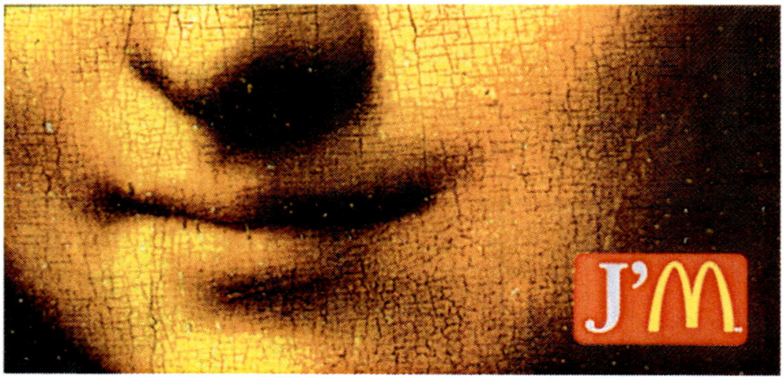

7C

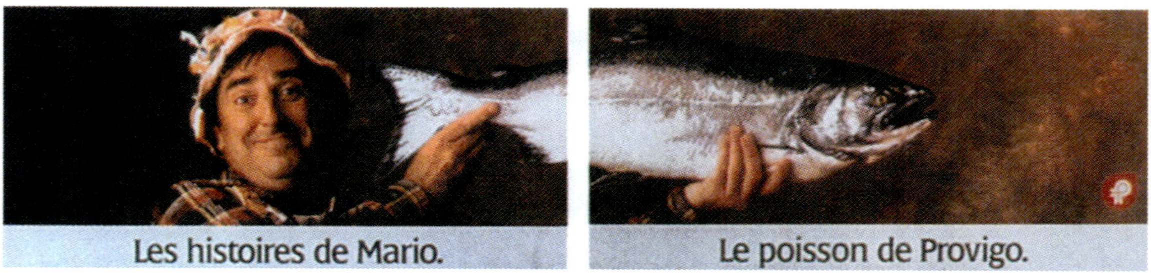

7D

7E

SAVOURA Le goût prend le dessus.

7F

Pour la neige
Mont-Sainte-Anne • Stoneham
QUÉBEC

7G

Mener la vie
de château
Club Med

Nouveau Brunswick
CANADA
ouveau-Brunswick

8

Quand l'église fait de la pub

La publicité est devenue un axe de communication privilégié dans nos sociétés urbaines. L'État est l'un des plus gros annonceurs. Et des corporations professionnelles aux groupes religieux en passant par les organismes humanitaires, tous les collectifs y ont recours.

En 2001, les ministres des finances de l'Église catholique française ont retenu les services d'une agence pour sensibiliser les fidèles à la conversion du franc à l'euro. Les concepteurs, habitués à l'exagération – comme tous les bons publicitaires –, ont proposé le thème « Chrétiens, convertissez-vous » accolé à une image montrant que 10 francs équivalait à 2 euros (8A). Mal leur en prit ! La campagne a soulevé un tollé. « Mensonge ! disait-on, 2 euros, c'est 13 francs, pas 10 ! » D'un autre côté, les ministres ne voulaient pas diminuer le montant proposé, ayant calculé que si les gens donnaient un seul euro à la quête, leurs revenus baisseraient de 34 %. Les publicitaires ont récupéré la mise avec ce nouveau slogan : « À la quête, 10 francs plus un coup de cœur, cela fait 2 euros. » Superbe !

À la suite des attentats du 11 septembre 2001, l'Archevêché de Montréal a publié le Notre Père dans les journaux (8B), typographié sur deux colonnes dans les proportions des deux tours du World Trade Center. Il avait déjà fait peindre cette prière sur un mur de sept étages au centre-ville (8C).

En juillet 2002, prenant d'assaut les médias, l'Église catholique invitait les jeunes à la Journée mondiale de la jeunesse, qui se tenait à Toronto, avec le seul nom de la « vedette » (Jean-Paul) et le signe de la paix, qui forme aussi le chiffre deux (II) en romain (8D). Une trouvaille !

8A

8D

8B

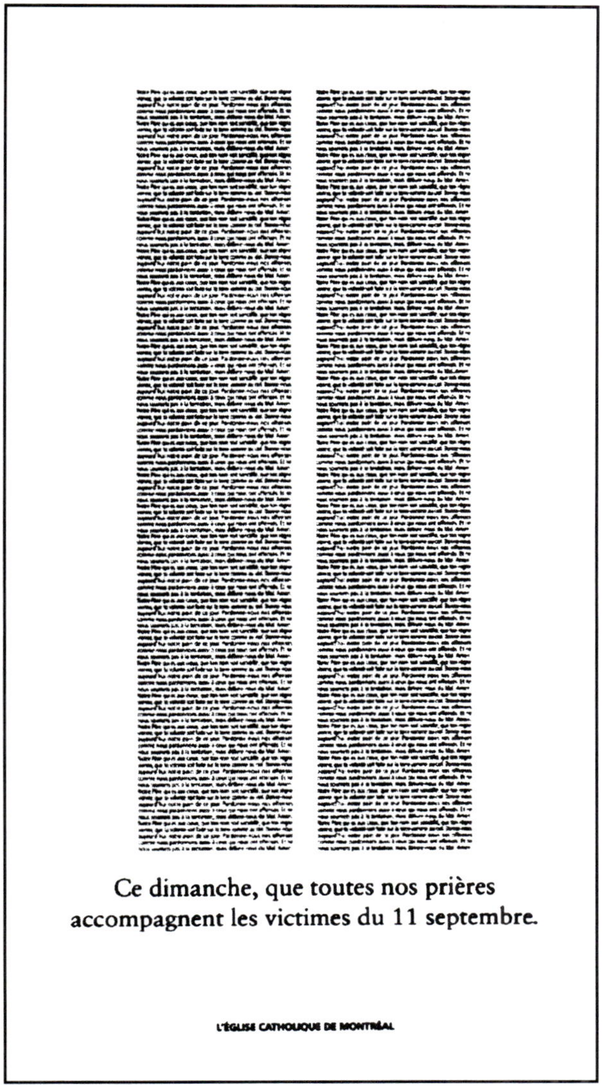
Ce dimanche, que toutes nos prières
accompagnent les victimes du 11 septembre.
L'ÉGLISE CATHOLIQUE DE MONTRÉAL

8C

Notre Père
qui es aux cieux,
que ton nom soit sanctifié,
que ton règne vienne,
que ta volonté soit faite sur
la terre comme au ciel.
Donne-nous aujourd'hui
notre pain de ce jour.
Pardonne-nous nos offenses,
comme nous pardonnons aussi
à ceux qui nous ont offensés.
Et ne nous soumets pas à la
tentation, mais délivre-nous
du Mal. Amen
La collecte annuelle de l'Église catholique de Montréal

9A

VOLVO
pour la vie
QUAND ON FAIT DU SPORT.

9B

Prenez l'autoroute par les courbes
ACURA

9C

Chez Honda,
le progrès est
toujours le
bienvenu !
VOICI LA
CIVIC HYBRID.
HONDA
La puissance des rêves

9E

Alfa 156
Nouvelle Alfa 156. La sportivité évolue.
La sportivité évolue pour atteindre de nouveaux sommets. Plus de puissance. Nouveau moteur 2.4 JTD de 150 CV. Un moteur diesel de la dernière génération: performances en hausse et consommation réduite. Plus d'élégance. Nouveaux aménagements intérieurs. Nouveau design du tableau de bord. Plus de technologie. Système infotélématique Connect. Centre d'information avec ordinateur de bord. Régulateur de vitesse. Six airbags. Systèmes de sécurité ABS, MSR, VDC, ASR. Climatisation Dual-zone. Bose sound system.
ALFA ROMEO
Cuore Sportivo

9D

9

La force de la tradition

Il est des domaines, comme celui de l'automobile, où il n'est pas facile d'innover. La formule traditionnelle s'impose généralement.

On peut même se demander dans certains cas ce que la marque essaie de mettre de l'avant : chez Volvo, même le produit est quasi absent (9A).

L'angle dynamique donné à l'Acura change-t-il vraiment quelque chose ? (9B) Quelle banalité !

Honda (9C) essaie de s'expliquer… À première vue, l'illustration a l'air plus technique. Mais où est le progrès ?

La Mini Cooper (9D) britannique nous fait au moins un clin d'œil : voici une voiture de Superman… ou disponible pour les Superman.

Alfa Romeo (9E) tente de renouveler l'imagerie éculée de la publicité automobile (la belle blonde couchée sur le capot de la décapotable rouge). Est-ce un succès ?

Ouf ! Difficile d'innover !

10A

10D

10

Une belle histoire

Beaucoup de publicités télévisées misent sur la narration ; elles racontent une belle histoire. Même dans l'imprimé, on essaie désormais de suggérer en une seule image une tranche de vie. Il s'agit souvent, plutôt banalement, d'un couple en interrelation.

Pellegrino (10A) tente de faire croire au spectateur qu'il est témoin d'une scène de reportage. L'image en noir et blanc renforce cette impression.

Heinz (10B) évoque une scène de « meurtre et mystère » : il faut y regarder à deux fois pour déceler l'astuce.

Chez Hilfiger (10C), la perfection de la mise en scène laisse toutefois deviner que l'on a bel et bien une pub devant les yeux.

Même le savon à lessive Cheer (10E) s'éloigne du « plus blanc que blanc » – la norme dans les pubs de savon à lessive – pour exploiter une situation comique bien connue (de Heinz !).

Dans ces scènes de la vie quotidienne, l'annonceur cherche à mettre l'accent sur un mode de vie. Mais ces publicités étant souvent réalisées par des concepteurs très jeunes, on commence à voir des images évoquant des mœurs jusqu'ici reléguées aux frontières de la marginalité (le désordre, la promiscuité, la provocation antibourgeoise, etc.). Opex (10D), pour sa part, fait allusion à l'amour lesbien.

10B

Must not be Heinz.
A good meal out deserves a great ketchup. Insist on
HEINZ
TOMATO KETCHUP

10C

TOMMY
T FOR HIM
THE FRAGRANCE
T
HILFIGER

10E

cheer
Vos couleurs ont l'air éclatantes, même quand vous ne vous sentez pas trop brillante.

Conclusion

J'espère que cet ouvrage vous a permis d'en savoir un peu plus sur le merveilleux monde de la publicité. Bien sûr, nous n'avons fait que survoler plusieurs sujets. Il vous restera à approfondir vos connaissances dans les livres, les revues ainsi que dans certains sites Internet. Je crois que le contenu à la fois simple et général de ce livre vous suffira pour comprendre en quoi consiste la publicité intelligente et comment la concevoir.

Je suis conscient qu'au moment même où vous lirez cet ouvrage d'autres théories de communication sophistiquées seront sur le point d'être publiées ; elles réorienteront peut-être la réalité actuelle ou modifieront les idées présentées dans ce livre. Je souhaite seulement que cet outil, bien que temporel, pourra vous servir de tremplin afin d'atteindre les buts que vous vous êtes fixés pour votre carrière ou pour l'évolution de votre entreprise.

J'ajoute ceci : dans vos communications, **prenez des risques** et **jouez le tout pour le tout.** De nos jours, malgré les progrès scientifiques, la vitesse que permet la technologie et la volonté d'aller plus loin, beaucoup de choses se standardisent et prennent une allure monotone, sans personnalité. Les gens ont peur de choquer ou même de s'affirmer ; ils versent tous dans le même discours *politically correct*. Personne ne dit oui, personne ne dit non. Tous disent « noui » ! Profitez de la publicité que vous devez faire pour vous démarquer, pour sortir de la masse. **Faites le contraire de ce que font les autres.** Brisez les conventions. Utilisez votre imagination pour refaire le monde à votre façon. N'acceptez pas la facilité et persévérez ; marchez vers le succès, peu importe les embûches ou l'opinion d'autrui.

Comprenez que celui ou celle que vous admirez aujourd'hui a dû lui aussi commencer petit et, pour atteindre le sommet, gravir les échelons un à un. Le plaisir de la vie ne se goûte pas une fois rendu au sommet de la montagne, mais il est là, dans chacun des pas que l'on fait pour y arriver.

Finalement, gardons à l'esprit que nous sommes bien petits sur cette Terre et que nous sommes seulement de passage. Alors, éliminons notre peur d'échouer, retroussons nos manches avec conviction.

Et, si grands soient nos rêves, travaillons à les réaliser !

Le Jeune Loup

Je termine la rédaction de ce livre au moment où arrive le solstice d'été. Suis-je à mon apogée de lumière (sourire) ? Est-ce le dernier livre que j'écris sur la publicité ?

Je continue d'enseigner de manière à transmettre aux jeunes cette passion qui a été la mienne si longtemps. Mais je sais que la publicité, ce sont ces jeunes-là qui la font… et ils sont en train de la transformer.

Par ailleurs, dans mon précédent ouvrage, *La publicité, déchet culturel*, je tentais de sensibiliser les citoyens aux « excès de la publicité ». Maintenant, les jeunes connaissent la force de la « communication persuasive » pour vendre des produits… ou pour se vendre eux-mêmes. Pour ma part, j'essaie plutôt de voir où cela mène notre société. Et si j'en viens à parler de publicité, c'est davantage pour éduquer.

Enfin, je dois dire que j'ai eu beaucoup de plaisir à travailler avec mon jeune coauteur, Nicolas Massey. Cette collaboration m'a permis de confronter ma vision à celle d'un professionnel passionné. Et la passion mène loin !

Cela dit, j'espère que lui-même et d'autres jeunes comme lui s'efforceront de construire – avec la publicité, ses méthodes, ses tactiques – une société plus juste. La publicité peut contribuer à épuiser la Terre par le gaspillage, mais quand elle est « publicité sociale », elle peut répandre les idées qui assureront un meilleur bien-être à **l'ensemble** des citoyens, si petits soient-ils, et non seulement aux riches (multi)nationales et à leurs actionnaires !

Bonne route à la Jeunesse !

Le Gourou

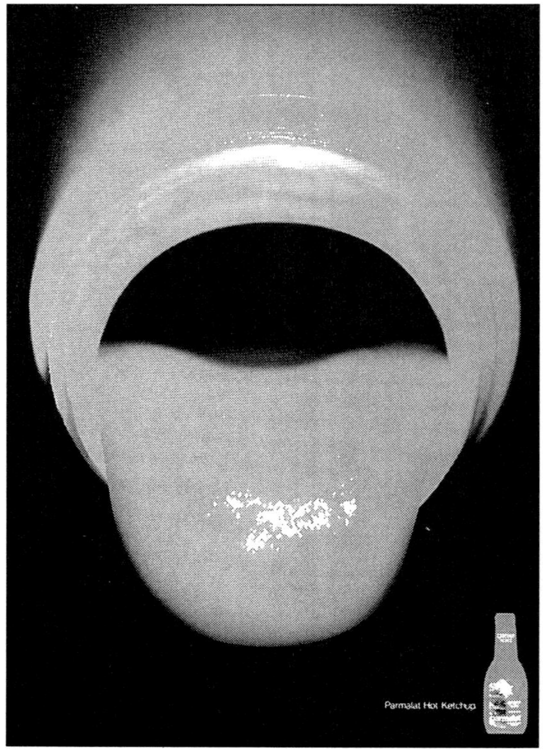

KETCHUP ÉPICÉ.
PARMALAT
DM9 DDB

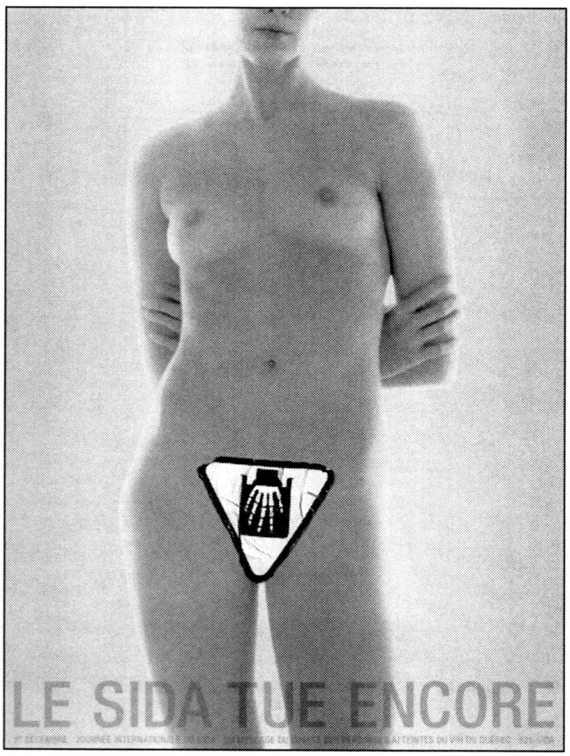

CPAVIH
DIESEL MARKETING

KÉBECSON
BOS

Pause publicitaire

Sources d'information

Des livres

Nous avons rassemblé les titres les plus importants sur la publicité. Certains datent ou sont épuisés, mais ils se trouvent en bibliothèque.

Ouvrages québécois

ALLARD, Jean Marie (1989). *La pub : 30 ans de publicité au Québec.* Montréal : Libre Expression.

BOISVERT, Jacques (1979). *Administration de la publicité.* Chicoutimi : Gaëtan Morin.

BOUCHARD, Jacques et autres (1976). *La Publicité québécoise : ses succès, ses techniques, ses artisans.* Montréal : Héritage.

BRISOUX, DARMON, LAROCHE (1987). *Gestion de la publicité.* Montréal : McGraw-Hill.

COSSETTE, Claude et autres (1975). *Communication de masse et consommation de masse.* Montréal : Boréal.

COSSETTE, Claude (1983). *Les Images démaquillées : approche scientifique de la communication par l'image.* Québec : Riguil.

COSSETTE, Claude (1987). *La Publicité en action : comment élaborer une campagne de publicité.* Québec : Riguil.

COSSETTE, Claude (2001). *La Publicité, déchet culturel.* Québec : Les Presses de l'Université Laval.

CÔTÉ, Luc et DAIGLE, Jean-Guy (1999). *Publicité de masse et masse.* Ottawa : Presses de l'Université d'Ottawa.

DAGENAIS, Bernard (1998). *Le Plan de communication : l'art de séduire ou de convaincre les autres.* Québec : Les Presses de l'Université Laval.

DUPONT, Luc (1990). *1001 trucs publicitaires.* Montréal : Transcontinental.

DUPONT, Luc (2001). *Quel média choisir pour votre publicité.* Montréal : Transcontinental.

MARTIN, Yvon (1981). *La Publicité : une force pour réussir.* Montréal : Le Jour.

TILLMAN, Rollie et KIRKPATRICK, C. A., (1975). *Promotion : communication en marketing.* Montréal : PUQ.

WATIER, Maurice (1983). *La Publicité.* Montréal : Paulines.

Autres

BROCHAND, LENDREVIE, GRANDJEAN (2001). *Le Nouveau Publicitor : publicité, médias, hors médias, Internet.* Paris : Dalloz.

CAUMONT, Daniel (2001). *La Publicité.* Paris : Dunod.

DRU, Jean-Marie (1984). *Le Saut créatif : ces idées publicitaires qui valent des milliards.* Paris : Lattès.

GENZEL, David (1984). *De la publicité à la communication.* Paris : Rochevignes.

GÉRARD, Alain B. L. (1972). *La Publicité : branche-clé du marketing.* Paris : Dunod.

GRABY, Françoise (2001). *Humour et comique en publicité : parlez-moi d'humour.* Caen, France : Management et société.

JOANNIS, Henri (1990). *Le processus de création publicitaire.* Paris : Dunod.

JOANNIS, Henri (1993). *De l'étude de motivation à la création publicitaire et à la promotion des ventes.* Paris : Dunod.

JOANNIS, Henri (1995). *De la stratégie marketing à la création publicitaire.* Paris : Dunod.

KAPFERER, Jean-Noël (1978). *Les Chemins de la persuasion.* Paris : Gauthier/Villars.

LEDUC, Robert (1979). *La Publicité : une force au service de l'entreprise.* Paris : Dunod.

MEESTERS, Frank (2001). *Tout connaître sur la publicité : le guide de la communication.* Issy-Les-Moulineaux, France : Stratégies.

MOORS, Bernard (1979). *Comment réussir sa publicité avec un petit budget : 18 cas de PME.* Paris : Éditions d'organisation.

OGILVY, David (1963). *Les Confessions d'un publicitaire.* Paris : Dunod.

OGILVY, David (1984). *La Publicité selon Ogilvy.* Paris : Dunod.

PENINOU, Georges (1972). *Intelligence de la publicité.* Paris : Laffont.

REEVES, Rosser (1963). *Le Réalisme en publicité.* Paris : Dunod.

SÉGUÉLA, Jacques (1982). *Hollywood lave plus blanc.* Paris : Flammarion.

SÉGUÉLA, Jacques (1994). *Pub Story : l'histoire mondiale de la publicité en 65 campagnes.* Paris : Hoëbeke.

VICTOROFF, David (1978). *La Publicité et l'image.* Paris : Denoël-Gonthier.

VIELFAURE, Claude et autres (1975). *La Publicité de A à Z.* Paris : Retz/Cepl.

Des périodiques

Journaux professionnels

Info Presse. L'indispensable magazine de la pub québécoise.
http ://www.infopresse.com/

Le Grenier aux nouvelles. Un bulletin professionnel par télécopieur.
http ://www.grenier.qc.ca/

Marketing. L'hebdomadaire de la pub canadienne.
http ://www.marketingmag.ca

AdvertisingAge. L'hebdomadaire de la publicité états-unienne.
http ://www.adage.com/

AdWeek. Un deuxième hebdomadaire de la publicité états-unienne.
http ://www.adweek.com

Stratégies. L'hebdomadaire de la publicité en France.
http ://www.groupe-strategies.fr/

Adbusters. Le magazine de l'anti-publicité.
http ://www.adbusters.org/adbusters/

Revues « savantes »

The Journal of Advertising :
http ://sjmc.cla.umn.edu/joa/

Journal of Advertising Research :
http ://www.arfsite.org/Webpages/JAR_pages/jarhome.htm

The Journal of Marketing Communications :
http ://www.tandf.co.uk/journals/routledge/13527266.html

Journal of Marketing :
http ://www2.biz.colostate.edu/depts/Marketing/JMTP/JMTP %20Welcome.htm

Journal of Marketing Research:
http://www.ama.org/pubs/jmr/

D'autres : voir http://marketing.kub.nl/journal1.htm

Des activités professionnelles

Le Publicité Club de Montréal rassemble les pros de la pub.
http://www.pcm.qc.ca/

L'Association marketing de Montréal.
http://www.marketing-montreal.com/

The Art Directors Club, New York.
http://www.adcny.org/

The Advertising & Design Club of Canada (ADCC).
http://www.adesigncanada.com

Society of Graphic Designers of Canada (GDC).
http://www.gdc.net

Société des designers graphiques du Québec (SDGQ).
http://www.sdgq.qc.ca/

Des diplômes professionnels

Le diplôme d'études supérieures spécialisées en communication marketing des HEC (DESS).
http://www.hec.ca/programmes/desscm/

Le Communications and Advertising Accredited Professional de l'ICA (CAAP).
http://www.ica-ad.com/courses/crs_show.cfm?id=12

Des sites Internet

AAPQ. Ceux qui gèrent 80 % des budgets publicitaires québécois :
http://www.aapq.qc.ca/francais/index.html

ACA. L'Association des annonceurs du Canada :
http ://www.consumerfed.org/

Ad Resource. Un site sur les ressources relatives à la publicité par Internet :
http ://adres.internet.com/

AdCouncil (American Academy of Advertising). Le lieu de la publicité sociale états-unienne :
http ://www.adcouncil.org/

AdCritics. Un site pour visionner des messages télé :
http ://www.adcritic.com/

AdForum. Un site d'information sur la pub mondiale :
http ://ww0.adforum.com/index.asp

Ads.Com. Quelques milliers de messages télé *made in* USA :
http ://www.ads.com/

Advertising World. Le monde de la pub à l'Université du Texas :
http ://advertising.utexas.edu/world

Bureau de la publicité sur Internet :
http ://www.BPIQ.net/

Casseurs de pub. Le site de l'organisation française :
http ://www.antipub.net/

CAUCE. La Coalition contre le courriel publicitaire :
http ://www.cauce.org/

Cité Pub. Un groupe pro-publicité :
http ://www.adweb.gci.fr/premiere_page.htm

Code des normes de la publicité :
http ://www.adstandards.com/fr/Standards/adstandards.asp

ComAnalysis. Des analyses d'annonces par de jeunes universitaires :
http ://www.comanalysis.ch/ComAnalysis/Publications.htm

Consumer International. Les organisations de consommateurs :
http ://www.consumersinternational.org/

Dentsu (Tokyo). La plus grande agence de publicité au monde :
http ://www.dentsu.com/

Dictionnaire de la communication publicitaire :
http ://www.ucad.fr/pub/virt/univers/dicopub/

Groupe Cossette. La plus grande agence de publicité au Canada :
http ://www.cossette.com/fr/index.html

IABC. Internet Advertising Bureau of Canada :
http ://www.iabcanada.com/

ImagesMag. Un magazine Web sur la communication par l'image :
http ://www.imagesmag.net/FR/mag_analyses_lis.las ?-token.id=32

Internet Advertising Bureau (IAB). L'instance internationale sur la publicité en ligne :
http ://www.iab.net/

J. Walter Thompson. La grande agence de publicité américaine :
http ://www.jwtworld.com/

Legault Joly Thiffault Avocats. Le droit de la publicité :
http ://www.ljt.ca/francais.html

Liens vers la publicité canadienne-anglaise :
http ://www.pubzone.com/

Les Lions de Cannes. Le site des pubs primées au festival de Cannes :
http ://www.canneslions.com/

Meute. Site contre la pub sexiste :
http ://lameute.org.free.fr

Michel Pauzé. Le chasseur de têtes en communication :
http ://www.michelpauze.com/french/index.html

Musée de la publicité de France :
http ://www.ucad.fr/pub/index.html

OPC. Office de la protection du consommateur du Québec :
http ://www.opc.gouv.qc.ca/

Planète Pub. L'émission de télé sur la pub :
http ://www.planetepub.com/

Prix Jacques-Bouchard. Le bon français dans la pub :
http ://www.prixjacques-bouchard.qc.ca/index.htm

Publicis. La grande agence de publicité de France :
http ://www.publicis.fr/gp/fmenu.htm

Publivores. 450 000 (sic !) films publicitaires :
http ://www.publivore.com

PubZone. L'actualité publicitaire canado-québécoise :
http ://www.pubzone.com/

RAP. Le groupe Résistance à l'agression publicitaire :
http ://home.tiscali.be/RAP-Belgique/

RPC. Le Réseau de protection du consommateur du Québec :
http ://www.consommateur.qc.ca/

The American Advertising Museum :
http ://www.admuseum.org/museum/about.htm

The William F. Eisner Museum of Advertising and Design :
http ://www.eisnermuseum.org/home.shtm

Tout sur la com. Le site de la France :
http ://www.toutsurlacom.com/

Autres ouvrages de Claude Cossette

La publicité, déchet culturel, 2001

La créativité en action, 1998

Comment construire une image, 1997

Les styles dans la communication visuelle, 1997 (en collaboration avec Claude A. Simard)

La créativité : une nouvelle façon d'entreprendre, 1990

Comment faire sa publicité soi-même, 1988

La publicité en action : comment élaborer une campagne de publicité ou ce qui se passe derrière les murs d'une agence, 1987

La segmentation des marchés selon la comportementalité, 1982

Les images démaquillées : approche scientifique de la communication par l'image, 1982

Communication de masse, consommation de masse, 1975 (chef de la rédaction)

URGEL BOURGIE

1902 –

URGEL BOURGIE
BOS

Pause publicitaire

HENRY BIRKS & SONS
DIESEL MARKETING

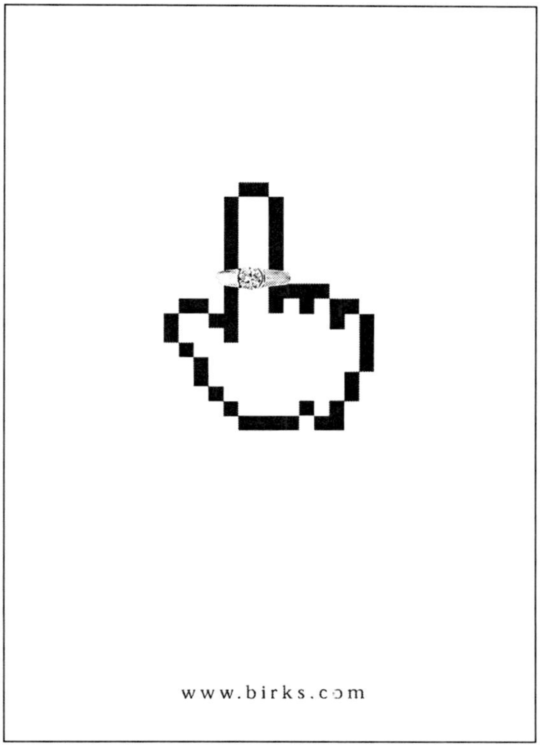

ARCHEVÊCHÉ DE MONTRÉAL
BOS

Index des noms

Index des sujets

Q

R

S

T

BIEN SÛR, LES GENS AVEC DES «PIERCINGS» SONT LES BIENVENUS DANS NOTRE ÉGLISE.
ÉGLISE ÉPISCOPALE
THE RICHARDS GROUP

SAQ
PUBLICITÉ MARTIN

Pause publicitaire

FONDATION QUÉBÉCOISE POUR L'ALPHABÉTISATION
DIESEL MARKETING

Achevé d'imprimer sur les presses de l'Imprimerie Métrolitho,
à Sherbrooke, en octobre 2010.

La composition a été exécutée en
Franklin Gothic étroit pour les grands titres,
Din maigre pour les chapeaux de chapitre et les intertitres,
Mittelschrift pour les titres courants
et
Garamond normal, gras et italique pour le texte courant
11,5 points sur 15 points.